未來趨勢學習 100

孩子長大了，我們該怎麼辦

給父母的分離焦慮指引，用聆聽與信任，陪伴青少年探索戀愛、升學、人際關係與獨立的成長課題

麗莎・霍夫曼（Lisa Heffernan）
瑪莉・戴爾・哈靈頓（Mary Dell Harrington） 著
何佳芬 譯

高寶書版集團

目錄

CONTENTS

獻給梅爾、沃克與安妮
獻給馬克、山姆、湯米與哈利
你們是我的一切

前言　成長與放飛

生命把他們給了我，我把自己準備好，盡我所能地，讓他們擁有自己的人生。

——查爾斯・布洛（Charles M. Blow）

我們兩個都是有點兒自以為是的媽，畢竟我們都把大兒子照顧得無微不至地上了大學，小兒子們的高中生活也日益平順。然後我們在網路上成立了一個專門討論「成長與放飛」（Grown and Flown）的親職網站——即從十五歲到二十五歲時期，身為父母的角色也在這個時期產生了變化。我們聚集了一些仰慕的作家，並在網站上發表他們的文章；之後也吸引了一小群的粉絲，建立了網路社群，我們一度自以為很清楚自己在做什麼。

直到一封電子郵件的到來。

珍妮特是寫這封電子郵件的人，她是我們社群媒體的忠實粉絲，平常會瀏覽我們的網站，也從中得到一些有用的資訊。別人的恭維是一種強大的力量，這是我們的第一封粉絲來信，我們的自信滿滿就要變成自鳴得意了！直到我們讀了這封信。

我的女兒凱特即將在九月份展開大學生活，而我的先生才剛被診斷為癌症第四期病患。幸運的是我們在財務上還算過得去，我擔心的是女兒，不知道該怎麼做才能讓她有個心理健全的好的開始。我在網路上找不到任何資訊，然後想到了你們。

我希望她對大學新生活感到興奮與快樂，不至於太過擔心她父親的病況。很難，我知道，但還是希望盡可能做到。我的第一個想法是先聯繫大學，找一位可以跟我保持聯絡的人，因為我不想打無數次電話、每件事都得解釋五遍以上，才能讓凱特得到一些幫助。

如果你們能提供任何意見、建議或資源，那就太棒啦！

承認我們無法提供任何有用的建議，未免太過不重視第一位粉絲，因此我們傾全力在網路上搜尋相關資訊，但是到目前為止一切努力仍是徒勞。我們不能、也不敢用聽起來閱歷豐富但實際上只是陳腔濫調的育兒經來誆瞞她；我們能做的只有表達對她的同情與安慰，告訴她我們會為她留意相關訊息。

然後，我們做了其他父母一直以來所做的事，這件事能幫助我們成為更好的父母，也希望能幫助之後閱讀《孩子長大了，我們該怎麼辦》的成千上萬讀者成為更好的父母——我們承認自己完全不知道該怎麼做，坦承自己無法給她任何意見。

不過我們還是可以做一件事，我們告訴珍妮特可以在更大的網路社群裡詢問其他父母，問問他們在相同的情況下會怎麼做。我們向珍妮特和讀者們坦承，除了僅有的五個經驗之外——我們兩家人加起來只有五個孩子，瞭解的並不多，我們還有很多必須向他人學習的地方。

我們透過社群媒體和粉絲們接觸，有一些人可能遇過類似的狀況，另外一些人可能從事與青少年或大學生相關的專業工作，並曾經有過相似的經驗，我們希望他們能對珍妮特有所幫助。我們能做的就只是這樣。

匿名發布珍妮特的問題之後，我們退到幕後靜待社群對她的鼓勵與引導，大家熱心的回應令人振奮，也讓我們對育兒工作有了全新的體會。專家當然不可少，他們從科學的角度與研究經驗中提供了許多建議。然而社群也是一個寶貴的資源，它提供了相互支持、心得以及從育兒過程中學到的教訓。這也是我們可以提供給大家的。

這位女士（珍妮特），我們的粉絲，讓「成長與放飛」網站有了目標，我們不再只是閒聊一些育兒經，或是隨興分享每週發生的家庭故事，希望能引起大家的共鳴。我們必須做更多。

除了生命中的悲劇之外，珍妮特想為女兒找尋幫助的願望依然困難重重，她正處於被專家們拋棄的育兒階段。當我們的孩子進入青春期後期之後，我們不再帶孩子到小兒科看診，也幾乎很少和他們的老師互動，更遑論教練或是指導教授，因為這是孩子自己應該去做的事。

父母們的聯外社群似乎也解體了，我們早就不再接送青少年上下學，現在他們自己學開車。我們也不再和其他父母們分享近況，因為孩子們已不在朋友家門前捨不得離開。以前總在停車場或公車站前和其他父母聊天的場景，也早已不復見。

當我們面臨的育兒挑戰是如廁訓練或調治亂發脾氣的孩子時，很容易就能跟朋友或鄰居開口討論。但是當青少年出現焦慮或抑鬱症的情況時，他們已和成人愈來愈接近，隱私也變得至關重要，我們很難在便利商店遇到朋友時討論這種話題。即使我們願意為了尋求真正的幫助而透露孩子們的故事，也找不到對象，因為我們根本不知道誰家的孩子曾經歷作弊或酒駕這種事。在我們生活的這個狹小人際軌道上，愈來愈難，或根本不可能找到和我們歷經同樣的痛苦或喜悅的人。

再加上，這個階段的育兒過程似乎不受注意，網路上雖然充滿各種聰明、有趣、有遠見又具啟發性的育兒網站，但到了青春期即嘎然而止，高中時期也無聲無息，更別提上了大學之後的育兒經，幾乎是一片空白。彷彿當孩子到了十三歲之後，有人跳出來說：「你已經得心應手了！」然後讓我們自己將過去十二年的育兒經驗再輕鬆地繼續應用在接下來這幾年之中。最困難的時期已經過去了，我們已經把孩子拉拔成人，身為父母的責任現在已經到了尾聲。

完全錯誤！

我們成立「成長與放飛」這個網站時，還不是很清楚想要走的方向，只是覺得彼此的小兒子都已到了十五歲的年齡，最大的兒子也到了十九歲和二十歲，但是我們覺得自己陷進了最困惑、最具挑戰性也對未來影響最大的育兒階段，然而卻也是最無助、最少專家學者提供意見、從網路上也找不到幫助的階段。

所以有一天，麗莎聯繫了瑪莉・戴爾，提到我們需要一個部落格、網站甚至是臉書，我們可以在這裡激發青少年父母們的對話，讓這裡就像一個電子走廊，父母們可以在這裡停留、聊天，同時給予我們彼此在真實生活中經常欠缺的支持打氣。當時，《紐約時報》的親子專欄Motherlood偶爾會有幾篇關於教養高中生的精彩文章。但是也就僅止於此了。

麗莎的說明還不到一半，瑪莉・戴爾已經同意加入。她立刻找了一個新的辦公地點，嘗試新概念，同時也成立了新的公司，即使萬事俱備了，但無論是麗莎或是瑪莉・戴爾，根本不清楚這意味著什麼，或甚至接下來會怎麼樣。然而瑪莉・戴爾卻充滿信心，即使當時其實也不確知這股信心從何而來。

剛開始的計畫是這樣的，我們會寫一些關於自己身為青少年和二十多歲孩子父母所面臨的徬徨與挑戰，我們將檢視育兒過程中哪些方法有效、哪些失敗，也將和其他父母討論養育兒子和女兒（瑪莉・戴爾）或是三個男孩（麗莎），如何讓我們感到力有未逮的失落感。但是這個討論的對象會是誰？還不確定。我們該怎麼和他們對話？又是另一個問題。會有人感興趣嗎？通常只能等待時間來證明。不過我們確實知道，如果能讓其他父母一起加入分享和討論，絕對能讓所有人都成為更好的父母。

我們對網路以及它的可能性瞭解有限，因此以為只用自己的名字不帶姓氏、不上傳自己或家人的照片，就不會有人知道，或根本沒有人想知道這個網站的背後的人是誰，我們只想在這個世界啟動一個關於養育青少年的挑戰與喜悅的重大對話，幫助父母們在孩子離家之後，重新思考家庭的改變與變化。但是我們兩個對網路世界都不是那麼熟悉，所以後來決定在網站上完全不具名。

在九〇年代生養小孩簡直如同神來一筆，因為我們接下來二十年的電腦科技問題就全靠他們解決了。因此，在一個涼爽又風光明媚的星期一早晨，麗莎的其中一個兒子和我們一起坐在廚房裡。他雙手放在電腦鍵盤上，對我們說：「我明天就得回學校，所以如果妳們現在給我公司名字和網域名稱，我回到學校之前網站就可以上線，要不然就得等到五月我回來囉！」過去這麼多年我們一直催促著孩子，現在其中一個竟然回過頭來催促我們。

我和麗莎愣在那裡，這就像是替孩子取名字一樣，我們總得思考一下，想想各種選擇。不過麗莎的兒子提醒我們，網站名稱跟新生兒取名字不一樣，要是覺得不妥很容易就可以改，因為科技業本來就日新月異。即便如此，我們兩個還是拿不定主意。我們希望這個網站能夠觸及養育青少年的痛苦與沮喪，表達我們迫切想要維持的一家人的愛與親密感。我們希望這個網站能留住當孩子離家進大學、工作或是從軍時，身為父母明白他們已經準備好進入人生下一個階段的驕傲；我們也想用短短幾個字道盡千言萬語。

幾經琢磨之後，我們決定用「成長與放飛」這五個字，英國父母用這個詞彙來形容離家的孩子。麗莎在英國居住了十二年，她一直很喜歡這個形容詞，但也不免感到擔憂。我們在Google搜尋這五個字，搜尋結果全都和英國女詩人克里斯提娜．羅賽蒂（Christina Rossetti）所寫的一首失戀的詩有關，我們當然也感到頓失所愛，但並非前拉斐爾派作家所指的那種。

然而，我們一開始就完全錯估了網站內容的走向。我們以為高中生和大學生的父母會想要聊聊孩子自立之後的生活，以為這段時間應該是父母最不用操心的階段。但事實上，做父母的永遠都會操心。至此之後，我們從自己的生活，以及從聆聽成千上萬父母的心聲當中體悟到，育兒這段旅程永遠沒有終點。而父母們想要知道的事，則歸結為：當孩子逐漸獨立自主之後，該如何維繫家庭的親密關係？如何堅守日常生活的本質？如何在維持為人父母最重要的關係之下，同時培養孩子的獨立性？

「成長與放飛」剛成立時粉絲的數量增長緩慢，但後來突然飆高。我們當然很想把網站受歡迎的所有功勞都往自己的身上攬，但其實還是有一些有利的助力。首先，網站上談的都是父母們最關心的事情，所以吸引他們的關注並不難。第二，我們很快就發現自己在網路上挖到一塊藍海地帶，和這主題相關的競爭者意外地寥寥無幾。第三，我們的家長粉絲們都屬於數位時代的父母，他們的孩子皆生於二十一世紀。雖然這個世代的父母不是從小就接觸數位科技，但是他們是一群會從網路上找資源，尋求資訊來養育孩子的父母，現在他們的孩子已然成長為青少年，所以這些父母也會在網路上找到我們的網站。最後，父母和青少年及年輕人之間的關係，在某些重要的方面產生了劇烈的變化，這也使得許多父母感到困惑，因為他們無法從自己的青春期經驗中獲得教養青少年孩子的方法。我們看見了、聽到了，也每天都在經歷這些事。現在，我們將透過這本書和讀者、社群一起來探索。

麗莎最初負責執筆，她每天辛勤筆耕，勉力從說不上太有趣的生活中挖掘內容。瑪莉・

戴爾則負責寫、編輯還有發表的工作。麗莎還要負責打理網站技術面的問題，所以她常常十萬火急地瘋狂打電話給兒子。也多虧瑪莉・戴爾想出一些賺錢的方法，讓我們有足夠的資金付錢給其他人替這個網站寫文章。顯然住在紐約郊區的五個青少年小孩的故事，不足以也無法充分代表我們希望呈現的多元育兒觀。所以我們聚集其他的作家，他們能提供自身經驗或專業上的見解，並且涵蓋許多我們不瞭解的育兒知識。我們將所有的文章上傳到各種形式的社群媒體上（除了Snapchat），更重要的是我們也開設了一個臉書專頁，讓大家可以持續討論。

我們對成立臉書專頁的期待其實並不高，原先的計畫是我們兩個人只要每個星期和認識的作家及朋友們聊個幾次。我們知道現在養育青少年及大學生的方式和過往的認知有一些本質上的改變，所以我們希望能為讀者、也為自己做更深入的探索。令我們意外的是，這個臉書專頁竟然有超過五十多萬個粉絲，而且大多數人每天都會瀏覽這個專頁，並參與互動。這裡是我們瞭解父母最珍惜的是什麼，也是明白哪些事讓他們晚上難以入眠的地方。我們知道父母們關心的問題，從上哪買最耐用的大尺寸床單，到如何為上大學的青少年尋找諮商師。來自世界各個角落以及各種政治觀點的父母們，可以在這裡討論並分享他們最關心的議題——他們的孩子，並渴望成為更好的父母。這群人也成為「成長與放飛」的驅動力。

美國退休者協會（AARP）在二〇一三年初發佈了一項研究調查，這項調查也讓我們每天從讀者那裡聽到的教養方式露出一線曙光。調查詢問年輕人與他們的父母對彼此的感覺，並比較這些父母回憶自己在二十多歲時對父母的感覺，而調查結果與我們從周遭的親子互動所見相呼應。結果顯示，我們的孩子這一代與父母有更多的交流溝通，其中六十二%的年輕人每天至少與父母交流一次，相較父母們在相同年紀時只有四十一%的比例。現在的電話費當然比三十年前要便宜很多，但是調查中也指出科技的進步與低廉的通話費率並不是導致這種行為改變的原因。紐約時報在二〇一九年的一項調查顯示，各收入階層的父母皆積極參與成年孩子的日常生活，其中有八十%的人說自己「總是」或「經常」互傳簡訊。美國退休者協會的研究調查還發現，我們的孩子也更常和我們一起參與社交活動，六十%的二十多歲年輕人每星期會與父母在公共場合會面，而他們的父母年輕時只有四十二%的人會這麼做。或許更重要的發現是，我們的青少年比起上一代更願意與父母討論他們的職業、財務狀況和社交生活。我們年輕的時候，通常是女兒會比較願意和父母談心，但是在我們這一代的孩子身上，這種性別上的差異已經消失，兒子們也很願意與父母討論個人的事務。再加上現代父母身上還有隨時都能與孩子保持聯繫的手機，我們與家中青少年和年輕人的關係，顯然更為親密和緊密，這種關係也是我們生活中很重要的部分。

「成長與放飛」的歲月就從家中最大的孩子考上駕照的那一天開始，然後在最小的孩子搬進真正屬於自己的窩那一天結束。這個窩可不是他或她和幾個大學同學搬進去的那個到處一團亂、浴室還髒得讓你發誓自己絕對不進去上廁所的房子，而是他們要自己付房租的地方。這段歲月在某些家庭可能需要十五年或更長的時間，在這個過渡期中，你的家庭正在轉變，你的孩子也處於不同階段的獨立狀態，所有的事情都變得不一樣了。

我們或許會爭辯，但研究也證實，孩子從童年跨入成年期的這段時間裡，父母所扮演的角色和其他時期同等重要。這是一個決定性的階段，我們的孩子在這段日子裡將做出一些人生最重要的決定，這也是他們發現自我、學習面對風險的時候。無論是好是壞，我們對青少年及日後年輕人的影響，其實比想像中的還要深遠，持續的時間也更久。父母在青少年生命中所扮演的角色，以及與之形成的依附關係，對每一件事情都會產生影響，舉凡酗酒、吸毒的潛在可能性，到性行為及心理健康等等。一項針對大一新生在第一個學期所做的研究，紀錄了父母和大學新生之間的互動以及大學生的飲酒行為，發現「與父母之間的互動增加，和大學一年級生的飲酒量減少有相互關係」，而在與父母交談的當天，學生的酒精攝取量也變少了。即使大眾媒體充斥著許多「世代之間的關係太過親密會造成負面影響」的調查建議，但是研究結果顯示並非如此。

經常有人提出要父母退出青少年和大學生的生活圈，他們的論調是：「即使我們每個星期只和父母說一次話，但是我們的關係還不錯。」真的是這樣嗎？只給予年輕人最低限度的引導，真的是一件好事嗎？我們通常不會向年長的人尋求建議，反而傾向問同輩的意見，但是他們不見得比我們懂得更多。父母們常常搞不清楚高中時期孩子的行蹤，孩子上了大學之後更是幾乎完全獨立。然而只要看看年輕世代吸毒、酗酒以及青少年懷孕的數據，就會明白這個說法並無根據，也不盡理想。許多專家們強烈敦促父母盡可能減少參與青少年及大學生的生活。他們建議回歸上一代的教養模式，放手讓孩子擁有學習獨立的空間。但是我們認為父母的教養模式不該走回頭路，而且現在的世代關係和以前相比，已經有了很大的轉變。因此從根本上來說，問題不在於是否應該回歸過往，而是如何向前邁進——以及如何在更緊密的親子關係中，確保我們的兒子和女兒們為自己的成年生活負起全部的責任。

當孩子跌跌撞撞地經歷高中與大學生活時，我們也像其他父母一樣，在想要孩子盡快獨立，但又希望維持親密以及在他們需要幫助時伸出援手之間，掙扎著尋求當中的平衡點。孩子們常在需要做決定時打電話或傳簡訊來，從情況較不緊急的「儀表板的燈亮時是不是表示輪胎需要打氣了？」到攸關生命的「這裡有個人看起來有點狀況，醉到什麼樣子得送醫院呢？」他們究竟是太黏父母，以致於無法自己處理事情的一代呢？或者是拜科技以及新育兒方式之賜，讓我們得以繼續在大小事上給予他們建議和指導呢？

我們從來不覺得自己平衡得恰到好處。我們在過去幾年來聆聽成千上萬個父母表達類似的憂慮和疑問之後，才瞭解到這樣的掙扎有多麼普遍。擔心自己是否成為「直升機父母」這件事，深深影響這個世代父母的育兒行為。專家們一再告訴我們必須讓孩子獨立，認為如果父母高度參與孩子的生活，將會危害到他們的自主能力。然而這樣的說法似乎過於以偏概全。**與孩子維持親密互動，和替他們做事或做好安排、導致孩子失去自主能力，並不盡相同。**我們其實也經常看到兩者被混為一談。父母可以和成年孩子保持親近，定期與他們交談，一家人共進晚餐，並在家庭群組裡互傳簡訊，同時仍然能讓孩子自己找方法來解決自己的問題。此外，傾聽青少年想說的話，保持溝通管道的暢通，也不應該和時時盯著孩子畫上等號，因為這是兩件不一樣的事。

人類好幾個世代以來都與老年人有緊密的關係，並在其羽翼之下茁壯，老年人也高度參與年輕一代的生活，而且大多數人都順利地進入成年期。二十世紀後半葉的家庭模式儼然已成為典範，但是如果再回溯得更遠一點，則全然是另一種樣貌。

任教於美國德州大學奧斯汀分校人類發展與家庭科學系教授凱倫・芬格曼（Karen Fingerman）為了進行家庭關係的研究，在二十年間訪問了三千五百位父母，她發現無論處於哪一種社會經濟階層，父母高度參與其生活的成年孩子，在各方面都會表現得比較好。芬格曼教授指出其中的關鍵，那就是一九六〇、七〇及八〇年代父母與青少年的疏離，是一種歷史性的異常。她說：「大多數文化的親子關係都非常緊密，」但是據她的觀察，「美國二十世紀卻呈現一種反常的現象，也就是說——嬰兒潮是奇特的一代。」

除了這段異常時期外，人類歷史上幾乎找不出另一個時代的十八歲青少年與家庭之間一個月僅僅聯繫幾次（唯一例外的是加入軍隊的青少年）。現代父母與他們的青少年、大學生或成年孩子的緊密聯繫，應該與家庭長久以來的頻繁互動有關。

當珍妮特為了她的女兒向我們尋求建議時，不但促使了「成長與放飛」的成立，更幫助我們成為更好的父母。她提醒我們在面對這個重要的育兒階段時，即使真實世界的社群與專家指導逐漸式微，父母還是需要發掘新的資源。而隨著我們與家中青少年或年輕人關係的快速變動，彼此之間更有非常多需要相互瞭解的地方。

我們也瞭解到，每個家庭對獨立自主與關係緊密之間的那條界線並不相同，也永遠沒有正確答案。在青少年孩子步上獨立之路時給予幫助，當然是父母的基本任務，雖然我們會說這不過是身為父母最重要的幾個責任之一。專精於青春期藥物且任職於美國費城兒童醫院的小兒科醫師，同時也是任教於賓州大學佩雷爾曼醫學院（Perelman School of Medicine at the University of

Pennsylvania）的教授肯尼斯・金斯堡博士（Kenneth Ginsburg）做了以下的解釋：

過度強調獨立性，可能是破壞美國在千禧年蓬勃發展的因素。因為唯有在彼此相互連繫與互動之下，我們才能有最好的發展，也才能真正地生存下去。儘管希望養育出能獨立單飛的孩子，但是父母們也必須做好準備，讓孩子明白建立關係與連結是人生中最重要的力量。我們不過度保護，也不勉強他們孜孜矻矻，更不在孩子身上強加絕對會讓他們逃離的控制，而是藉由關注他們不斷累積的智慧與發展、尊重其日益增長的獨立性，同時承認他們是自己生活的專家，並在需要的時候分享我們的經驗。我們不應該認為孩子的分分秒秒都必須有所成效，而是應該回歸到始終最能起作用的——陪伴，單純地陪在他們身邊。孩子離家而去當然會讓父母經歷不捨與傷痛的時刻，但是我們最終希望的，是養育選擇與父母相互依存的孩子，瞭解沒有什麼是比被所愛的兒孫圍繞更能讓我們感到有意義或人生成功的事了。

◆◆◆

為什麼我們明知自己知道的不夠多，卻還想要寫一本提供父母育兒建議的書呢？因為這不僅是一本單純回顧育兒經驗的書，而是集結其他最優質、最有智慧、最誠摯也最有深刻見解的父母們，共同提供如何度過青春期與大學階段的育兒想法。

接下來的篇幅中，我們將探討一些青少年邁向成年期時，家庭可能會歷經的重要里程碑與變化。當中只有少數故事是我們的親身經歷，因為兩個家庭五個孩子的經驗，還不足以為任何事情下定論，我們也非常清楚自己一路走來的這條育兒路，其實犯了不少錯誤。所以我們分享的，絕大部分都是不經一事不長一智的親身經歷，就如同以下的這兩件事。

瑪莉·戴爾

第一個孩子就像是我們的第一隻白老鼠，這是他們的命運，他們的誕生讓我們經歷許多第一次，包括欣喜若狂的（踏出第一步！第一天上學！）和沒那麼美好的（第一張罰單，第一次失戀）。我只有一個姊姊，沒有其他兄弟，所以我兒子帶給我的新鮮感反而比他姊姊帶給我的還要更多，我認為這也是我在他身上遭遇更多挫折感的原因。

其中我希望可以重來的一個錯誤，發生在晚餐時間，就在我家兒子進入十一年級的時候。對我來說，為家人做晚餐代表別把花椰菜煮得太爛，或是避免讓米飯黏糊糊地黏在鍋子裡，同時一邊安撫抱怨肚子快餓扁了的女兒，一邊估計兒子回到家的時間。我家先生通常從市區開車回到家後，才加入我們一起用餐，也因此錯過前半段的交鋒。

今年，我家兒子第一次自己開車到學校參加足球練習，回程剛好遇上交通的尖峰時間，所以在知道他已經在回家的路上時，我便一直留意著時間。我聽見車庫門開了又關上的聲音，兒子匆匆進門和姊姊一起坐在餐桌前。他那天的精神特別亢奮（危機預警），和往常一天運動兩次之後總在晚上七點拖著筋疲力竭的腳步進門不一樣。

他面露極度開心的笑容，頭戴一頂我沒見過的棒球帽——我竟然沒注意到這個線索。如果當時我能對兒子說：「親愛的，想吃一點雞肉嗎？」而不是當他脫下帽子露出只把中間頭髮剃掉的頭時衝著他大吼：「你做了什麼？」如果我能深呼吸個幾次，然後安慰自己那不過是頭髮而已，真的，接下來的事情就不會那麼糟。

我完全沒給兒子解釋的機會（這是足球隊員為了表示團結一心的團隊建立儀式），一股腦地教訓他，說他不懂得尊重、不遵守學校的規定，還有這樣異類的髮型到了學校之後別人會怎麼看待他，尤其他的學校有嚴格的服裝和髮型規定。

他只是覺得有趣的行為，在我看來卻像顆深水炸彈，即將徹底摧毀他和學校教練及老師之間的關係，這些關係對他非常重要，尤其在接下來的十一年級生活裡。

第二天，全隊的孩子全剃了光頭，我覺得自己是個糟糕的母親。

兒子青春期生活的一些小插曲之所以一直讓我念念不忘，其實是有原因的，而我也試著從中學習。首先，聆聽可能是所有育兒技巧中最被忽略的一項，倘若當時的我能夠聽聽兒子怎麼說，而不是急著開始說教，我就會知道他的頭髮不過只是為了增加團隊凝聚力的舉動。

我學到的第二件事，就是青少年本就應該挑戰極限，即使這麼做常常會讓父母感到受傷。這是他們學習與父母劃分開來的方式，也是青少年在生命旅程中的重要體驗。

我還學到必須尊重孩子的團隊，以及他們透過愚蠢行為，像是剪頭髮、賽前慣例、團隊聚餐或是聚在一起時脫口說的髒話等等，想要建立彼此信任的兄弟情誼，因為這些對正在學習把團隊置於自己之上的年輕人來說，是極其神聖的事。

我知道自己的過度反應其實源自於心裡承受的壓力，這股壓力來自於每天早上看著兒子開車上學，心裡不免一陣擔心；另外，也來自於對下一個學年的焦慮。根據其他過來人家長的說法，十二年級是最艱難的一年，這些資深的家長也警告我們，接下來還有很多挑燈夜戰的機會，當然也有準備考試、大學報名申請等等關卡，和到時候筋疲力竭的孩子。

頭髮沒了，過一陣子還會長回來，但是說出口的話，永遠無法收回。第二天，我向兒子道歉，希望他能原諒我指責得太多，聆聽得太少。我也向女兒道歉，那天晚上讓她這個無辜的旁觀者無端沾惹母親的歇斯底里情緒。

如果麗莎和我早幾年創立「成長與放飛」，我就能從專家們的分享，像是法蘭西斯・詹森博士（Frances Jensen）、傑斯・夏特金博士（Jess Shatkin）以及肯・金斯伯格博士（Ken Ginsburg）那裡知道更多青春期大腦的發展與青少年行為。這幾位都是我們為了寫這本書，而有幸邀約訪問的傑出學者與父母。我也從參與「成長與放飛」社群網站的父母身上獲益匪淺，我看著這些支持網站的核心人物們，從每天在談論青春期孩子與青少年的話語與建議中，以各種方式互相分享並教學相長。或許，只是或許，如果當時的我能有這個網站資源，我因為兒子的頭髮所犯下的錯誤就不會發生。

麗莎

我的一生都生活在男性的世界裡！我只有兒子和哥哥弟弟，嫁給了一位男士，也有好幾年的時間都在一個男性主導的職場裡工作。所以也以為自己就像任何母親一樣，準備好在一個全是Y染色體的家庭中生活。即便生了第三個兒子之後，我都覺得一切安好，除了男孩打架這件事。他們拳打腳踢、又推又咬地上演全武行，直到彼此都流血了才收手。他們在家裡互打，在公共場所也照打不誤，而我對這些男孩的行為束手無策。我甚至常常失控到喃喃自語，嘴裡不斷唸著：「妳是大人，他們是小孩子。」

我擔心他們會讓對方受傷，結果也確實發生了。我擔心他們會討厭對方，幸好他們沒有。我曾以為自己的工作就是把他們都控制住，即使到了現在，我依然不確定是不是如此。我經常想像其他家庭是不是也是這樣，卻無從得知。我也錯誤地期待等他們都進入青春期之後，所有的這一切都會結束。

在家裡，我的解決之道常常在把扭打成一團的孩子分開，或是在沮喪吼叫中放棄介入，讓他們自己解決的兩者之間擇一。有時候，我把他們各自放在不同的房間裡冷靜下來；有時候，我只是用力甩上門，在聽不到爭吵聲之下，放他們繼續吵。我告訴自己：該發生的就讓它自然發生。我曾經站在機場的報到櫃檯前，被地勤人員暗示看看後面流鼻血的兒子，當然是另一個兒子造成的，他問我需不需要一張衛生紙讓兒子擦鼻血？

別人的家庭生活裡似乎沒有這種程度的衝突發生，我想……或許，他們只是避而不談。

有天晚上，我和先生帶著平常吵得最兇的兩個兒子到家裡附近的漢堡店吃晚餐，因為老大那天剛好不在。點完餐後，就在用餐時，他們兩個又吵了起來。當時我們圍坐在一張中間只有一個底座支撐，而非四角都有牢固桌腳的小桌子前。我在心裡上演獨角戲：「我愛我的家人。」我不斷提醒自己，「我喜歡和他們一起共度美好時光，家人們就是要這樣一起吃飯來維繫情感……我要殺了這兩個小子，我再也沒辦法跟他們一起吃飯，我永遠都不想再跟他們出門，這樣一直吵一直吵很好玩嗎？」

這時候，其中一個突然把另一個惹惱了，他氣得站起來往桌子對面用力揮拳，想打他哥哥的頭，就在他這麼做時，整張桌子也被一併掀起，四份餐點、四個盤子和餐具、四個杯子還有桌上裝飾的小花瓶，全都摔到地上，成了一堆碎玻璃和餐盤碎片，桌子也倒在一邊，水流得到處都是，我們點的漢堡也散落在這一團混亂當中。

我想對服務生說我家小孩從來沒這樣過，我也不相信竟然會發生這種事，我跟她一樣感到震驚。但我實在沒辦法說出這樣的謊話。幸好先生率先做出明智的抉擇，他問我錢包裡有多少現金。即使兩個兒子都比我還高，我仍然像母貓咬起小貓那般抓著他們的衣領，試著清理地上那一團混亂。但是餐廳裡的人應該認為我們這一家子是個大麻煩，只想請我們速速離開。所以我家先生在信用卡單據上飛快簽名之後，把我們兩個身上所有的現金塞給了服務員，希望能補償一點我們造成的混亂。

我和先生都氣壞了，覺得顏面盡失，甚至再也不能踏進這間我們喜歡的餐廳。我不知道該不該處罰兒子，還是說我和他爸臉上的表情就已經是足夠的懲罰了。或許我應該讓他們負責賠償晚餐的這筆錢，或許我應該好好罵他們一頓，從此拒絕再帶他們一起出門，或者再一次拜託他們成熟一點。但我從來沒阻止過或改變他們的行為，或許我根本做不到。我一個人被困在這些問題上打轉。但是我現在知道，有一群父母和專家們組成的社群團體，能夠讓我以思慮更周全的方式，反思自己的行為與判斷。

◆◆◆

這本書裡的章節不打算讓你的孩子走你走過的路，確切的意思是我們不會一路從國中、高中談到大學或現實生活，而是試圖審思我們和青少年與年輕人共度的各個生活層面，無論你的小孩是十五歲或是二十三歲。我們將從最重要的部分——家庭生活開始，接著探討快樂、身體健康、心理健康、學業以及孩子邁向獨立之路時必經的分離。

瑪莉・戴爾和我現在都有二十多歲的孩子外出工作或回到學校就學，如同調查數據顯示，我們基本上每個星期都和住得近的孩子見面，每個星期也都會和住得近與住得遠的孩子聯繫好幾次，他們會寄吃了什麼、看到了什麼的照片，似乎也很願意分享生活中的點點滴滴。他們會打電話問些只要上網就能找到答案的問題，我們為此感到欣慰與感謝。雖然離成功還遠得很，但是我們對家庭的目標也僅止於此，那就是讓孩子高飛，讓他們自己探索這個世界，同時保持彼此的親密。

剛設立「成長與放飛」時，我們以為這個網站和社群探討的會是關於如何放手、關於孩子離家後的生活以及空巢期的點點滴滴。但我們錯了。青少年和大學生的父母想知道的是如何在孩子離家之後還能維繫家庭的親密感，他們想要知道如何在讓孩子獨立時，還能保持家人的親密關係，對於這些父母和我們來說，這是最重要的事。倘若我們能夠從與父母們的數千次對話中學到一件事，那就是每一位父母和每一個家庭都有一個相同的目標，但實現這個目標的方式可能全然不同。接下來，我們就要談談其中的一些方式。

Chapter 1

關於家庭

從誕生開始，我們就受到家庭的牽扯，且其影響比我們想像的還要深刻，沒錯吧？

當我們還是單身上班族時，應該從沒預期到自己會無法抗拒地愛上一個小嬰兒，誰會想到那個三歲寶寶竟然是這個地球上最可愛的東西，或者那個十歲小孩會如此逗趣又充滿見解？青少年確實讓人難以忍受又可怕沒錯，但誰又知道看著他們在成人邊緣跌跌撞撞，其實是一種難以言喻的幸福？

如果你正在看這本書，上述這些感受你應該都懂。

你懂儘管人生起起伏伏，家庭生活依然是你最大的幸福與喜悅。你懂每個孩子都以他們獨特的方式，讓你體驗意想不到的驚奇。你懂愛是多麼的強大，會讓你願意為另一個人做任何事。你懂聆聽家中青少年的生活，即使只是他中午吃什麼，都是那麼令人入迷。你也懂隨著孩子進入高中之後，很多事情都將改變。

對大多數家庭而言，從高中到大學的過渡期是一個巨大的改變。我們的孩子選擇和我們共度的時間愈來愈短，想和朋友在一起的時間愈來愈長。他們有時候閉口不談，有時候又話說個沒完，我們永遠不知道為什麼或什麼時候他們會想做以上的哪一項。他們對兄弟姊妹可能很糟糕，和父母頂嘴又拒人於千里之外。雖然有時候很痛苦，但他們在大部分時間裡又好像按著宇宙的自然秩序成長。有時候我們覺得自己的養育方式毫無作用，然而另外一些時候，我們又從青少年身上瞥見一絲曙光，讓我們有了繼續屏息以待的動力。偶爾，我們會在同一天感受到這兩種情況。

這很正常。

這猶如雲霄飛車的心情，某些部分是擔心我們的家庭，即使我們知道自己已經盡力做到最好，可能還是會面臨無法挽回與災難性的變化。

隨著孩子踏上人生的另一段旅程，我們也在與孩子逐漸減少的接觸中，憂慮家庭的緊密連結是否也跟著漸漸消逝。我們當然也憂心孩子的安危，以及他們結交朋友和是否能尋找人生正道的能力。我們希望他們能夠在大學課業上游刃有餘，具備良好的判斷力，如果無法和室友成為朋友，至少也要和平相處。除此之外，我們也有更大的憂慮，我們擔心幾乎不在家的孩子，擔心這些從十年級的夏天後似乎剛進門就又飛也似出門的孩子，也怕孩子上了大學之後可能就會音訊全無。

這份擔心來自於孩子在整個高中時期只吐出一個字的回應，還有些來自已然褪色的回憶裡——我們自己在高中時也很少和父母溝通。我們憂心家裡的那些親近互動只是因為我們就在孩子面前，一旦他們離家了，就會從我們身邊溜走。不過大多數的父母告訴我們，事情的發展並非如此，許多孩子在大學時期比陰鬱的高中時期與父母的接觸更加頻繁——這是因為他們更為成熟的關係，也因為他們有新的經驗可分享（還有少部分是因為想家了）。根據調查顯示，二十多歲的年輕人與前幾個世代的同齡層相比，更想和父母交流並保持親密關係。因此，我們十多年前的青少年經驗，不應該被拿來當作育兒範本。

我們更擔心彼此之間漸行漸遠。每個家庭都有獨特的狀態，然而當孩子離家上大學之後，我們對失去的頻繁互動感到若有所失。這樣的家庭氛圍由來已久，而這種揮之不去的失落感也似乎隱隱作痛，我們害怕自己的家庭可能再也不一樣了。

不過拜現代科技之賜，我們得以鬆一口氣，因為實體餐桌現在可以透過科技數位無縫接軌。感謝 GroupMe、WhatsApp 或其他安裝在手機上的通訊軟體，大家才能透過虛擬的方式聚在一起說笑、嘲諷、爭執，一起分享事情或傳閱照片，互相看愚蠢的影片，並分享隨性的想法。在數位餐桌上，我們計劃相聚的時間，分享相隔兩地後各自的現況，幾乎無所不能，除了偷吃另外一人餐盤上的東西。

我們都不確定自己在家庭中的角色——父母、兒女或是手足，將如何被重新定義，因為我們很難想像自己如何當不住在家中青少年的父母，或是住在家中但基本上已是個成人，而且不再受你控制的孩子。我們不需要再盡全力做到身為父母的角色了嗎？父母的權威性又該做什麼樣的調整？倘若父母的責任是保護與照顧我們的孩子，那麼如果孩子不在身邊，我們又該怎麼做到？我們在剛獨立自主的孩子生活中，又該如何扮演好父母的角色？手足在各自生活中的角色又是如何？

手足無可比

在大多數的家庭中，兄弟姊妹之間幾乎大小爭執不斷。他們每天早晚一起搭校車，或是擠在同一輛車裡共度家庭旅行，而且大半輩子裡每天都在餐桌前一起吃晚餐。他們相繼進入同一所學校就讀，甚至有相同的老師。然而我們不禁揣想，當孩子各自進入不同的大學或步上相異的人生道路時，又會發生什麼樣的轉變？如果他們之後在不同的城市裡工作，還能維繫親近的關係嗎？麗莎一直非常好奇兒子之間的關係，直到家中男孩快長大成人之後，她才明白這件事為何如此重要。麗莎是這麼解讀的：

> 我對育兒方面的某一部分，比其他父母的感覺更強烈。那就是我想要兒子們保持親密的關係——是彼此最好的朋友，永遠能成為彼此的後盾。我想要他們擁有相守一生的親密感，更渴望這份親密感能一直持續下去。我為何有如此強烈的冀望，為什麼這件事幾乎是我對這個家最大的希望，我自己也很難說個明白。
>
> 或許是因為我堅信手足在生命中佔有非常重要的地位。而我在傑佛瑞・克魯格（Jeffrey Kluger）的《手足效應：手足關係的啟示》（*The Sibling Effect: What the Bonds Among Brothers and Sisters Reveal About Us*）一書中，也發現支持這個論點的證明：「打從出生那一刻起，兄弟姊妹就是我們的合作夥伴和同謀，也是我們的榜樣和前車之鑑。他們責罵、激怒、折磨我們，卻也是我們的保護者、玩伴、詢問對象，甚至是嫉妒和驕傲的源頭。他們教我們如何解決或不去解決衝突，如何建立友誼並適時退出。」
>
> 孩子到了十一歲時，基本上一天有三分之一的時間都和手足在一起，比和其他人共度的時間還要長。如同克魯格所強調，手足之間的關係是人一生中持續最長久的關係。

手足會彼此互動。我的三個兒子從小就睡在同一間臥房、共用一間浴室，他們學到所有關於輪流、尊重個人空間以及關照其他人的需求與期望，都是從這兩個房間而來。（為了不過度美化，我必須說他們也在其中學到打人、咬人、用手夾住另一個人的頭，並想辦法打最後一拳、罵最後一句。）我常覺得他們互相為彼此準備好面對外面的世界，甚至可能比我做得到的還多。克魯格形容自己和三個兄弟形成了一個「打鬧、混亂、爭吵、忠誠、充滿了愛、延續一生的聯盟」。聽起來對我而言完全正確。

難道我希望兒子們能維持親密感的緣故，是因為我相信他們在某種程度上能讓彼此成長？心理學家稱此為「去個性化」[1]，然而父母們都知道這其實只是一種假說，因為我們的孩子非常努力地讓自己和其他兄弟姊妹不一樣，許多家庭應該都知道家裡年紀最小的那個通常比較粗心，可能是因為他們不想和哥哥姊姊們競爭，或者（如我懷疑兒子的）他們知道無論是哪一種問題，哥哥姊姊們一定都做過了？手足的興趣和朋友開闊了孩子的世界，身為哥哥姊姊可以成為弟妹們的先例，無論是好還是壞，或是準則；而弟妹們則提出挑戰，用另一種做事的方式，從而引發反思。

我從孩子們還小的時候，就渴望他們能夠保持親密。我的三個兒子在四年間相繼出生，雖然我曾幻想他們能夠互相成為玩伴，也能在沒有父母陪伴之下自己玩，但現實狀況往往很不一樣。他們確實相愛，因為只要其中一個從學校、足球練習或外出回來後，踏進家門的第一個問題就是問哥哥弟弟在哪裡。不過他們打起架來的兇狠程度有時也令我瞠目結舌。剛開始只是玩

1　一種在群體中，個體認同被群體目標所取代的心理狀態，在此狀態下，個體將難以意識到自身的行為與價值。

在一起，然後突然爆發衝突，一副想置對方於死地似地，但是接下來又繼續玩，彷彿那些隨機的暴力狀況只是遊戲中的一部分。

我家孩子們有彼此的暱稱和他們自己才懂的笑話，有些感覺很親密，有些充滿嘲諷，我的先生不只一次，好吧，應該是不只一百次提醒我，男生對彼此說的那些可怕的話，是一種情感的表達方式，他說那並不表示他們討厭對方，他們用殘忍的話激怒對方，其實是一種愛的象徵，沒什麼好擔心的。

「傳統觀念認為兄弟姊妹會為了爭奪父母的愛和注意而引起競爭。」克萊爾・休斯（Claire Hughes）博士在其著作《社會理解與社會生活》（*Social Understanding and Social Lives*）中寫道。她說：「但實際情況顯示，孩子與手足之間的互動，可能加速他們的社會理解能力。」

或許我希望三個兒子關係親密的源頭，來自於我自己對兩位哥哥的鍾愛，他們是我認識的人當中，最善良、也最愛我的人。他們是我的玩伴和同夥，也是我家兒子出生之後最棒的舅舅。無論在生命中的哪一個階段，只要我需要，他們從來沒讓我失望過。所以這可能有一點「投射心理」：我希望自己的孩子也能擁有我和哥哥之間的忠誠相依。

當兒子們各自上大學之後，我開始感到恐慌。擔心他們在情感上的親密感，會不會只是身體親密接觸的假象而已？如同許多手足，他們在個性上非常不同，興趣更是迥異，所以他們之前牢不可分的狀態，是否只是來自於日常生活的頻繁互動？少了一起搭車上學、少了一起在餐桌前排排坐，這份親密感會不會就此消逝？

不過目前為止看來，我不需要過於擔心，他們還是會互傳簡訊、用視訊聊天，永遠有傳不完的訊息。但是那個糾纏不休的問題依然在：我為什麼那麼在乎？

檢視我想要兒子們友誼長存的動機之後，我認真反思自我，誠如克魯格所指出：「生殖是一種遺傳上的自戀行為」，或許，這就是我如此執著的原因。

我的三個兒子、丈夫和我，我們五個人過去長達二十年的相偎相依，接下來將永遠不一樣了。他們的生活將有其他的夥伴和課業，之後會有另一半、孩子、事業，而那二十年將只能留存在我們心裡。然而，只要他們還擁有彼此，我們五個人就會一直在一起。

因為只要他們聚在一起，無論是今後他們的父親和我也能陪在身邊的幾十年，或是往後我們已經不在的幾十年，我的兒子們隨時都能想起每個星期天晚上，餐桌上擺著烤雞、胡蘿蔔、洋蔥和烤馬鈴薯的晚餐時光。他們也會想起和我們最親近的朋友在海邊共度的夏日，回憶起搬家和一起去過的國家，以及他們許多年來共同擁有的老師和學校。只要他們三個親近了，我們五個就會親近，無論是從現在開始之後的一年或五十年。他們對彼此之間的愛，會重新創造出我和丈夫創造的一切。

他們懷抱著彼此的童年，而我們五個人會藉由一個字或一句話，又回到了在一起的時光。我告訴兒子我想要他們永遠保持親密，這樣他們就能永遠擁有彼此，因為有人能夠隨時依靠，真的是人生中的祝福。然而我現在瞭解到，自己其實是自私的，因為只要兒子們擁有彼此，他們也會永遠擁有我們。

父母在手足爭吵中的角色

當你身陷育兒困境時，孩子們無時無刻的爭吵和永無休止的敵對，讓人疲憊到無言以對。尤其是青少年回到家後散佈的詭譎氣氛，宣洩惡意的批評和不屑的態度，主要都是針對他們的手足，而且從一進門就展開攻擊。我們徵詢勞瑞爾學校女孩研究中心（Laurel School's Center for Research on Girls）主任，心理學家麗莎・達摩爾（Lisa Damour）協助了解其中的原委，以及如何化解。達摩爾是《紐約時報》暢銷書《少女心事解碼》與《我們的女兒怎麼了？》的作者，同時也是兩個小孩的母親。她解釋道：

我們可以想像這樣的場景，一個五年級小女孩坐在餐桌上做功課，一邊期待十年級的姊姊從學校回到家。但是當門一被打開，整個氣氛突然出現了變化，因為從姊姊進門的模樣，就可以立刻感覺到這位青少年想必過了糟糕的一天。

不等其他人開口，姊姊馬上氣呼呼地對著妹妹發飆。「妳今天早上是不是亂翻我的袋子？誰允許妳這麼做？害我今天上課都找不到螢光筆。」她嚴厲地說：「還有，請不要告訴我妳一整天都頂著那個髮型，看起來呆斃了！」

然後這位青少年走回房間，留下大受傷害的妹妹，和既震驚又被點燃怒火的父母。剛剛到底發生了什麼事？

現在又應該怎麼做？

我們又該如何避免同樣的事情再度發生呢？

剛剛發生的事是這樣的，這位青少年表現出一種古老又醜陋的心理防禦機制，稱為「化被動為主動」。人們在遭受痛苦時，會利用這種轉而攻擊他人的防衛方式，來扭轉局勢並獲得心理層面的緩解。在我描述的場景中，這位青少年可能認為自己一整天都受到嚴重的不公平對待，實際情況當然不太可能如此，但是我們都知道青少年的情緒很容易高漲，也很容易失去理性。由於覺得自己受到極端惡劣的對待，因此這位青少年藉由成為施暴者來獲得情緒的舒緩。她的妹妹則很不幸地出現在錯誤的時間與地點。

現在應該怎麼做呢？在理想的狀況下，即使這位青少年正在暴走中，父母此時應該嘗試為年幼的妹妹發聲。父母有充分的立場說（或大喊）：「等等，家裡沒有人這樣對待妳，所以妳也不應該對妹妹這樣。」接下來，父母可能需要安慰一下妹妹，對她說：「這不是妳的錯，很對不起姊姊這樣對妳。她今天過得很不順利，可能壓力太大，但是她沒有權力這麼做。」

我們該如何避免讓同樣的事情再度發生呢？等到冷靜之後，父母應該找個時間和這位青少年談談發生的事。在不期待她的配合或反應之下，父母可以溫和地說：「妹妹很崇拜妳，妳這麼對她真的很傷人。如果妳能在準備好之後，盡可能對她好一點，對妹妹和我們都會有很大的意義。」等待一會兒之後，父母可以再說：「我知道妳今天可能不好過，回到家時已經充滿怒氣。妳認為有什麼方法可以消消氣，才不會讓自己一直不好受？」

事實是：大部分的青少年很清楚自己傷害了手足的感情，也並不以此為樂。在狀況發生之後，我們應該試著理解青少年有強烈的情緒衝動，以及什麼時候會失去理智。儘管如此，青少年幾乎都想做對的事情，也很希望在過程中得到父母的幫助。

身為青少年的父母，我們需要學習的重要事情之一，即心理學家達摩爾所建議：不要成為引爆點，不要從中挑釁，並找一個大家都心平氣和的時刻，尋找真正能長期解決家庭衝突的辦法。有時候這代表當下先冷處理肢體或語言的衝突，等高漲的情緒冷靜下來之後再進行解決。簡單嗎？一點也不。但是如果我們能做到，不僅能夠教孩子如何與家人相處，或許更重要的是為孩子立下模範，讓他們懂得如何與現在或將來所愛的人解決衝突。

家的感覺

手足關係是家庭緊密關係與家庭和諧的基礎，親子關係也是。本身有四個青少年兒子的《華盛頓郵報》撰稿者蘇珊・邦尼菲特（Susan Bonifant），提出一種能與年輕人建立關係，同時維持我們十多年來嘗試構築的親密感。蘇珊說道：

> 稍早之前，我為《華盛頓郵報》撰寫了一篇文章，內容是關於如何與進入成年期的孩子保持親近。我在文章中分享自己從前使用的親密策略，我稱之為「成為鄰居」。
>
> 透過鄰居的視角，我學習以陌生人的客觀角度來看待我的成年孩子，不帶任何成見或假

設，他們的選擇與問題和我毫無關係，只是單純地對這個人感興趣，想他們明白什麼，想些什麼，有什麼希望，想要過什麼樣的生活。

身為「鄰居父母」，我放下批判的傾向，學習提問而非只是假設。更重要的是，我學習到在孩子所做的決定裡，他們的個人利益才是最需要考慮的關鍵。這樣的想法改變了一切。

《華盛頓郵報》的讀者非常認同這個保持距離與客觀的親密關係，但事實上我們雖然需要保持距離來維繫親密關係，然而前提是一開始就必須非常努力地先建立好親密的關係。

親密家庭的秘訣是什麼？我更感興趣的是當孩子離開家，有了自己的窩之後，這份親密感如何繼續維繫？

我向布蘭達．昆尼（Brenda Quinn）提出這個問題，她是業界備受尊崇的心理治療師，也花了長達二十年的時間幫助許多家庭保持緊密關係，儘管這個忙碌的世界有太多干擾——我們的工作、孩子的學業與體育活動，以及令人分散注意力的社群媒體。

「家庭親密關係取決於有限度的愛。」昆尼說：「當我想到家庭親密關係時，聯想到的是健康的依附關係——一致的溝通、明確的期望、注重品格……這全都和愛與尊重有關。」

「早期看待親密關係的焦點在於『根』。」昆尼補充道：「當孩子在明確的鷹架（限制）中感受到愛與被喜愛，這份親密關係就會根深蒂固。」

為了探討這個「根」與「鷹架」的說法，我詢問了二十年前因為孩子們一起玩耍而認識的四位朋友，現在我們孩子的年紀大概介於十七歲到三十四歲之間。

基本上，我們的孩子算是成功的。有的上了大學，課業優異；有的獨立生活，自給自足。

即使他們已經另外有自己的家，但這些孩子都愛「回家」。

我問這四位朋友，她們是如何成為關係親密的家庭，以及如何在過渡期間依然保持親近，她們的答案與昆尼預測的家庭依附有很大的關聯。

丹妮與丈夫希望自己的孩子對家庭有深厚的歸屬感，並具備高度的職業道德。他們堅持制定家庭時間，而且規定每一位家庭成員都要參加。當孩子年紀夠大時，他們鼓勵孩子去工作。丹妮說：「我們教導孩子的觀念是，最聰明的人不一定最成功，但努力的人一定都會成功。」

珍和她的先生希望小孩們能建立個人的責任感，並尊重團體。他們要求所有的小孩都必須上教堂，並透過做志工和募款的方式來回饋。他們教孩子為自己的選擇進行「邏輯後果」[2]的思考。珍說：「我兒子建議我在墓碑刻上『邏輯後果』，因為我太常把這四個字掛在嘴上。」

絲朵爾和她的丈夫想要孩子從他們獨特的家庭中，產生力量與對彼此的同情心。而隨著孩子的成長，他們家也有不同的傳統——旅行時的特製點心、晚餐前的談心、聖誕夜時所有的孩子都一起睡在同一間房。絲朵爾說，這些傳統創造出家庭的獨特性。

莫琳和她的另一半希望孩子能瞭解其他文化，具備多元觀點。全家對旅遊的熱愛，以及結交一群擁有相同興趣、孩子年齡也相仿的家庭，讓他們實現對文化與社會導向的期待。莫琳說：「我的孩子無論參加任合社交場合，都能夠從容自在。」

「孩子對獨立自主的需求隨著時間慢慢增加，拆除鷹架（限制）的過程也逐漸展開。」昆

2 一種青少年管理教育法，透過人為的介入，讓孩子理解並承受自己行為的後果，目的在鼓勵負責任的行為。

尼如此說。

當孩子做出可能造成隔閡的決定時，與我對談的這四位家長設法改變她們自己的行為。因此在鷹架拆除之後，他們的孩子一樣做得很好。

探討長期的家庭親密關係時，很難不與家庭相處的時間畫上等號。但是如果一個家庭不常聚在一起吃晚餐，或者無法花大錢去度假，或是忙到下午四點鐘早已筋疲力盡了呢？或者這個家庭只能偶爾一起外出吃晚餐，或是在炎熱的星期天晚上出去吃冰淇淋呢？

根據昆尼的觀察，手足之間的親密則是另外一種模式。她說：「家庭關係的親密可以經由父母負起一部分的責任，來強化孩子間的關係，像是明確表達兄弟姊妹必須互相尊重的期望，就能夠建立安全感並降低傷害。而父母的關鍵角色，則在於培養並形塑手足之間的關係。父母不可能強迫孩子變得親密，但是可以降低可能因為惡意的言行所造成的情感阻礙。」

我對這部分特別感同身受。我和先生共同組成這個家時，我很確定自己想要做到兩件事，一是教孩子將手足當成最好的朋友，彼此之間不做人身攻擊、不取笑對方、也不能說出「閉嘴」這樣的話或謾罵。如果做了不該做的事，不但必須向對方道歉，還要透過討論來和解。

我知道一個被愛包圍的孩子能夠安心做自己，除非感到失望灰心，所以我會傾全力接受並理解我的孩子，讓孩子知道我是能夠信任的，他們可以告訴我任何事情，我不會拿孩子來互相比較，閒聊他們的事，或是鼓勵他們互相競爭，以致於破壞彼此的信任感。

我擔心的事情多得不得了，但是我不擔心和孩子之間的親密關係。

我的兩個女兒年紀相差三歲，而且打從小時候就吵個沒完。她們兩個人一點都不像，如同她們說的，自己可不想像姊姊（妹妹）。她們經常吵架、摔門、咒罵、跺腳，其中一個生氣時拚命掉眼淚，但是另一個就像「檢察官」，從不說出自己的想法，只是一直咄咄逼人地問問題，直到對方被惹火了為止。

那是我第一次擔心她們兩姊妹的親密關係。

然而有天晚上，姊姊幫忙開車接妹妹回家，卻看見妹妹哭喪著臉，神情木然地走過來。姊姊問她怎麼了，才發現原來合唱團裡有一個人已經欺負、霸凌妹妹好幾個星期。

「哪一個？」我的大女兒生氣地問，眼睛掃視前方一群女孩。

「拜託，走啦！」妹妹說。

妹妹在車上把所有的事都告訴姊姊，姊姊也瞭解雖然沈默地聽妹妹說這些事無法平復她自己的心情，但卻能幫助妹妹減輕痛苦。

我的兩個兒子則相差八歲，兩個人好到分不開。哥哥離家上大學時，弟弟在房門掛了一張日曆表，上面標註了哥哥回家的日期。弟弟會在房間裡聽哥哥喜歡聽的音樂，看哥哥喜歡的球隊賽事。不過最後他交了自己的朋友，找到自己喜歡的音樂風格，也不再一個人在院子裡跟自動投球機打球了。

同樣地，這也讓我思考所謂的親密關係。

去年的某個晚上，我無意間聽見孩子們輕聲聊天，分享彼此在大一時發生的事，說著第一次離開家的心情、為了找到立足之地而努力、在陌生人群中的孤獨感和茫然，以及被接受與不被接受的心路歷程。他們從來沒向我說過這些，但是因為成長過渡期而分開了十一年之後，他們互相述說了自己的心裡話。

有句話是這麼說的：「好朋友即使知道了你所有的事，但他們還是愛你。」這句話同樣適用於父母、孩子以及手足。

問家人什麼是讓他們變親密的原因，有點像是詢問某人為什麼戀愛了。通常我們說不出為什麼，也很難形容或描述，只知道彼此的關係變得更緊密。

但是在我的家庭裡，或許所有的家庭都一樣，不願意讓孩子的成長拉遠了彼此的距離。或許應該這麼說：親密的家庭相互瞭解，無論如何也無論何時，都彼此相愛。

信任與追蹤

通常讓父母覺得能夠維繫家庭的親密感，或至少保持連結的方式之一，是使用有定位追蹤功能的手機應用程式。有些家庭熱愛這些應用程式，可以讓孩子知道父母在哪裡（多久會從超市回到家），父母們也能夠確認剛拿到駕照的孩子，是否已經安全開車到了學校或球隊練習場。這些應用程式可以隨時提供科技性的連結與最新的定位資訊，也簡化了親子溝通的管道。然而這其中有幾個議題也引發負面的爭論，質疑這真的是親密嗎，或者是侵犯隱私的行為？這個顯示在手機地圖上的小圓點，代表了許多的焦慮與憂心，也直指育兒的核心：放手、家庭連結以及我們如何表達信任與愛。

一方面是關於安全的考量。透過孩子手機發出的訊號來掌握行蹤，相對地提高父母維護孩子安全的能力。假使孩子到了不該去的地方，或是車子突然出狀況，或者忘了約定的時間，地圖應用程式能夠明確標示出他們的所在地，並及時解決當下的狀況。監控孩子不但能減輕他們的恐懼，也可以緩解父母的憂慮。

另一方面是關於隱私、信任以及懷疑我們是否真能因此保護孩子的安全。畢竟他們早已經不再是個小孩，他們的一舉一動不應該一直被「大人」監控著。

我們還是青少年和大學生時，大多享有了很多現在的孩子根本不知道的自由。如果現在還要奪走他們在電子追蹤下僅剩的自由，是否正確或公平呢？不利用電子裝置追蹤孩子，並賦予他們自由，是要求孩子必須為自己的行為負責。我們發現許多父母會追蹤上大學的孩子和成年孩子，不禁讓我們揣想這樣的狀況會到什麼時候才停止。我們又怎麼知道孩子何時能夠為自己負起更多的責任？

這樣的干涉有可能愈來愈失控，我們必須想清楚電子追蹤的初衷和界線。因為我們除了可以從手機顯示看出孩子在哪裡之外，也能看他們的簡訊、電子郵件、社群媒體，甚至從網路上追蹤他們的閱讀紀錄。我們應該追蹤定位他們的車子或監控車速嗎？到底哪些活動應該監控追蹤，哪些又不需要呢？這條界線又該如何劃分？我們對孩子的追蹤與監控無疑會改變親子間的關係，這究竟會造成什麼樣的傷害呢？

達摩爾認為，這就像許多育兒問題，沒有一個肯定的答案。她解釋：電子追蹤會模糊了誰該為青少年安全負責的問題。孩子們可能會天真地以為父母能夠神奇地保護他們，以為父母有能力可以解決所有的問題，因為只要有了定位追蹤就能做到。達摩爾也說，決定不追蹤孩子或是關掉定位系統，然後告訴孩子這個改變，其實是釋放了一個強烈的訊息，那就是：「我要你明白，你必須為自己的安全負責。」

每個青少年會以不同的方式來行使自己獲取的自主權，有些人喜歡尋求刺激，無視父母的指令，或者會掩飾行蹤。因此，達摩爾認為只有父母自己才能判斷怎麼做最適合他們的家庭和青少年。有些父母可能覺得偷看簡訊或定位追蹤是侵犯隱私；但是在車子裡安裝測速裝置，是一種基於安全的考量，畢竟青少年是最不負責任的駕駛。

雖然我們無法給出確切的答案，但還是有一些重要的議題圍繞著家庭親密關係與監控追蹤。你的青少年應該享有多少的隱私？他們讓你有足夠的理由信任他們嗎？你真的能夠確保他們的安全嗎？如果他們覺得自己遇到大麻煩，真的會打電話給你嗎？你會和孩子開誠布公地討論追蹤他們的方式嗎？這麼做會不會影響到你們的親子關係？

這些應用程式無疑顯露出育兒的大哉問：放手還是保持聯繫，也顯示出兩個世代對信任與愛的隔閡。想要解決問題的其中一個方式，或許是直接正面對決，告訴孩子你對他們有信心，信任他們可以保護自己的安全。信任也許才是最強大的追蹤器。

若有一個適用於每個和家庭親密關係問題有關的建議，那必然是溝通。父母經常告訴我們，他們和孩子之間的關係與他們和自己父母關係的最大不同點，就在於談天。我們的孩子會告訴我們一些事情，我們對他們也相對坦白。我們的溝通不受時間或地理位置的影響，我們也相信只要持續聆聽、同理、支持、分享，就能維繫家庭的親密。儘管所有的這些聽起來毫無疑問地正面，但是身為新聞記者與三個孩子母親的珍妮佛．華勒斯（Jennifer Breheny Wallace），提出研究顯示的結果，指出這當中可能隱藏一些問題。

同理青少年的心情

華勒斯是這麼說的：

你的女兒和她的好朋友可以一聊就聊好幾個小時，聊學校裡的壞女生，或暗戀對象的曖昧行為。擁有一個知心朋友互相吐吐青春期的苦水，是建立青少年自我價值並減輕抑鬱感的重要指標。但是愈來愈多的研究也指出，某些形式的社交支持實際上可能弊大於利。在關係中建立親密感的特質，像是分享個人的想法和感受，如果過於消極或過度，都可能損害青少年的心理健康。倘若青少年經常性地和朋友或父母沈浸在某些問題的猜測和臆想，可能會加劇壓力，並增加焦慮和憂鬱的風險。

青少年特別容易產生聯想：「為什麼她沒邀請我參加派對？」或是「他要和我分手了嗎？」根據刊登在《異常兒童心理學期刊》（*Journal of Abnormal Child Psychology*）的一項二

○一六年的研究指出，執著於負面的思想可能使得青少年把問題看得比實際上更為嚴重，導致他們做出的反應反而讓問題更糟。

研究學者訪問了六百二十八位七年級和十年級生，詢問是否曾有抑鬱的症狀（像是悲傷或覺得憂鬱），覺得有壓力（例如在同儕或戀愛關係中），或是和好朋友一起為了某件事或某個問題傷神（特別是常思前想後、討論問題或是產生負面情緒）。

「我們在九個月之後重新評估這一群青少年，發現與好朋友一起沈浸在問題中、並只是覺得有點難過的青少年，幾個月之後比同齡學生的問題更多。」密蘇里大學心理科學系教授，也是此研究的共同作者阿曼達・羅斯（Amanda Rose）說。羅斯在二○○二年提出共同反芻思考理論（co-rumination），羅斯認為與其放下問題，反芻思考可能導致青少年和其他人做出相反的反應或行為，以致於產生更大的壓力。

青少年可能從本意良善的父母，特別是從母親這方，接收這種不健康的溝通模式。在二○一三年發表於《青少年期刊》的研究中，羅斯和同事針對四百位五年級、八年級、和十一年級生進行訪談，發現和母親一起反芻思考的青少年，更容易顯現出焦慮和憂鬱的症狀，也更可能與自己的朋友進行反芻思考。

適度地討論問題是健康的，羅斯說。但是如果你的孩子持續重複某個狀況的細節或感覺，並在沒有新訊息之下一味沈浸或猜測，那麼就很可能產生了反芻思考。「父母與孩子一起進行反芻思考的確能夠讓彼此的關係變得更加溫暖與親密。」羅斯接著說，「他們唯一需要學習的只是如何及早停止對話。」

父母有時候會在孩子已經解決問題的一段時間之後，又提起了讓孩子感到痛苦的事情，使得負面的狀況一直持續下去。《最好的朋友、最可怕的敵人：瞭解孩童的社交生活》（*Best Friends, Worst Enemies: Understanding the Social Lives of Children*）一書作者，同時也是心理學家的麥克·湯普森（Michael Thompson）博士說：「倘若你的孩子和朋友打架了，請克制住每天想要詢問孩子對方今天是否又故意找你麻煩的衝動。」

湯普森說：「不斷提起痛苦的事，只會讓孩子受到傷害。如果一直把焦點放在負面情緒，將孩子塑造成被害者，將會在他們心中播下不健康的反芻思考種子。父母應該抱持著同理心，聆聽並回應孩子，像是『你必須應付這種卑鄙的行為，讓我們覺得很心疼。』然後在你承擔了他們的一些痛苦與無助之後，再將對話的焦點從被害者轉移到如何強化自己，像是對孩子說：所以你覺得自己可以怎麼做？」

羅斯則說想要打破反芻思想的習慣，最有效的方法之一就是發覺自己正這麼做。當話題不斷被重複，父母可以提議孩子出去走走，或做別的事情來轉移注意力。她認為與青少年分享這項研究結果會有幫助，並明確表示你換話題的理由：「不是我不在乎，而是我希望你能轉換心情，不要一直陷在負面情緒之中。」也請鼓勵孩子用同樣的方式幫助他的朋友。

「我們的社會常把『多』當成『好』」羅斯說：「但是在育兒方面，『多』不一定總是好，事實上可能適得其反。」

與青少年默默相對無語時，父母可以嘗試的十件事

青少年擁有豐沛的感情，除非他們對你冷淡。所以當他們似乎不想和你待在同一個空間，而你也有相同的感覺時，請試試以下這十個和青少年重新連結的方法。

1. 重新感受童年的味道。烹調、訂外送或外出吃一些他們小時候愛吃，但最近可能忘記的食物。也許是以前很愛的三明治或義大利麵，或是很久沒吃的蛋糕、糖果。就用這些食物來打破僵局，讓回憶中的味道帶回童年的歡樂。
2. 一起看球賽。體育賽事消弭了憤怒，和孩子一起討論賽況也能夠暫時緩解討論成績、大學入學考試和晚歸時間的緊繃氣氛。
3. 一起聽音樂。食物能帶來回憶，音樂也一樣。放幾首他們曾經一邊哼唱、一邊在客廳手舞足蹈的歌，藉此分享回憶和微笑。
4. 一起動一動。騎腳踏車、跑步、踢足球。你的孩子現在當然比你高大、跑得比你快也比你強壯，但這些都是無需太多言語就能一起做的事。
5. 一起看電影。能花很多時間在一起，又不需要說太多話。
6. 有些話留著晚點說。等到明天早上或是雙方說好的時間才來討論學測的準備，或是直到週末才提醒孩子該填報名表了，留下緩衝的餘地。
7. 找孩子的兄弟姐妹或朋友作伴，藉此稀釋共處時的緊張氣氛。不過這只是暫時

的逃避，問題依然存在，但或許到了明天之後，你們的心情都會好一點。

8. 帶他們去逛街。沒錯，我們不應該用金錢來收買孩子的感情和服從，但是他們總會需要有雙新襪子或新內褲吧！外出採買能讓你走出屋外，專注在類似挑選尺寸或顏色的安全行為之上。

9. 正面直擊。做這個選擇需要很大的勇氣，也常常會讓人流淚，但是卻能面對問題的核心。告訴孩子你知道現在是艱難的時候，告訴他們你愛他或她，告訴他們你記得自己也曾讓爺爺奶奶感到痛苦，告訴他們不把事情說出來是不被容許的。然後嘗試著說出難以啟口的事實，化解彼此的沉默。

10. 暫時離開。有時候我們只是需要時間沉澱一下，青少年更是如此。容許他們發洩，讓他們對朋友說自己的父母有多糟，讓他們的憤怒燃燒到最後一絲火苗也消失殆盡。然後等他們準備好之後，再重新開始。

母親是我最大的資產

經過高中生去年偶爾在家中掀起的對立陣痛期，以及感覺他們可能將離開家的內疚，加上擔心他們真的即將離開的焦慮，我們需要思考親子之間的關係將如何繼續發展。他們需要我們，卻不想接受幫助；他們讓我們知道發生了什麼問題，卻不讓我們幫忙解決（我們也不應該這麼做）。他們想維持親密，但要我們承認他們現在已經是一個完全獨立自主的成人，直到事實證明並非如此。我們感到不斷的拉扯，他們也是一樣。就讀大學二年級的蘇菲・伯頓（Sophie Burton）為我們解釋了其中的矛盾，並說明母親或任何親如父母的人，是渡過大學階段最珍貴的資產。當我們的孩子邁入後高中時期的生活時，這會是親子關係中最重要的一課：

> 去了兩趟生活雜貨店鋪之後，我媽終於認同我該有的通通都有，她和我爸可以放心回旅館。我們開車回到大學宿舍停車場，她給了我最後一次擁抱，感覺過了幾個小時之久，她才放開我，用手擦了擦眼淚，然後坐進租車的副駕駛座。我走回宿舍，忍不住心裡的激動，因為我終於自由啦！我這一生從來沒覺得如此自由過。
>
> 我媽和我之間有一種我稱之為「複雜且不斷變動」的關係，其中包括爭吵、粗魯地來回叫囂，但最重要的，還是我們彼此之間堅定不移的愛與相互支持。
>
> 我們曾經看克莉絲汀・薇格（Kristen Wiig）在電視《週六夜現場》（*Saturday Night Live*）的演出，像姊妹一樣笑得東倒西歪，也曾意見不合在電話裡互相對吼——這還蠻常發生的。就像我媽說的，我們之間就像雲霄飛車。
>
> 即使我很愛我媽，也知道我一定會想念她，但是看著她離開，我的肩膀彷彿有一股重量突然被移開。我覺得自己就像《小鬼當家》裡的凱文，當他發現接下來完全沒有父母監控的那種全然的自由。

現在終於沒有人會在我晚回家時罵我（或懷疑我去了哪裡），或者管我有沒有吃水果，或是知道我有更重要的事該做卻整天坐在電視機前看 Netflix。

剛到學校的前幾個星期，我和我媽幾乎都沒說到話，直到我覺得她應該會氣我都不聯絡時，我才終於打電話給她。她其實刻意保持距離，讓我享受剛擁有的獨立生活。情況好極了！

但大學新鮮人不可避免的壓力隨之而來，我開始匆忙的生活，緊湊的課業和一路追趕的作業，讓我像大多數大學新鮮人那樣開始懷疑自己：我是怎麼進這學校的？我真有可能消化得了這麼多知識嗎？我怎麼可能升上二年級？

我很擔心將這些壓力釋放到我媽身上，因為在這之前我一個人都做得很好。照理來說，我是一個成年人，應該不需要老媽告訴我怎麼做，我應該能夠自己處理。

然而這股壓力持續累積，我終於被擊垮了。我慌亂地打電話給我媽，全盤托出我的恐懼、壓力以及擔憂。她專注地傾聽，對我說我很聰明，絕對有資格在這個學校，更可以好好管理自己的時間，所有的事情都會很好。雖然我自己一個人應該也能夠如此自我安慰，但是只有母親可以讓我安心度過那些大一新鮮人的掙扎與焦慮。

身為大學生，我們認為自己有足夠的能力，是一個能夠自給自足的人。在大多數情況下的確如此。但是對於某些固執的人來說可能很難承認，但有時候我們只是需要母親為我們指引正確的方向。

她可能不清楚課堂上的要求是什麼，但是她會堅定地告訴你一切都不會有問題。當你發現自己忘了帶襪子時，她會連夜幫你送到；她會在你生日時寄來美味的點心；還會給你滿滿的自信——包括各種不同的愛心貼圖，尤其在你發現自己連一個約會的對象都沒有時。

我這個大二生一點都不感到羞愧地承認，我上星期和我媽傳的簡訊，包括：「我應該現在就去睡，然明天再早起趕作業嗎？還是現在就寫作業？」「我剛和瑪丹娜的女兒參加同一個派對耶！」還有「吃普通優格會傷胃嗎？」

倘若時光能倒流，回到去年八月那個濕熱夜晚的停車場，我會和我媽抱久一點、抱緊一點，甚至流幾滴淚來配合她的啜泣。因為儘管那時候的我不瞭解，但是沒有任何東西——就算是摩卡咖啡、上班時間或是你最好的閨蜜，都無法像你的母親那樣，幫助你跨過大學這道檻。

太親密了嗎？

關於育兒方面一些最透徹的觀念，來自於那些能從個人與專業角度解讀細微意義的人士。高中老師、大學教授、心理學家和醫生們，結合了為人父母的心和專業的頭腦，為許多養育青少年的問題，提供更深刻、真實的意見。身為母親與教育學者的羅芮．史密斯（Lori Smith），將在這裡分享六件父母在參與孩子生活時應該避免的事。雖然史密斯是以大學教授的觀點而言，但是這些建議同樣適用在就讀高中的青少年：

身為父母，我知道放手讓孩子自己在人生中碰撞受傷，是一件非常困難的決定。我多麼希望自己能夠保護女兒，不讓她受到任何挫折或傷害。然而身為大學教授，我很清楚自己不能、也不應該把保護女兒當成最優先的事項。

我在工作中親眼目睹過度投入的父母對兒女帶來的影響，他們執著於為孩子鋪路，而不是幫孩子做好上路的準備。他們的過度投入當然出自於對子女的愛，但最終可能無法成功培養出自信、有能力的成年人。以下是五個你可能過度保護子女的警訊，以及一些改善的建議。

1. 你聯繫孩子的老師或教授，因為你對孩子的成績不滿意／想要弄清楚某項作業／想替孩子的翹課找理由／想替孩子延長交作業的時間。

除非你的孩子沒有行為能力（但願不會發生這種事），否則這麼做是不行的。學費是你付的沒錯，但是老師和教授並不想聽父母怎麼說，他們希望直接和學生溝通。或許你打這通電話的原因，是因為孩子太忙了，所以你想幫他或她？這只是藉口吧？千萬別這麼做，因為你的孩子有能力自己處理這些事。（如果他或她不懂，請教他或她怎麼做。）

第一步當然是拿起電話，但不是打電話給教授，而是和孩子聊聊發生了什麼事，引導他們想清楚問題點是什麼，然後幫助他們想想可以怎麼解決。鼓勵孩子仔細看看課程說明，或許可以找到相關資訊。接著，再幫助他們和教授或高中老師聯繫，約定會談的時間，並表達自己的想法與需求。這個循循善誘的過程，能教導青少年如何獨自應對課業上的挑戰，這個能力需要在高中或更早的階段學習。

2.和孩子談論學校方面的事時，一直用「我們」這個字眼。（例如：「我們可能有機會進入女學生聯誼會！」或是「我們真的很希望能選到十一點那堂生物基礎學。」或者最常聽到的「我們申請了六間學校，但是只有三間回覆。」）

你不是那個參加聯誼會的人，也不是需要選修生物基礎學或申請大學的人，所以請停止這麼做！這種說法其實會給孩子帶來很大的壓力，他們會覺得做到這些才能讓你感到快樂。因此也可能造成反效果，導致他們逃避自己的責任，畢竟這是「我們」要的，所以「我們」必須一起處理。這麼做甚至會傳遞出一種訊息，那就是你個人在這些事務上的投入已經超過你的孩子，也誤把這些事當成自己的事。（順帶一提，當你用「我們」這兩個字時，就代表你已經過度介入孩子的大學生活了。）

3.看孩子的電子郵件或經常性查看他們的作業成績。

請遠離孩子的信箱密碼，你不需要知道他們每一次的考試成績，也不需要知道孩子的教授或朋友發送了什麼郵件給他或她。倘若你在經濟上負擔孩子的學費和生活費，那麼要求在每學期末看成績單的確合理，除此之外，請把其他的空間或隱私留給孩子。有些父母認為掌握孩子每學期的各科成績，能在為時已晚前即時幫助他們步上正軌。我懂，但在我十七年的教學生涯裡，這種事從沒發生過。

假如一個學生在考試考差了或作業成績不佳的時後，沒有足夠的能力來做改變或修正，他們也不會因為父母常常關切成績，或嘗試以你認為最好的方式來要求他們，就突然懂得該怎麼做。他們將透過經歷自我選擇所產生的後果，以及學習如何尋求幫助，來知道該怎麼做最好。遭遇一點逆境其實是一件好事，遠比父母的過度投入更能幫助孩子建立好的習慣。倘若最後的成績仍然差強人意，找個時間和孩子聊一聊他或她需要做什麼改變來避免犯同樣的錯誤。確認他們瞭解校園裡提供的協助資源，例如：學業諮詢、課業輔導以及教授的辦公室開放時間，並重申你對他們下學期表現的期望。

4. 打電話叫他們起床上課。

如果他們聰明到能考上大學，應該也聰明到能夠自己起床。這是一項基本的生活技能，假使他們在國中或高中時期都還沒學會，現在也是時候了。市面上有各式各樣瘋狂的道具，從音量超大聲的鬧鐘、會搖晃床的裝置到會飛來飛去的電子蒼蠅。假使普通的鬧鐘或手機鬧鈴起不了作用，請帶他們去購物吧！

5. 拜託他們要常常回家（用賄賂的方式或幫他們洗衣服）

這應該是我認為最難的部分。我的女兒要再過幾年才會到上大學的年紀，但是我已經知道當「媽」的自己會希望她愈常回家愈好。但是身為「教授」的我，知道這是個可怕的想法。常常不在校園的學生，通常和該系所以及其他學生的連結不夠緊密，這是在大學裡能否成功與順利完成學業的重要指標。常常離開的學生通常學習不足，特別是第一年，所以請鼓勵你的孩子參加校園活動，週末時多花時間用功，或提前準備報告（也請告訴孩子衣服得自己洗，你已經做得夠多了）。

當我們讓孩子遇到的每一個挑戰都順利解決時，就等於剝奪了他們學習解決問題和面對逆境的最好機會。同樣地，也縮減了他們將來需要解決完全不同問題的信心。重點是，孩子需要擁有他們自己的獨特經驗，這些經驗必須與父母的不同。父母需要有足夠的愛，不過度干涉孩子，並知道他們能夠掌控自己的生活，相信他們能夠在錯誤中生存、學習，然後成為自信、有能力的成年人。

◆◆◆

我們一直和珍妮特保持聯繫，她是第一位在社群裡匿名詢問我們問題的母親，她告訴我們她已經打電話給女兒凱特的大學院長和兒子麥可的高中，讓學校知道孩子們的家發生了什麼事。珍妮特盡一切努力讓生活盡可能維持正常，但是她的先生已經是癌症末期，所以她知道自己的孩子可能需要幫助。凱特的大學院長非常和善，他在凱特搬進宿舍當天和她們見面，也安排了車，能在緊急狀況發生時載凱特回家。如果在這段艱難且痛苦的時期擔心不在身邊的女兒，珍妮特現在有了可以傾訴的對象，而凱特也有了一位關心她並知道她家庭狀況的人。但是我們從未和凱特交談過，也無從得知她離開家之後的經歷。以下是她的心路歷程：

直到進大學的那一年暑假，癌症才永遠成為我生活中的一部分。我記得當時我們一家人坐在餐桌前，氣氛有點凝重。我媽和我爸互相凝視著對方，試著向我們解釋：「爸爸生病了，但是我們一家人會一起奮戰。」

一起奮戰什麼？我該為這場戰鬥做什麼準備？這到底是怎麼回事？這種事不是只發生在我看的電影或電視劇裡嗎？醫生一定弄錯了，這不是真的，我不要！不要！

當時的我非常困惑，接下來該怎麼做？如果發現自己的爸爸得了癌症，你該有什麼反應？你如何面對？我的腦子裡有好多問題，甚至更多的疑問，但是沒有人能給我明確的答案。

我在九月的時候開始了大學的新鮮人生活，搬進宿舍開始上課之後，我決定把爸爸的事情當作一個祕密。我不想一直想起這件事，也不想讓任何人知道。或許沒有人知道的話，這件事就不會是真的。但我到了十二月時還是向一些朋友透露了家中的狀況，我終於覺得被接納，也能放心地把事情告訴他們。

回家過寒假不是我所期待的。一月的某個早晨，我提早起床出門幫我弟買生日蛋糕。我仍然清楚記得自己在結帳櫃檯前接到簡訊，上面寫著要我立刻趕回家。我不知道為什麼，但是我曉得應該發生了什麼事，我趕緊快跑回家。

我的父親，韋恩，在那天去逝了，他和癌症病魔的戰爭也劃下句點。

不只我失去了父親，這個世界也有人失去了丈夫、朋友、良師、同事、教徒與志工。那天，這個世界失去了我所認識最堅強的人。我的父親是個最貼心、最幽默也最有愛心的人，我不懂他為什麼非離開不可。我還有那麼多事情去要向他學習，往後的所有事情他都無法成為其中的一份子了。

過去三年是我人生中最艱困的日子，當時的我並不知道父親已經為這個家打下了深厚的基礎，他知道我們都會沒事的。而在我們沒那麼好過的日子裡，他也會從天堂捎來訊息。

我將永遠試著成為至少有父親四分之一那麼好的人，也會繼續從我的母親身上學習、成長，她是我遇過最堅強的女性。此外，我也將持續和我弟一起搞笑、學習，他是個最誠實又最有趣的人。

我知道父親正微笑著看顧我們這個家，也知道他一定會以我們為傲。

Chapter 2

關於快樂、焦慮與心理健康

「我們只希望孩子能快樂！」父母們常常習慣性地這麼說，然而也很輕易就忽略了我們是否把這句話當真。雖然這句話千真萬確，但是青春期和成年期是一個動盪的時刻，在充滿青春歡樂之中，隱隱沈澱著清晰可見的焦慮和壓力。如同麗莎的其中一個兒子形容這些年「開心到爆也難過得要死」。

我們曾經教小寶寶在睡覺時自我安撫，也教孩子在遊樂場上的社交應對，而在青少年與成年初期的過渡階段，他們最需要學習的一件事，就是成為自己幸福的守護者。對某些孩子來說，這似乎是一件自然而然的事，他們從出生開始就擁有樂觀、陽光的性格。但即使是天生樂觀的人，還是有很多關於如何緩解壓力、失望、拒絕和經常令自己驚訝的情緒問題需要學習。

當我們有了孩子之後，很少想到要教他們快樂，我們只是希望他們能夠快樂。我們願意為孩子竭盡所能，只要能夠幫助他們快樂。假使他們仍然不快樂，我們會請懂這些事情的專家來協助。那麼身為父母的我們可以做些什麼呢？

身為二十多歲孩子的母親，這個想法似乎天真地無可救藥。身為父母的部分職責是讓孩子懂得如何管理壓力，尋找快樂、瞭解怎麼做對他們最好。有些方式很明確，但大多數得靠父母的以身作則，即使在面臨壓力和沮喪時仍然能感受到歡喜。

焦慮和憂鬱在年輕人身上愈來愈常見，在接下來的章節中，我們將討論如何教青少年面對壓力，在需要的時候向師長、教授或心理健康專業人士尋求幫助，建立實際的期待，同時明白父母可以提供的協助。

快樂怎麼教？

為了搜集如何教孩子快樂這件事的實際答案，我們諮詢了許多專家，包括一位神經病理學教授、一位高中老師以及在紐約大學開立了最受歡迎選修課的兩位講師。

我們先與演說暨表演教練丹尼爾・藍納（Daniel Lerner），以及紐約大學臨床醫學副教授暨貝爾維尤醫院（Bellevue Hospital）兒童與青少年精神病理學診所主任艾倫・史萊特（Alan Schlechter）聯繫，他們兩人每個學期一起在紐約大學共同教授一堂有四百七十五位學生的課。經過多年的共同教學經驗，他們終於將這堂「幸福科學」的課，轉變成一本廣受歡迎的書《展翅高飛的你：如何在大學與人生中取得成功》（*U Thrive: How to Succeed in College (and Life)*）。於是我們請藍納和史萊特分享他們在父母如何幫助青少年和大學孩子培養幸福感方面的研究與發現。

雖然我們因為深愛孩子，所以希望他們能夠快樂，也深深期待他們能在這個世界找到幸福，但是藍納和史萊特認為其實還有另一個我們需要關注的目標。「愈來愈多的研究提到，正面情緒對我們的表現具有直接的影響。」藍納解釋：「我們的研究針對大學生在四十五秒的正面情緒之後的表現，這項研究先請參與的學生回想他們最快樂的時光，然後再接著完成指定的任務。我們發現在擁有正面情緒的狀況下，學習外語的學生能記住更多的單字，在創意測驗和標準化考試的表現上也都會比較好。」

這些研究要求學生先想想曾經歷過最快樂的回憶，進行這件簡單的事之後，學生再做其他任務的表現普遍做得更好。這個「正面的情緒觸發點」是什麼？藍納向我們說明：「對某些人來說，可能是歡欣鼓舞的片刻，像是收到大學入學通知書的那一刻。對另一些人，可能是全家人一起度假的回憶，也許是悠閒坐在沙灘上的那種靜謐時刻。每個人可能都不一樣，但重點是讓學生們理解正面情緒對我們的影響。如同我們從研究中所見，正面情緒對認知和身體健康的確有益。」

史萊特建議父母，即使在最短暫的互動當中，我們還是可以增進孩子的幸福感，並藉此引領他們邁向成功。他說：「大部分的父母會打電話給他們的孩子，剛開始問的是：『你還好嗎？』然後很快變成問孩子：『功課怎麼樣？在班上的表現還好嗎？』然而第一個問題真正應該要問的是：『你做了什麼有趣的事嗎？今天哪件事讓你覺得最好笑？』如果你能和就讀大學的孩子在電話裡展開以上的對話，你就會點燃了正面的情緒觸發點。他們在這之後，也比較會願意和你分享生活上遇到的挑戰。而當我們相互引發了彼此的觸發點，就會增加協商、妥協與互信的意願。」

孩子上大學之後，我們可能會懷疑他們是否有足夠的能力應付課業，是否真的知道自己身為成人後需要負起的生活責任。雖然這些事很重要，但是史萊特指出，從研究上來看還有更重要的部分，他解釋說：「想要預測學生是否能夠安然升上大學二年級的首要指標，就在於歸屬感，認為自己的確屬於這裡。」所以父母們在電話中詢問為孩子帶來歡樂的事情之後，應該詢問他們在校園裡的參與和融入程度。

我們一直從讀者那兒聽到他們的孩子進了夢想的大學，整個暑假也雀躍不已，但是現在他們整天待在宿舍裡，一點也不想踏出門。他們覺得害怕、感到孤獨，而且毫不懷疑地認為自己比校園裡其他學生的遭遇更慘。他們放逐自己，遠離所有社交關係，現在只能靠我們——孩子的父母，透過打電話、傳簡訊、用其它科技化的溝通方式來導正他們，或者至少當個聆聽者，聽他們說說看有多糟。

史萊特認為這個問題的解決辦法，必須從孩子踏進校園之前就要開始。他們需要透過方法，讓自己的思維模式融入校園生活。在找到屬於自己的歸所之前，肯定會歷經一些反覆嘗試的過程，史萊特指出，想要在校園中如魚得水，不是靠仔細研讀開課指南，而是要關注校內活動，像是學校的各個社團。想要成功度過大學生活，你需要問自己的第一個問題是你對校園活動有多投入？你如何尋找資源讓自己在校園裡感到真正的舒適與自在？

史萊特更深入指出：「我們知道那些埋首於努力用功，而且只知道用功讀書的學生，最後會覺得被孤立，他們的第一個學期過得很糟，但是你很少聽他們提起。」

父母們和青少年交談時，需要特別注意話裡透露的訊息。藍納說：「父母的期望和他們說的話與行為，常常不一致。他們說：『你應該參加社團，多參與校園活動。』但是接下來又話鋒一轉，問：『你的成績怎麼樣？』這就像是一個預設的陷阱題。」

藍納認為父母應該把更多的關注，放在除了高中學科成績之外的部分。倘若你的孩子是個感到快樂也適應得很好的大學生，或者在十二年級之後都表現得不錯，那麼父母應該提醒孩子他們有多以他或她為傲，因為他們既能夠參加很多活動、花時間和朋友相處。又能兼顧課業。父母可以透過提問進行真正有意義的溝通，並啟動孩子的正面情緒。假如我們只關心孩子的課業成績，會使孩子認為其他讓他們感到開心的事都不重要，然而相反地，這些才是真正讓孩子（和我們）表現得更好的關鍵。

孩子與壓力

除了擔心孩子是否快樂之外，父母們最擔心青少年的第二個議題，就是壓力是否過大。有人批評我們太寵孩子，導致這一個世代無法承受壓力，更無法在成人之後過獨立的生活。但是我們有不同的看法。許多父母親眼目睹孩子承受著比他們同齡時更沈重的壓力，這也常常是父母們擔憂的原因。我們的孩子考試的次數更多、課業更艱深、需要考更高分，也面對更大的競爭。在《展翅高飛的你：如何在大學與人生中取得成功》一書中，作者提到八十五%的大學生覺得自己每天都感到壓力，其中甚至有高達六十%的人說自己壓力大到無法做作業。

我們都在孩子高中時看著他們承受壓力，看著它壓得孩子精疲力竭，或甚至耗盡心神，但現在我們把他們送進了大學，也擔心壓力會不會把他們壓垮了。不過藍納和史萊特不約而同地建議父母應該重新調整對壓力的定義。

根據他們的說法，我們的人生目標並非減輕孩子（或在這議題下我們自己）的壓力，**我們的任務是幫助孩子了解自己最理想的壓力水平，並重新思考壓力的意義。**因為我們直到現在，可能都以錯誤的方式看待壓力。

壓力通常帶有負面的含義，但事實上，壓力也可以是正面的力量。史萊特解釋說：「我們需要適量的壓力來學習如何表現出最好的自己，或是改變。有些人對任何程度的壓力都感到非常恐懼，以致於無法真正地發揮潛力。他們或許表現得不錯，但由於避開了壓力，所以永遠也不知道自己最大的能耐。但也有些人被壓力逼到了極限，然而他們使盡了全力之後，卻失去了目標，感到茫然無措。」每個人都需要找到能夠激勵自己、又不至於阻礙我們的壓力承受度，在我們可以控制的範圍之下，這股壓力能夠提升我們的表現，然而如果超出可控的範圍，這股壓力就可能變得不健康。那麼，我們該如何幫助孩子找到最理想的壓力承受度呢？

「我認為當你承受適度的壓力時，應該覺得充滿挑戰，而不是快被壓垮的感覺，之後也應該有一定程度的滿足感，就像跑步完之後的暢快淋漓。」史萊特說。但是就像跑步一樣，有時候會覺得自己的狀態超好，雖然疲累到有點呼吸困難，但是精神亢奮，但另一些時候，卻覺得自己就快要垮掉。

「這時候首先要做的是調整你的思維。」史萊特解釋：「我們必須先明白，壓力不是敵人。根據傑洛米・賈梅森（Jeremy P. Jamieson）進行的一項研究顯示，當人們閱讀一段關於壓力事實上能夠讓他們表現得更好的文字之後，他們在模擬的 GRE（研究所入學考）測試中，成績提升了五十分。但是這項研究真正令人稱奇的，是兩個月之後這些人參加了真正的 GRE 考試，成績竟然比考試前未被告知壓力其實有幫助的人還要高七十分。所以只要簡單地改變對於壓力的看法，就能夠影響整體的表現。」

關鍵似乎在於用另一種角度來看待壓力。「孩子們需要學習即使在某個狀況下感到緊張，也能察覺自己其實同時也夾雜著一點興奮的感覺。」史萊特提醒父母：「艾莉森．布魯克斯（Alison Wood Brooks）在哈佛大學的研究顯示，當人們說：『我覺得興奮』或是『我覺得緊張』時，之後的表現實際上都比之前好得多，無論是演講或是解數學題。」

將壓力視為興奮和恐懼、欣喜和憂慮以及緊張摻雜著迫切想參與的感受，就會改變我們的感覺，並且做出不同的反應。如同藍納和史萊特所說明的，光是說出「我覺得興奮或躍躍欲試」，就能幫助我們感覺比單純的壓力來得積極正面。

面對高中的壓力

即使你的孩子面對壓力時似乎都處理得很好，也能維持身心的平衡，但是高中生活有時候才是真正的考驗。麗莎找到了一些可靠的方法來幫助她的孩子：

家裡的壓力在孩子升上十一年級時直線上升，那一年感覺就像在第七層地獄裡，那是一個充滿險惡又毫無歡樂可言的地方，我對自己的孩子感到絕望，甚至想從中解脫出來。然而我感覺到的壓力，也可能比他們感覺到的更沈重。

我非常擔心這幾個男孩。高中開學之後，他們得乖乖做該做的事：用功讀書、參與體育運動、玩藝術、享受和朋友在一起的時光，還有和家人相聚。然而不久之後，SAT（美國大學能力測試）的準備期到了，他們開始和輔導老師見面，他們在學校以及同儕間的壓力指數也跟著飆高。

這時候的我有兩個選擇，把自己獻給壓力怪獸，跟著他們一起在壓力鍋裡煎熬，今天擔心著明天、明天擔心著後天（如果我說自己從沒這麼想過，那是個謊話）；或者，退一步想，試著提醒自己他們還年輕，我已經學會了對抗壓力的方法，但是他們仍然還在尋找。

我瞭解到身為父母肩負著雙重的工作，身為這個世界上最愛他們的兩個人之一，我想要透過微小的事來幫助他們渡過這段時期。我不贊同學校一直督促家長的那些話，像是如果他們能做的就應該讓他們自己做，因為我很樂意為孩子做一些能夠讓他們減輕壓力的小事。但是更重要的是，我需要讓他們知道我是如何學習應對每一個壓力。許多研究指出，現今的青少年感覺到的壓力甚至比父母的還沈重，所以教他們如何面對壓力，是教養青少年的重要課題。以下是我嘗試的一些方式，或許也是孩子們一生都可以受益的。

尋找一個無壓力區

每一個人都有一個可以減壓，甚至讓壓力漸漸淡化（如果沒辦法完全消失）的地方。青少年可能還不太清楚這個地方在哪裡。我的一個兒子是讓雙手忙著做些什麼來減壓，另一個則是透過聽音樂，第三個嘛，很遺憾的是靠打電腦遊戲。作為父母，我們的任務是找出這個地方在哪裡（如果他們無法發現的話），然後在壓力來襲時，一次又一次地引導他們去接觸——只要這件事不具破壞性。

請記住，重點在於努力的過程，而非結果

體育專家會告訴你，我們可以掌握或控制過程，但不能控制結果。任何優秀的教練都會說，應該把焦點放在練習和精進技術，而不是比賽的結果。在每一次的期中考和期末考時，我都會和其中一個孩子說這些話，他會問我是不是覺得他已經盡力了，我會肯定他的努力，然後我們兩個人會承認剩下的就不是他能控制的，所以也不必再多想或討論。如果他真的盡力準備考試了，我也會遵守約定閉嘴。話雖這麼說，但是執行起來真的很難，但是我也受到這個男孩的嚴格訓練，他讓我知道青少年需要被讚美的，不是他們的成就，而是他們的努力嘗試。

完成一件小事

直升機父母已經遭到瓦解，所有的輿論或評論都大聲疾呼：不要再為孩子做事了，他們完全有能力自己做。我大多數的時候是贊同這個說法，然而有時候幫助承受壓力的人最好的做法，就是幫他或她分擔一些小事。我會在早上替孩子做早餐，好讓他們在車上吃；或是在車子油箱快見底的時候幫他們加滿油，或者在他們前一天忘了打包運動袋的時候幫他們整理好。針對這部分，我其實有兩種看法。有時候我覺得自己應該停止把這些男孩當小孩，畢竟他們都比

我高，而且再過幾個月就都會離開家。但是我也認為，成年人相愛或關心彼此時也會這麼做，之所以願意做這些小事，只是想讓對方的日子更輕鬆一點罷了。這不就是我想要以身作則的示範行為嗎？難道我不希望他們在這個世界上，好好對待他們的伴侶、朋友，並用小小的關懷表達愛意嗎？沒錯，他們已經是青少年了，也可以自己做所有的事，而我替他們做的這些事，有些當然可能被認為是導致他們學不會為自己負責任的導火線。但我是這麼想的：他們很快就會離開我們的身邊，所以我們透過一些小小的動作來表達愛與支持的機會，也很快就會消失。

教他們和老師談談

許許多多來自學校的壓力，大多起源於擔心老師怎麼想？要什麼？或期待什麼？大部分的焦慮也都是因為猜想的結果。學著和老師交談、問問題，無論是清楚明白作業內容、解釋成績或是請老師多給些時間完成作業，都能夠減輕壓力。你需要不斷提醒孩子，老師們其實很願意和學生談談。或許現在的對象是老師，將來面對的可能是教授或老闆。學習向權威人士表達自己的顧慮，是孩子們永遠都需要的技巧。

無論是小孩或是青少年，獎勵都能奏效

獎勵和賄賂不一樣，獎勵只是你對青少年在面對眼前的挑戰時全力以赴所表示認同的一種方式。無論是接他們下班或放學時請他們喝一杯特調咖啡，或是送他們很想要的一樣小東西，表示你感謝他們的努力，為他們的認真鼓掌，況且他們的笑容也是你想看見的。

不要老是說起從前當我們是青少年的時候

父母們都很喜歡回憶自己的青春時光，回想那個對青少年的要求並不如現代嚴苛的時代。有時候我們會迷失，以自己從前的經驗來反對孩子的意見或想法。然而現在已經不再是八〇或九〇年代，我們的孩子也不可能穿越時空，所以光告訴孩子他們不應該做什麼，但他們顯然會去做，根本一點幫助也沒有。所以，與其硬要孩子理解他們根本不知道的時空背景，倒不如教導他們如何掌握目前的生活。

提供一個免於被批判比較的地方

同儕壓力無處不在，青少年每天只要走過學校大門或看手機時，就能感覺得到。就讓家成為他們免於被真實或想像批判的場所，讓他們在這裡得到真正的喘息。雖然我認為不太可能做

得到，也不認為完全不說出我們的意見是件好事，但有鑒於許多青少年在他們的社交生活中已經承受非常劇烈的攻擊或批判，父母們更應該謹慎權衡說出口的話。我們的家或家庭，需要成為青少年抵擋外在世界焦慮的避風港。

運動對父母或青少年，都能有效降低壓力

除非你的青少年已經加入體育團隊，否則當壓力逐漸增加時，體能運動可能是他們放棄的第一件事之一，但是在理想的狀況下最好能持續保持運動的習慣，因為根據研究顯示，運動對於心理健康有很大的幫助，所以最好從小就能養成運動的習慣。

制定睡眠計畫

我要收回之前說過的話，睡眠才是第一要件，運動其次。青少年需要的睡眠遠多於他們實際的睡眠時間，其中的部分原因是他們還無法妥善規劃自己的時間，意識不到時間的流逝，到了晚上才發現自己的時間不夠。「我還有時間啦！我晚一點做？」這句話聽起來是不是很熟悉？但這也導致青少年的睡眠大量不足。你曾在晚上十一點和一個還沒完成作業的青少年討論睡眠問題嗎？那場面可不好看！我們需要提醒青少年，不是事情做完之後是幾點就晚上幾點睡，而是應該像其他活動一樣，規劃足夠的睡眠時間。充足的睡眠是青少年的安全網，因為睡

眠不足會影響很多事情，像是開車，甚至精神狀況方面。紐約大學醫學院兒童與青少年病理學暨小兒科醫師的傑斯．夏特金（Jess Shatkin）教授說：「睡一個好覺，能夠提升大腦額葉對情緒中樞的控制能力，因此有助於降低青少年的危險行為。」

一星期有一百六十八個小時，只要做好規劃，就有足夠的時間完成每一件事

眼見一位青少年因為時間管理不佳而備感壓力，父母常常忍不住想要代他們規劃或安排。不過更好的做法應該是協助他們制定計畫。打開手機的日曆應用程式，讓他們知道一天的二十四個小時，或一星期的一百六十八個小時，是如何足夠讓他們完成需要做的事。倘若時間真的不夠，幫助他們一起決定需要捨棄的事。討論他們浪費的時間，以及可能從日常生活上簡短的時間；同時討論事項的優先順序，並找出最重要的事。請孩子將需要做的事項寫下來，或是記錄在電子日曆裡，能夠讓他們清楚看出自己應該先做的事與責任，然後再挪出時間來享受自己喜歡的活動。

焦慮永遠都會如影隨形，也不會完全消失。長久以來，我以為自己終究能夠找到一個不再擔憂的地方。高中的時候，我以為那個地方可能是大學，但現在我已經是個大學生了，我的思維模式陷入了自己畢業的那一天，也將是我解脫焦慮的日子。這是一種危

險的思考方式。在我短暫的十九年人生裡，我瞭解到並沒有那個讓我免於焦慮的地方，因為永遠都有最後的期限、永遠都有事情要完成、有帳單要繳。事實上隨著年齡的增長，會導致焦慮的事情只會愈來愈多。

想要與焦慮和平共處的關鍵，不在於尋找那個完全不存在焦慮的地方，而是要安於你所擁有的、你的所處之地以及你正在做的事。憂慮永遠都在，但是你能找出一些方法不讓它掌控你的生活。而對於家中患有焦慮症孩子的父母，請鼓勵他們走出宿舍，也請不要停止對他們說你愛他或她。雖然我們不願意承認，但我們每天都很想念你們。

——瑞秋，19歲

有一部分得怪父母

所有的這些壓力究竟從何而來？有一部分來自於家庭外，孩子們會接收外來的訊息並設定自己的期望與所謂成功的目標。另一部分的壓力來自於社群媒體，當你認識的每一個人似乎都過著快樂、有趣、幾近完美的人生時，我們很難不將自己的期望設定得更高一點。然而現在該是誠實面對我們身為父母所加諸在孩子身上的壓力，因為他們的期望有一部分也來自於我們。

倘若我們不能真誠地檢視自己，就會忽略自己讓孩子感到巨大壓力的責任；倘若不能坦然地面對自己，我們就不可能成為自己希望成為的父母。律師作家海倫・溫格斯（Helene Wingens）同時也是三個男孩的母親，她為我們分析了這個令人憂心的情況。她說：

我比較希望自己是在不經意而非疏於思考的狀況下，讓我想要粉碎父母對孩子的期望。但是我們必須慎選說出口的話，尤其是對我們的孩子。多年來我養成了對兒子們說話的一種習慣，像是「你將來一定能做很棒的事」或是「你可以的」。我說這些話的目的，是為了表達自己對孩子以及他們的能力有信心。我說這些話的用意，也在於深知這個社會對青少年施加的有害壓力，認為他們每一件事情都必須做到最好。

「好還要更好」的壓力無處不在，要求的不僅僅是精通，還必須成為其中「最好的」佼佼者。學業成績當然是壓力的一環，課外的體育活動也是。而父母們往往不自覺地讓自己的期待成為孩子的桎梏。

我從沒想要栽培一個音樂天才，我的一個兒子上了兩年的鋼琴課，他從來不在家練習，我也從來不介意。我只是希望他能享受這每個星期一次的上課時間，因為我的目的是讓他接觸鋼琴，而不是期待他成為一位鋼琴家。經過拉著他上鋼琴課就像是推他下油鍋的兩年之後，我終於投降。我會擔心他之後學什麼都半途而廢嗎？有時候，但很少。

我對田徑運動同樣沒什麼要求，也許還算幸運吧！因為我家兒子早早就宣布對運動沒興趣，也從沒在田徑場上脫穎而出。其他父母言語中透露著警告低聲對我說，如果沒在三歲時讓孩子加入足球隊，他的「腳部技巧」就會永遠跟不上，當然也就沒法跟其他男孩競爭。我才不在意，如果兒子們選擇加入任何運動，都應該是學習成為團隊的一員，並進行一些體能鍛鍊，僅此而已。

但是學業方面就不一樣了。學校是我們的傾力之處，我堅定地相信有了好成績、好學校，就會有好工作、好的人生。每當孩子們得到好成績時，我會再次灌輸他們這個道理，告訴他們之後一定能得到榮耀與回饋。

然而有一天，兒子不安地問我：「如果我一生都做不了大事怎麼辦？如果我只成為一個律師呢？」我才驚覺自己之前說的話不知不覺影響了孩子，但卻不是我希望的方向。對我兒子來說，我自以為是所營造出來的期望，讓他覺得自己可能做不到。

這也是為什麼我不再說出自己對他們的期望，也不再暗示他們將來能為這個世界做些什麼，事實上我根本也不清楚他們的將來會是什麼樣子。

現在，我會告訴他們，身為父母的我期望如下：

我希望你們勤奮工作，好好利用生命賜予的每一個機會，我知道你們將經歷失敗，但是你們會讓自己站起來，然後再試一次——因為成功是當你細數的好日子多過壞日子，而想要成功的唯一方法就是從壞日子中吸取教訓。我希望你們將良善置於偉大之上，並以善待、體貼的態度對待所有人。甚至當你們覺得自己處於匱乏之時，仍然能夠發揮慈善的力量。我希望你們為了求知而學習，為了喜悅而玩樂，為他人奉獻時間與金錢，為了自己而非他人的期望去嘗試所有的事。然而，我對你們最大的期望與希望，是去愛與被愛。

學校與生活的平衡

蘿蕊．史卓頓（Lori Stratton）正置身於「學業與生活平衡」的爭議中，她是教進階英美文學的老師，也是一個成年兒子和兩個女兒的母親，因此她能看到我們的青少年在學校與家庭方面所承受的壓力。當她的女兒在她所任教的高中升上十二年級時，她寫下了以下這篇文章：

身為父母，我們都想要孩子得到最好的。所以我們嘮叨著要他們有更好的表現，晚上無法安眠地擔憂著他們的考試成績、課外活動、服務學習時數，還有報考大學的流程等等，這一切都源於父母的善意。

身為高中老師，我每天從高成就學生的臉上看到他們背負著包括父母、社會與高中生活的所有壓力。而身為母親，我強忍著想將他們摟入懷裡，想給他們餅乾和溫熱的牛奶，然後安撫他們好好睡個他們迫切需要的好覺。

現在的高中生經常感到壓力，有時候甚至忘了當一名青少年可以多麼有趣。上漲的大學學費、失業的恐慌、社交媒體的期望以及一堆需要他們關注的活動，讓青少年的生活變得異常複雜。我們該如何幫助這群孩子放慢腳步，享受最後這幾年住在家中的生活？我們該如何讓他們知道人生就是有如此豐富的體驗，值得勇於嘗試而非輕易放棄？

直到自己的孩子到了高中的年紀，我才完全理解壓力對青少年生活的影響。然後，我也終於有機會從三個不同面向觀察青少年的生活。我的孩子在高中生活裡所承受的壓力，不僅是課業、成績和體育活動方面，還包括了維持受歡迎的社交生活，至少在社群媒體上要看起來事事得意。

他們很少準時回家吃晚餐，因為得忙功課或是其他的活動練習；他們晚上很晚才睡，因為得為明天的考試做準備，或是得趕著交作業，因為他們十分明白自己的父母無法負擔所有的大學學費，他們得自己爭取獎學金。

在少數不必寫作業的晚上，他們會和男朋友或女朋友互傳簡訊、發推特或是寫紙條。還得編輯IG上的照片，所以也幾乎沒能有充足的睡眠。

今年，我的小女兒坐在我授課的進階文學課堂內，我知道當我指定作業或是宣布考試時間時，都會影響她和她的朋友。我知道身為老師應當替學生做好上大學及年末甄試的準備，但是當我在他們早已不堪負荷的肩膀上加重更多壓力時，又不忍看到我的學生們個個咬緊牙關，雙眼黯然的模樣，我為此感到掙扎與痛苦。

替學生們打成績時，同樣的問題又再次出現。如果一篇作文應該給八十二分，我會遲遲無法寫下分數，因為我知道這個孩子不容許成績低於九十二分以下。然而文學分析其實很困難，八十二分對於初入門的學生來說已經是一個很好的分數。這時候身為老師的我，該怎麼做？

我試著說服學生，告訴他們成績遠遠不如生理健康和充足的睡眠來得重要，也一起討論成績永遠不等於也不應該用來定義一個人。我想讓他們知道B是完全可接受的成績，能夠做到現實生活的平衡，才是真正的快樂幸福之道。然而，我從他們的臉上看見了問號。

因為圍繞在這些孩子身邊的，都是進大學有多困難，大學的學費有多高，想要在大學畢業之後找到既有意義、薪水又不錯的工作有多不容易。然後這些孩子的父母們徹夜難眠，在腦子裡盤算著大學的學費加上住宿費，讓孩子的壓力更為倍增。我經常聽到學生們說：「但是我爸媽希望我每個科目都拿A。」

或許身為父母的我們應該退一步，給孩子一點空間，為青少年示範何謂平衡的生活。就拿我來說，假使女兒某一天突然回家吃晚餐（這種情況很少發生，因為她的行程經常滿檔），我必須放下所有當天晚上要做的計畫事項，把時間拿來聆聽、和她一起開懷大笑、示範成年人如何悠遊於閒暇的時光。這其實很難，因為我平常的日日夜夜都被工作纏身。

但這是我們欠孩子的，不是嗎？畢竟我知道的每一個父母，都想要他或她的孩子快樂。不過許多青少年一點也不快樂，因為他們的生活充滿壓力與疲憊。或許除了考試成績，我們可以問問他們喜歡哪一個樂團，或是最近想看哪一部電影。開頭總不簡單，然而**我們必須先成就孩子，才能培養一個有成就的孩子。**

我們享有孩子有趣又充滿創造力的時間並不長，讓我們允許他們享受自己的童年、享受我們和他們共度的時光。讓我們明白成績、一長串的課外活動還有大學入學通知，並不是界定成功與快樂人生的唯一標準。

一切都和大腦有關

想要理解青少年，想要明白他們的焦慮和快樂，就必須瞭解他們的大腦。因為父母們對於青少年如何思考和行動的很多假設都不正確，我們只是從自我的想法中推斷，或是試圖從尚存的記憶中搜尋自己青少年時的成功過往。法蘭西斯．詹森（Frances Jensen）博士是賓州大學醫學院主任，也是兩位青少年的母親，她說：「青少年的大腦不是成人大腦的簡易版，而是處於一種矛盾的發展狀態，他們擁有非常敏銳的大腦，卻不太確定該怎麼運用。青少年絕非外星異類，只是被誤解了。」

在《青春期的腦內風暴》一書中，詹森博士與共同作者艾蜜．依莉絲．納特（Amy Ellis Nutt）提醒父母們，青少年的大腦成熟過程非常漫長，並「持續受到環境和生理的影響，直到二十多歲。」我們針對高中與大學孩子的教養問題，請教詹森博士如何在這段動蕩不安卻又美好無比的成長階段，引導孩子平安度過。

Q：青少年常常變成只用單一個字回話，拒絕說更多或給更多的回應，對父母來說其實是頗可怕的一件事。我們是不是能夠做些什麼來讓他們願意參與有意義的對話？倘若他們不願意分享，我們又該如何開啟嚴肅問題的討論？

你和孩子在一起的時間愈多，就愈能夠讓他們敞開心胸討論敏感問題。別讓家成為孩子們放學回來吃個點心，就躲回房間把門關上，一整夜都不出來的地方。遺憾的是很多現代家庭都是這樣。盡量讓他們從房裡出來吃晚餐或做其他活動，這樣你們才有互動的機會。讓他們看見真實的你，他們其實時時刻刻都在看著你，請讓他們看到你犯錯。

在車上是最棒的場合，對我的兒子們來說尤其萬幸，因為不會有眼神上的交流。你開著車，他們坐在乘客座，然後你就可以開啟面對面時倍感尷尬的話題。事實上我在和孩子參觀各大學時，我最喜歡的部分就是和孩子一起在車子裡共度的時光，在好幾個小時的車程裡，你們可以聊很多很多「話題」。

就聊聊為什麼他們缺乏非常好的瞬間判斷力這件事好了。我想每個青少年都曾經被父母質疑過一兩次，我們大感不可思議地對孩子說：「你在開玩笑嗎？你明明那麼聰明，為什麼還這麼做？」然而問題不在於他們毫無思考問題，而是他們的大腦額葉還不能像成人般進行瞬間的推理。他們的大腦活動速度還不夠快，還來不及即時對自己說：「哦，我最好別做這件事。」所以他們勇於冒險，也在事後才明白當時真的不該做那件事。試著指出這個弱點，再要求他們未來務必在有所行動之前多加考慮。

青少年正經歷一個階段，這是一個成長的自然階段，但父母們還是可以讓孩子明白貿然冒險的後果，它可能導致過度的壓力並對大腦造成傷害。提供數據和事實會比命令和生氣好得多，他們對數字非常敏銳！我曾經和兒子聊到酒駕和吸毒的死亡率，我會指出問題出在哪裡，也利用這些悲慘的例子告訴他們「好好珍惜生命」。

Q：孩子上大學或出社會獨立之前，有哪些特定事項是我們需要討論的？

- **非法藥物：**大麻之類的毒品或是每天吸菸，都可能降低青少年的智商，俗稱搖頭丸的安非他命更會對大腦造成重大的傷害，這個現象在二十世紀初尤其嚴重。由於青少年的大腦每天都在發展、變化，他們的大腦有更多的受體接收藥物的影響，也因此更具潛在的危害。
- **酗酒過度：**青少年只有一個尚在發育中的大腦，同樣程度的酒量或許不會對成年人有影響，卻有可能造成青少年腦細胞的死亡。
- **壓力：**壓力會影響學習。由於青少年控制衝動的能力較弱，所以更需要謹慎注意，避免讓自己陷入可能導致壓力的有害環境。
- **精神疾病：**青少年時期正是憂鬱症、精神分裂以及精神疾病開始發作的階段。請特別留意青少年是否出現一些跡象，像是嚴重的情緒波動、飲食或睡眠習慣的改變、對曾經喜愛的活動失去興趣、不喜歡和朋友見面、傾向於冒險或刻意求表現。請時時關心孩子，找機會和家中青少年討論心理健康方面的議題，讓他們更能發現自己或朋友的問題狀況，並在需要的時候尋求幫助。
- **最後的學習關鍵期：**大學時期是人生的最好的學習時段，學習能力這件事接下來只會隨著時間漸漸弱化。這是孩子們能夠輕鬆記憶的最後一個機會之一，所以要好好把握住機會，這是他們的黃金時期！孩子們當然會想要玩樂，但是請告訴家中的青少年，大學時期是替未來的自己做好準備並扭轉人生的機會，倘若他們在高中時只是個拿C的學生，到了大學可以變成拿A的學生。這是個能夠讓他們運用自己的強項，並改進弱項的時機，而這個機會如果錯過了，可能不會再有。

Q：孩子和父母同住時，我們可以在第一時間觀察到他們的每一個改變。但是當他們開始住校後，父母能夠關注孩子的時間實在很有限。父母們和上了大學的孩子之間，到底該保持什麼樣的維繫關係？

在建立良好關係的同時，請注意不要成為直升機父母或推土機父母，這麼做會讓孩子養成一種的慣性。而因親子關係不佳所造成的疏離也會導致問題。父母在某些狀況下可能會誤以成人的標準來批判家中的青少年，甚至因此引發怒氣。請不要過度暴怒而傷害到親子關係，你必須明白青少年正歷經一段必經的人生階段，他們絕對不是無時無刻都想找麻煩！

試著和孩子保持聯繫，當一個會主動打電話、假日在家、會送包裹給他們的父母。倘若我覺得和孩子失去聯繫，他也沒主動跟我連絡的話，我會直接到學校找他。雖然場面會有點尷尬，孩子也會覺得你未免太小題大作，但是重點在於你付出的努力，這才是真正的關鍵。

Q：你談到酗酒對青少年大腦的危險性，如果我們僅有一個機會告誡孩子為什麼不該酗酒，我們應該說的重點有哪些？

- 大學是學習的時光。以整個社會的觀點來看，也要求青少年利用人生的這段時間來學習。青少年大腦所獨具的突觸可塑性，使他們在學習方面特別擅長，而酒精會直接減損他們的學習能力。

- 酒精會干擾睡眠習慣，而睡眠不足會讓你無法發揮潛能。倘若你週末時狂歡豪飲，就只能準備迎接最糟糕的一週。
- 酒精會降低衝動控制的能力，也因此可能導致極端的危險行為。
- 等量的酒精對孩童的影響比成人的大，青少年更是容易受到影響。由於青少年的大腦擁有更多的突觸，因此比成人的大腦更容易受到酗酒的影響，也更可能導致大腦的損傷。

Q：關於青少年的大腦，還有哪些是父母必須注意的事項？

青少年大腦的確有許多發展關鍵上的優勢，但同時也有一些未被察覺與了解的脆弱之處。大大腦是身體最後成熟的器官，大約在二十五歲時才會臻於發育完全。由於青少年時期的大腦尚未發展健全——包括額葉（司掌判斷力的區域）仍比不上成年人的運作速度，因此這段時期特別脆弱。

然而青少年時期的學習力特別強，他們的大腦突觸具備高度作用力，這也說明了為何這段期間的青少年學習力驚人。不過，成癮也是另一種學習型態，青少年也因此更容易受到物質或壓力的負面影響。

他們現在如何對待自己的大腦，都會對成年後的大腦產生永久性的影響。倘若青少年能在這個階段降低風險，就等於保障未來的自己。

那些看不出來的事

就算父母們努力想要透過明白青少年的大腦運作方式，來試著瞭解自己的孩子，但還是可能受到青少年衝動行為的誤導，孩子也會隱瞞不想讓我們知道的事情。近年來青少年和年輕人罹患憂鬱和焦慮症的比例激增，儘管很少有父母們想讓孩子獨自承受痛苦，但即使是受過專業訓練並和孩子非常親近的父母們，也可能很難察覺這些症狀的跡象。在下面的故事裡，我們將分享一位擔任小兒科醫師的母親，敘述她的兒子如何默默受苦，以及她發現真相之後所經歷的苦痛：

現在的我，確實相信「心痛」是一種真實存在的感受。我必須承認自己多年來一直心存疑惑，直到一年前我開玩笑地問孩子手臂上貼著ＯＫ繃，是想要遮掩什麼嗎？他抬頭看著我，雙眼含著淚。那一瞬間，我的心裡突然有什麼裂開了，留下一道深刻劇痛的傷痕，無論我怎麼努力修復，都無法減輕那份悲苦與煎熬。我只要一想起這件事，就淚流不止，不由得質疑自己是個失職的母親，甚至認為自己是個失敗者。為什麼我花了大半時間防止這個世界對我的兒子造成傷害，最後卻讓我俊秀、有趣、聰明的兒子——傷害了他自己？他是如何地徹底失望沮喪，以致於只能劃開自己的血肉？我也常常問自己那個揮之不去的問題：「我到底錯失了什麼？」

我一直以為這個家就像一棵根深蒂固的大樹，既安全又穩固；一片片色彩繽紛的樹葉見證了我們的幸運與成功，也奠定堅固的基礎。過去的我，曾經喜歡在每年的冬臨之初觀察葉子變換顏色，然後輕輕落至地面的情景。也深信隨著人生的轉變，這棵大樹在下個季節來臨時將會長出同樣翠綠的樹葉，就像我們這個家一樣。但是那一年，這個家一直被秋天纏繞著，我只看見凋零的葉片，一片一片從樹上枯落，留下看似光彩的軀殼，但也將轉瞬即逝。

接下來的幾個月裡，我花了好一段時間（事實上是好一段痛苦的時間）回想過去，一幕幕影像在我腦海中浮現——兒子小時候在海灘拿著最愛的塑膠榔頭在鏡頭前擺姿勢、他驕傲地和自己堆的沙堡合影、開心地對妹妹唱自己編的歌、爬上我們的床和我賴在一起。我們擁有這麼多美好的過去，但那個男孩現在去了哪裡？

我竭盡心力地想去瞭解他，希望自己能幫助他。我能察覺自己的極度痛苦，也因此能想像他的痛苦一定比我深切，我哀痛不已，傷心欲絕，但這和被憂鬱籠罩無法相提並論。我搜遍臉書、Snapchat和任何可搜尋的社群媒體，希望能夠找到面帶微笑的他，或至少想要證明某一天的他並未受到憂鬱的侵擾。我傳了一堆簡訊給兒子，當他回覆時，我的心像是鬆了一口氣，但是當他遲遲不回時，我頓時恐慌了起來，他會不會正在傷害自己？這個狀況會不會一直持續下去？我的孩子和我是否將永無寧日？這件事會不會影響他的未來？成為迷人、自信、有能力、有成就的年輕人對他來說，會不會變得遙不可及？會永遠都這樣嗎？他是否對自己的要求太高，因此注定失敗？

我不知道該上哪裡找答案。慶幸的是在我和先生全盤明白問題的嚴重性之前，我的兒子向姊姊求助，她明智地引導他尋求專業的治療。在藥物治療與諮商的幫助下，他以緩慢且小心翼翼地步調開始漸漸強壯起來，自殘的行為消失了，憂鬱的狀況也改善不少，現在的他有一個嶄新的「正常」生活。然而我還是感到憂慮，害怕憂鬱症狀悄悄回過頭來破壞一切，擔心一張分數不夠高的考卷、一句羞辱的話或是一段告終的戀情，都會讓他再次陷入抑鬱。我害怕他或我自己無法及早發現復發的跡象，以致於不能避免再一次的悲劇，我已經目睹過一次悲劇的發生，也慶幸上一個悲劇已經落幕，更不希望這齣悲劇重演。

我在這裡分享自己的真實人生，因為青少年罹患憂鬱症的比例在美國各地不斷攀升，這些症狀通常很難察覺，卻常常造成毀滅性的影響，不只對個人，家庭與朋友也連帶在內。憂鬱症以某種方式潛入我們親子關係緊密且溝通無礙的家，讓我們付出了代價，更留下許多傷疤，我也被蒙蔽了雙眼，然而沒有一個人倖免於難，這一點我非常清楚。幸運的是我和兒子都從這場讓人掙扎不已的苦難中慢慢地平復。當下一個春天來臨時，屬於我們的這棵大樹將再一次萌芽、長葉。雖然心情得到了和緩，但是我知道自己要經過好幾年之後，才能再一次安心平靜地欣賞秋日的美景。

完美是一場風暴

當我們還小的時候，完美不是必要項目之一。沒有人期待我們每件事都做到一百分，我們也從來不會這麼想。從定義上來看，完美是無法達到的標準。但是成堆的研究顯示，青少年和年輕人不但被必須做到完美的期望緊箍著，甚至覺得如果自己做不到，就會遭受嚴厲的批評。

他們必須成為學術菁英，和職場上早奮鬥十年的前輩擁有同等傲人的履歷，而且還要叱吒社交圈，也要將美好的一面都上傳到社群媒體，讓每一個人都看見。更重要的是讓一切看起來輕而易舉，得來不費工夫。

社群媒體讓青少年的生活猶如一本隨時都會被打開的書，所以每一個頁面都需要精心策畫，每一張照片都要完美無瑕，還得展示一連串的活動，好讓朋友和追蹤的人既羨慕又忌妒。同時也不斷提醒其他人自己沒被邀請參加的派對、買不起的衣服或是永遠去不了的地方。

青少年因此相信完美生活是可能的，畢竟他們每天都在網路上親眼看到，也從沒人質疑過。二十四小時無休的網路世界不讓追求完美有任何喘息的機會，追求完美的壓力當然是造成一些孩子情緒低落的原因，心理學家與研究學者也指出，女兒比兒子面臨的影響更大。教育學者瑞秋．西蒙（Rachel Simmons）同時也是一位母親，她在《她這樣就夠好了》（Enough As She Is）一書中，特別指出女孩必須承受的壓力。她發現：「女孩得像超人一樣，具備雄心壯志、聰明有活力、身體健康、漂亮性感、社交活躍、會運動、善良仁慈等特質，還要受到每一個人的喜愛。」西蒙解釋，年輕女孩接收到她們可以做任何事情的訊息，卻以為自己必須做到每一件事。

在接下來的敘述中，西蒙提出更深入的見解，帶領我們瞭解女孩為何更容易受到大學入學考試的影響，以及父母可以提供哪些協助：

現今的女孩過著痛苦的矛盾生活，她們的成績比男孩好，被大學錄取的人數也遠超過男孩，然而受到憂鬱、焦慮、孤獨與壓力的折磨也超過男孩。她們在享有更多的機會之前，身心上的健康已經跌落谷底。

是什麼原因造成的呢？某部分的答案在於大學的錄取程序。表面上看來，女孩似乎是個贏家，但是仔細瞭解之後卻全然不是那麼一回事。我在過去十年間與女孩、父母以及師長們一起工作時，發現了事情的另外一面。申請大學過程中的複雜度與殘酷現實面，使得青少年的價值與潛力隨著他們是否進入「正確」的大學而定，女孩必須面臨一連串可能讓她們更加脆弱的試煉，包括害怕失敗、自信的打擊以及渴望取悅他人的心情。

「倘若人生是一段漫長的校園生活，這個世界將會由女孩來主宰。」史丹佛大學教授卡蘿．杜維克（Carol Dweck）如此斷言。她的意思是在學校裡獲得成功的學生，大多是能夠遵守規定、被動發言、做別人希望他們做的事，而這正是大部分女孩在社交方面的行為模式。

雖然這些行為習慣讓女孩們在課堂和成績單上拔得頭籌，卻經常阻礙了女孩的個人發展。當她們接收傳統文化上所謂「好女孩」的定義就是犧牲自己來取悅他人之後，女孩們會在乎他人的看法更勝於自己。她們變得在意別人的意見，甚至用別人喜不喜歡自己來建立自尊。

人際關係上的完美無瑕，常常連帶至學業成績上的自我要求，導致對完美的殘酷標準，害怕失敗，並在面對困難時缺乏挫折忍受力。她們覺得自己不夠好，需要變得更聰明、更漂亮、更受人喜愛……也因此可能引發同儕之間的嫉妒或不滿，反而讓自己失去重要的友誼支持。

想在這個階段盡到父母的責任，就必須充分理解大學甄試的瘋狂過程會在女孩的心理與發展上造成什麼樣的影響。我們將解釋這部分的前因後果，並提供對抗這種負面狀態的策略。

好奇心，亦即願意問問題並讓問題的答案帶來啟發，是學習的關鍵要素。但是在申請大學的繁複產業鏈中，優秀與卓越才是唯一的指標。許多學生會這麼告訴你：每一次的「挫敗」都會被列在他們的大學申請表上。所以原本為了學習而冒險的健康行為——願意讓自己投身未知的領域，反而成了絕對的致命傷。高中時期避免冒險的行為，可能是如果不知道正確答案就別舉手回答，或是避開可能沒辦法拿到好成績的課，或者選擇不去申請可能會被拒絕的學校。雖然男孩和女孩都會受到追求優秀卓越的影響，然而研究顯示女孩在迴避冒險行為上更勝一籌。

性別差異在這部分尤其明顯。一項由詹姆斯．伯恩斯（James P. Byrnes）與研究同仁針對一百五十位人士所進行的調查發現，男性幾乎在任何一個領域都比女性更樂於冒險，其中最大的差異則在智力上的挑戰。

女性面對大學入學申請時，通常會打安全牌，也需要更多的支持來冒險一搏。不妨問問你的女兒，她是否感到應該選擇進得去的學校而不是挑戰看看，倘若的確如此，請試著體諒，不要任意批評，她可能只是做了自己認為必須做的決定而已。請試著繼續問一些問題，問問她選的課或活動真的是自己想要的嗎？還是她覺得自己應該這麼做？假使沒有非得進大學的壓力，她會利用這段時間做什麼？假使去除掉了擔憂，她覺得什麼事情比成功更重要？和孩子聊聊除了進大學之外，她覺得生命中最珍惜的是什麼。

為了鼓勵女兒進行健康的冒險，當她勇敢而行的時候請給予獎勵。請她吃一頓大餐，或是到一個特別的地方慶祝一下。最好是一起冒個險，以身作則，讓你自己投入一個不知道結果的狀況。一起做菜或烘焙點心，舉辦一場派對，玩一場密室逃生遊戲，學一項新技能，做一些你從來沒做過的事。和女兒一同冒險，然後慶祝每一個證明自己其實比想像得更聰明、更勇敢或更堅強的片刻。

當她遭遇挫折時，教會她慶祝過程中的所得，問我稱之為「至少」的問題：至少從中得到了什麼？如果我們希望女孩免於陷入完美主義，就必須讓她們從結果論的執迷中解脫，並教她們珍惜過程——即使結局並不如我們所期待。

在《動機：單純的力量》這本書中，丹尼爾．品克（Daniel H. Pink）提到我們通常會比較想要去做「能讓內心感到快樂的事」，這就是所謂的內在動力，也是學習最寶貴的原動力。大量的研究發現，擁有內在動力的學生具備較大的挫折忍受力，焦慮與憂鬱的機率較低，也比較不容易有倦怠感。他們的成績相對比較好，心理層面也比較健康，以上只是其中的幾個優勢。

然而如果有人試圖透過外在動力，例如：提供獎勵、威脅處罰或是柔性勸說，來掌控我們的表現時，反而會降低我們的內在動力。因為我們做這件事情不再只是為了自己，而是為了其他人或物。在申請大學這個複雜的產業鏈中，大部分的成功必須仰賴外在的獎勵，像是好成績和考試考高分。對許多學生來說，他們的學習動力也因此不斷被害怕失敗所干擾。

艾德華．迪西（Edward L. Deci）和理查．萊恩（Richard M. Ryan）兩位教授指出，女孩們面對獎勵或處罰時，更容易失去內在動力。因為她們被成人社會化，以為自己必須取悅他人，因此傾向於在意老師或父母的回應。

迪西和萊恩也發現，女性會「特別注意自己被稱讚時對方感到滿意的證據」。許多研究證實，當女孩們被鼓勵做出更好的表現時，反而容易出現反效果。在一項針對國小學生的研究實驗中，特別給予固定特質和能力的稱讚，像是「聰明」或「善良」，結果顯示這麼做會影響女孩的內在動力。其他研究也發現，強調「外在價值」，像是好成績、錄取大學、和財務上的成功等等，都會對女孩的整體健康有害。

想要幫助女孩重新獲得內在動力，可以從協助她們找出生活目標開始。任教於史丹佛大學的威廉·戴蒙（William Damon）將生活目標，定義為「意欲完成對自己或對這個世界有意義的某件事情」。有目標的追求包括當義工、照顧動物、開發手機應用程式或是開創事業等等。只要有了目標，你就會明白所做的一切為什麼對自己和這個世界而言如此重要。這個目標比日常生活所追求的更具深層意義。研究顯示，懷抱目標的青少年不但對自我更有自信、更自在，自尊心也更高。

當你詢問女兒一天的生活時，仔細聆聽她在對於課堂內外感到興奮的事，哪些事情讓她特別感興趣？是什麼原因讓她喜歡？下一次想要怎麼做？然後提出幫助她的建議。

自我批評的性別差異，在青少年期更加顯著。女孩與男孩相比，通常更具自我意識，自我要求更高，也更容易產生負面的自我對話。她們常陷入挫敗的泥沼中，花太多時間懊悔，想著自己當時應該怎麼做才對。許多女孩更把「沒有痛苦就沒有收穫」這句話當成格言，以為自我打擊會激勵自己做出改變，如果缺乏自我批評，自己就會得過且過，無法進步。

在這些女孩的思考邏輯裡，如果少了自我鞭策，就無法努力向上、無法取得成就，也就不能建立自己的個人表現。

根據研究學者指出，雖然自我批評可能讓我們擺脫困境，但長久來看，也可能加劇焦慮和憂鬱的症狀。德州大學奧斯汀分校的心理學家克莉絲汀·涅夫（Kristin Neff）認為，自我慈悲（self-compassion）才是有益身心的取向，亦即當我們面對痛苦時，能夠像溫柔關愛所愛的人一樣對待自己。自我慈悲包含三個要素：

自我仁慈：以安慰、緩解的方式對待自己，在面對困境時像親密朋友一般和自己對話。

體認人性：所有的人都不完美、都會犯錯，與其認為自己是唯一苦苦掙扎的人（導致孤立與羞愧的常見反應），反倒應該將自己的經驗與無數前人或現在也正經歷困頓的人相連結。

正念思考：正視自己當下的想法與感覺，不否認或逃避發生的事，但也不需要過度解讀或深陷其中（反覆去想）。

自我慈悲對女孩之所以具有獨特意義，有下列幾個原因：

- 女孩通常會反覆思考自己的問題，一再去想問題的原因和結果，而不是專心尋求解決的方法。反覆思考與焦慮和憂鬱有關，也會降低解決問題的能力。練習正念思考能夠終止反覆思考的負面循環，並引導女孩正視當下。
- 女孩比男孩更容易感到羞愧，覺得自己不是一個好人（罪惡感則是因為覺得自己做了不好的事）。當女孩覺得自己不是一個好人時，會導致兩件事：孤立自己，並認為自己一團糟或很壞。自我慈悲的第二個因素——體認人性，能讓女孩走出羞愧的意識，幫助她們抵擋意欲自我孤立的衝動。而透過正念思考能促使女孩專注在當下的實際狀況，藉此阻止災難性的想法，像是「我是一個非常糟糕的人」。

• 女孩遭受失敗時，經常選擇以自毀式的方法回應。研究發現，性別差異在這個部分也有明顯的影響。像是女孩比較容易在面對困難時變的「軟弱」，遇到比較有挑戰性的事情會顯得疑慮，並懷疑自己的能力，也很容易把失敗視為自我能力的不足。但問題的核心其實不在於能力，而是女孩們在面對問題時的思考與處理方式。自我慈悲提供了幫助女孩的認知工具——又或是一種武器，來戰勝挑戰與失敗可能導致的毀滅性想法。

自我慈悲能讓人更加勇敢。面對艱難的挑戰時，不僅要承受當下擔心恐懼的心情，之後如何接受結果及處理，更是同等重要。倘若你不知道該如何安撫自己，只是任由錯誤帶來無止盡的羞愧、負面思緒、與孤立自己的想法，那麼誰還會想要勇敢地嘗試呢？

誠如大部分的行為與特質，最好的方式就是父母能以身作則。就像孩子們會模仿我們說的話一樣，他們也會從旁學習父母面對壓力時的反應。

下一次當你和女兒分享自己遭受的挫折或自我批評的思考經驗時，請試著融入自我慈悲的三個要素（或至少其中一兩個）。例如，我可能對女兒說：「得不到我期望的事物時，真的很令人氣惱，但是我已經竭盡所能了，而且當時還需要同時兼顧其他耗時又傷神的事情。」

藉由示範面對困境時的健康回應，你可以讓家中青少年在他或她日後數不清的生命中，能有可以參考的應對方式。假使你過去所做的都是錯誤的示範呢？教養最重要的就是放下當父母的身段，學習謙卑，當然也有改變的權利。承認自己做錯，並不會破壞你在孩子面前的權威，只會加深他們對你的信賴與尊敬。錯誤讓你更真實，真誠袒露脆弱的人反而更能得到青少年的認同。

雖然看起來不憂鬱

父母通常以為自己知道孩子是否開不開心，畢竟我們從孩子第一次開懷大笑時就一直在他們身邊。難道我們真的可以在家裡眼看著孩子陷於憂鬱或焦慮，卻渾然不知嗎？答案是當然可能。青少年很可能在我們面前掩飾這些痛苦的感覺，他們顯現的症狀或許不像典型的憂鬱症，而是看起來就像「一般青少年」的情緒化、喜怒無常、舉棋不定、或是封閉自己。青少年的憂鬱症狀包括課業表現不佳、暴怒或生氣、注意力不集中或是飲食與睡眠習慣改變——這些看起來很像其他問題，所以很容易被父母們忽略。

如同大多數的我們，當身為作家也是母親的崔西．哈金（Tracy Hargen）看著兒子，她看到的是一位適應良好的高中生，也很會安排自己生活。但是有一天兒子說出的一句話，卻讓她極度驚嚇：

我的兒子說：「媽，我們可以聊聊嗎？」

聽見孩子這麼說，每個母親幾乎都不免感覺到接下來可能會出現可怕的消息。這句話就像是一個警告，提醒你必須振作起來，因為某些大事即將發生。所以當兒子在應該正為期末考試用功的當下，走進我的房裡時，我知道他需要我仔細聆聽。

「媽，有一件事情我必須告訴妳。過去一年多我一直有憂鬱症，很嚴重的那種。我最近和某某老師（我和兒子都很喜歡的一位老師）聊過，她鼓勵我告訴妳和爸爸。事實上，她很堅持要我這麼做，她說你們都會瞭解，還說妳是唯一能讓我得到需要的幫助的人，我需要幫助。」

我必須老實說，兒子這番話跟我預期的完全不同，我以為他想說的是：「我對這次期末考一點把握都沒有……我不知道接下來的整個暑假要做什麼好……所有的事情讓我覺得好累……我擔心升上十二年級之後和考大學的壓力……」憂鬱症這三個字是我完全沒想到的。

我知道成人罹患憂鬱症的一些狀況，無法起床、不再享受喜歡做的事或接觸朋友、陷入深沉的悲傷或憤怒之中、整天昏昏沉沉的，但是我的兒子完全沒有這些症狀。我每天就在他房間對面的書房裡工作，他每天下午也都在房間裡讀書或做事，我甚至經常聽見他觀看搞笑影片時發出的笑聲。我看著他和朋友互動、一起打球、一塊兒去看電影，每天早晨開心地早早起床準備上學。

我想大喊：「你才沒得憂鬱症，我明明聽到你笑得很開心。你一點也不孤僻，我們明明常常聊天說笑。你每天早上都按時起床，狀態似乎也很好。」當時的我不知道的是，青少年的憂鬱症狀和成人的不一樣，他們可能變得麻木、冷漠，對任何事情都沒什麼感覺，雖然外表看起好像一切正常，但內心卻出現自己也不瞭解的黑暗。

不過，我知道的是兒子說這些話時很嚴肅，這對他來說其實難以啟齒。孩子的爸那天晚上因為擔任教曲棍球教練，所以不在家，我只能獨自面對，我知道自己必須非常謹慎。

我的腦海中突然冒出某個朋友的兒子自殺的事，那個孩子的第一年大學生活就像所有的「美國男孩」，他喜愛校園生活，也愛他的朋友，和父母的關係更是親密。男孩自殺的那一天，他的父母正好準備進城參加一場婚禮，地點就在大學城附近，他也說好要一起參加婚禮，並和媽媽跳第一支舞。實際上，他的父母在悲劇發生的幾個小時之前才和男孩通過電話，他的聲音聽起來既興奮又開心，還問他的媽媽是否記得幫他帶穿西裝襯衫需要用的袖扣——她帶了。他們還提到第二天先約在某個地方，再全家一起赴宴。當時他們完全不敢置信自己的兒子在幾個小時之後，竟然選擇結束了自己的生命。

因為我認識這位男孩，也和他們一家熟識，加上自己也有兩個男孩，所以整件事更讓我不禁擔憂害怕。男孩的父親現在常常到校園演講，勇敢地分享自己的傷心故事，希望能夠幫助其他人瞭解年輕人的憂鬱、焦慮以及自殺傾向。他們還設立了自殺防治專線，期盼能夠拯救生命。我常常關注他們所做的一切，也和兩個兒子分享這個家庭發生的事，詢問他們倆個是否感到憂鬱。兒子們當時都說沒有。

我知道那天晚上兒子開口對我說出「媽，我們可以聊聊嗎？」這句話時，那個我以為他一直都很快樂、幸運的兒子，內心其實有與表面上非常不同的感覺。

我小心翼翼地選擇回答的話：「我很抱歉無法在你經歷那些事時陪在你身邊，但很高興你能坦白告訴我。謝謝你如此信任我，我保證爸爸和我都會幫助你，你絕對不是一個人。請你告訴我發生了什麼事，你有什麼感覺？為什麼覺得憂鬱？」這麼回答對嗎？我不知道，但這是我當時所能想到的最好回應，似乎也是他需要聽到的。

接下來，我們兩個坐在一起，兒子告訴我所有的一切。我以為自己很瞭解他——由內到外無一不曉，我以為他對我們無話不說，我們全家也常相處在一起，我真以為如果他發生了如此嚴重的事情，我一定會立刻發現，但是我沒有。他隱藏得很好，無論是有心還是無意，以致於我全然沒有察覺。

那天晚上，他清楚表達了自己的感受，說出自己正在經歷的痛苦，也希望得到幫助。我們討論了一些選項，我知道一位很棒的諮商師，兒子可以先和她談談，看看適不適合（幸好他們很合得來）。我們也說好讓我幫他預約看診，決定兒子是否需要服藥。我還詢問他願不願意讓我打電話給學校的某某老師，謝謝她鼓勵兒子來對我們說出這件事。最後，我再三向他保證自己和先生都會幫助他。

我們會不計一切代價讓他得到需要的協助，也告訴他一開始可能需要花些時間，試著找出最合適的資源與方式，但是我們一定會跟他一起度過這個難關，他不必再隱瞞或守住這個祕密。他看起來好像突然放下了肩膀上的千斤重擔，表情和緩了許多。

當他的爸爸回到家時，兒子也向爸爸坦白，我們也做了計畫。接下來的幾個月中，我們和幾位專業醫師見面，我花了很多時間研究這方面的訊息與資料，也常找兒子一起聊天。也常忍不住每幾個小時就關心地問：「你還好嗎？感覺怎麼樣？」我需要知道他的狀況，但又不希望讓他覺得煩。雖然他並沒有自殺的傾向，不過朋友兒子的陰影在我腦海中揮之不去，我不想忽略任何蛛絲馬跡。我會和兒子開誠布公地談論他的治療狀況，也不斷地嘗試、改變，直到他逐漸恢復。

雖然也花了一段時間，但情況慢慢地愈來愈好。

我在這當中哭了好幾次——想著我的兒子長久以來默默獨自承受痛苦，責備自己為什麼沒有早點發現，一邊哭一邊想著如果他一直沒說出來、沒得到幫助時會發生什麼事。我也流著淚感謝他的老師，當她告訴我：「我對他說自己能夠理解他的感受，也願意聆聽，但是無法給予太多協助。我告訴他你們會做任何事來幫助他。」我們的心裡會永遠感激這位老師。

兒子現在已經是位大學生了。新生訓練時所有的新鮮人都要玩一個稱為「親愛的世界」的活動——每個人必須用黑色簽字筆在身上寫出幾個字並講一小段故事。進行活動時兩個人一組，互相幫對方把故事中的重點字句寫在身上，之後再拍一張照片。兒子把照片寄給我們，照片中的他伸直手臂，上面寫著大大的字：「我感受到了陽光的溫度。」在他張開的手掌中則是「再一次」三個字。

我看到之後，眼淚馬上流了下來，為的是他一路走來的艱辛，還有他願意坦承、公開述說自己的故事，他說希望自己的故事能幫助其他也身陷在憂鬱困境中的人。當我詢問是否也能讓我分享他的故事時，他顯得很興奮。我說其他父母或許也能得到啟發，因為他們可能不知道自己的孩子正處於憂鬱之中。他立刻回答：「我很願意讓妳把這件事寫出來，也會覺得很棒。」

以下是我們學到的事：公開談論憂鬱症和焦慮症，分享自己的經驗也鼓勵孩子說出內心的感受，留意孩子話語中的線索，觀察情緒掙扎的現象，詢問他們會用什麼方法來紓緩壓力，不斷提醒他們如果需要的話，你永遠都會陪伴在他們身邊，並給予支持。

最後，請和孩子們分享我兒子的故事，問問他們是否也有相同的感受：覺得麻木，好像什麼都無所謂，就像自己被一片黑暗籠罩著。研究顯示，和孩子公開討論憂鬱症和焦慮並不會加劇他們的病症。開放的談論能讓他們說出自己的感覺，也能促使他們跨出求助的第一步。

「媽，我們可以聊聊嗎？」

「任何時候，無論白天或晚上，永遠都可以。」

尋求協助

如同我們在這個章節裡提到的，高中和大學階段是對抗憂鬱和焦慮的挑戰時期。兒童暨青少年精神科醫師傑斯・夏特金博士（Jess Shatkin）在《生來狂野：青少年為何冒險？我們該如何保護他們的安全》（*Born to Be Wild: Why Teens Take Risks, and How We Can Help Keep Them Safe*）一書中提到：「青少年與成人早期階段，是精神疾病的爆發期。到了十八歲時，每六個青少年當中就有一個會受到重度抑鬱症的影響，而在十三到十八歲的年齡層中，受到焦慮症影響的人數更高達三分之一。」

這樣的數字顯示我們的孩子不但需要專業的協助，同時也需要父母的及早發現。雖然大部分的專家建議可以透過校園的健康中心進行早期診斷，但是每一個孩子其實有不同的需求。我們特別邀請臨床心理學家，也是《我們的女兒怎麼了？》一書的作者麗莎・達摩爾，來幫助我們了解如何尋找正確的資源。

Q：父母或老師該如何尋求協助？

大學的諮商中心通常都有一批訓練有素且臨床經驗豐富的醫師，他們能為學生提供很好的幫助。倘若你的學生正面臨危機，這應該是你第一個求助的機構。大學的諮商中心提供免費且無須預約的服務，也都非常熟悉相關資源，如果需要的話，也知道該如何與教職人員或行政人員合作，一起幫助遭遇困難的學生。

一般而言，大學的諮商中心能夠提供非常好的短期協助——通常不多於十次的諮商，目的不在於持續性的心理治療。如果你的兒子或女兒需要長期的治療，則可以考慮校園附近的臨床醫師。

Q：我該如何搜尋附近的臨床醫師？

打電話問大學的諮商中心！所有的校園諮商中心都很熟悉地方上的相關資源，也很樂意代為聯繫。只要撥打專線，告訴他們你的需求，中心的主任或負責人通常都會很快回覆，除了給予建議，也會針對孩子的需求提供優秀的專業醫師。如果你有任何的顧慮，也可以打匿名電話，不需要說出自己或孩子的姓名。此外，也可以自行搜尋住家附近的諮商師，打電話詢問熟識的小兒科醫師、信譽良好的心理治療師、或是你從其他人那裡知道的諮商師。許多網路資源也會提供專業的建議，省去你盲目搜尋的時間。

尋求諮商協助時，有幾點需要考慮，例如：你的學生或孩子希望諮商師是男性還是女性？對方的年齡重要嗎？諮商師的理論取向呢？心理治療領域有不同的專業取向與方式，不同的治療對象可能適合不一樣的治療取向。以下是大略的取向區分：

- 精神動力取向心理治療（Psychodynamic psychotherapy）：這是一種採取開放性、支持與探索的治療取向。重點集中在潛意識、人際關係以及瞭解不斷重複與無益的慣性模式。

- 認知行為治療（Cognitive behavioral therapy）：以正視問題和解決方法為導向，探討思考模式和行為所導致的心理困擾，找出能減輕壓力的改變方式。
- 辯證行為治療（Dialectical behavioral therapy）：相對較新穎的治療模式，旨在幫助診療對象建立能夠控制負面情緒的健康技巧，非常適合在痛苦之下產生酗酒或傷害自己等自殘行為的對象。

我的建議是無須太過在意心理治療師背後的頭銜，因為一位治療師的在校培訓資歷其實無法作為判定他或她的臨床經驗，只要確認這位治療師確實具備相關證照，也受到各方的肯定與推薦即可。

Q：專門領域的專家部分呢？

任何經驗豐富的臨床醫師應該都有能力幫助罹患憂鬱症、焦慮或人際關係困境的病患。假使你不確定某位醫師是否適合你或家中青少年、大學生或是年輕人，都應該主動詢問。不過有些特殊狀況的確需要諮詢專門的醫師，如果青少年有毒品、飲食失調或嚴重心理創傷時，也請先行告知。

Q：關於隱私的問題？

一般來說，心理治療就像到拉斯維加斯旅行一樣，在那裡發生的事，回程時一切歸零。你的青少年或年輕人可以選擇是否願意簽署一份同意書，讓他或她在諮商時能夠自由地與治療師談話。假使你的兒子或女兒選擇不簽署同意書，但是你認為有些事情該讓治療師知道，你可以選擇打電話並留言給該治療師。從醫療倫理上而言，這位治療師不能回電，或確認你的小孩是他的病患。大多數的諮商師，包括我自己在內，都會在諮商過程中特別注意提到這些事情的方式與用語。不過在打這通電話之前，你必須非常謹慎小心地衡量。

Q：諮商能夠申請保險給付嗎？

看狀況。最快的方式，就是打電話詢問你的保險公司，確認保險的給付範圍。通常諮商部分的給付會有一些限制，在臨床心理治療的承保內容上也極其有限。而經驗豐富或知名度高的醫師通常也沒有財務上的動機加入保險機制。

一位優秀的心理治療師能夠幫助年輕人建立自信與獨立，學習把自己照顧得很好，並積極尋求對身心健康更好的選擇與可能性。只要你的兒子或女兒開始接受心理治療，就表示他們正步上正確的方向。

青少年在課堂上的壓力來源

潔西．伯恩奎斯特（Jess Burnquist）是鳳凰城一所高中的英文以及創意寫作課的老師，她在這裡揭露青少年面對的壓力，並提及讓孩子當個孩子的生命潛能：

上我進階寫作課的十二年級生，一臉疲憊無力地走進教室，我們默默注視著對方。身為青少年母親與高中老師，我從第一現場目睹了傳統考試文化、先修教育以及升學競爭下的高等教育現況。瑪麗亞拖著沉重的步伐與黑眼圈走進教室，她前一天晚上打工到十一點才結束。艾瑞克，學校的學生會長，還在感冒中。他是在參加一場州立學生會當中被傳染的。凱亞拉一進教室就選最角落的位子坐，她彎起手臂馬上趴在桌子上睡，她前一天晚上也上夜班，下午還要繼續兼差。

上課鈴聲響起，我照例開始點名，然後大家拿出筆準備面對今天的小考。

「停！」我突然下指令。

傑立的眼睛立刻張大，米亞也豎起眉毛。

「怎麼了？」克里斯疑惑地問。

我看著每一位學生，決定跟著自己的直覺走。

「現在下學期已經過了一半。」我對他們說：「無論哪一個年級，這時候都是最辛苦的階段，對老師們也是一樣，但十二年級最辛苦。我只想要知道你們都還好嗎？」

我永遠忘不了接下來發生的事。

原本坐得遠遠的學生，全都擠上前來，瑪麗亞和丹尼乾脆就坐在我前面的地板上。艾瑞克坐在他的位子上，宣布自己已經被紐約大學錄取了，他說出這個消息的時候，就像在餐廳點菜般毫無表情。當我問他能申請到這麼優秀的學校感覺如何時，他的反應是「不知道」。他是家族裡第一個上大學的人。

「紐約離亞利桑那州很遠，我也還沒時間想太多。」艾瑞克告訴我。

我注意到同學都很為艾瑞克開心，但是反應卻不太熱切，大家似乎都很敏感。

「你們是不是已經很厭煩被問到畢業後的事？」我猜測地問。

「是啊！」孩子們異口同聲地回答。

我在之後的二十五分鐘時間裡，耐心地當個聽眾。我讓他們述說怕讓父母失望的壓力，怕沒錢上大學的壓力，還有即將離開家鄉見世面的壓力，當然也有必須應付眼前課業的壓力。我讓他們相互調侃，甚至允許他們放鬆一下，拿出手機分享自己最近喜歡的影片。我和他們一起開懷大笑，更打破上課不能吃東西的規矩。我回答他們的問題，從自己以前的高中生活到對家中兩個青少年孩子的教養方式，而且有問必答。

神奇的事就這麼發生了！

我認為大學的錄取條件必須考慮完整的個體，不能只看數學、英文的成績，或參加校外活動的表現。我希望老師們不要只憑著一張成績單或是推薦信，就做出判斷。

我希望大學的老師們都能有機會面試每一個申請入學的孩子。

高中時的我只是個平凡的學生，但現在的我通過層層考驗，成為一位老師與作家。我甚至在十八歲時，才感覺到自己未來的可能性。我也是個理想主義者，這群因為不符合當前教育所謂成功而被放棄的孩子，在我眼裡卻充滿潛力。

這堂進階寫作課的學生當中，沒有一個拿過好成績，但他們的表現突飛猛進。或許他們這個學期的成績還是不及格，這只是代表他們在寫作上還有不足或是不夠理解的地方，但是我知道這些年輕人將來會願意為社會付出，會懂得用幽默與優雅的方式迎接挑戰，也滿懷熱情地想要改變這個世界。我很確認是這樣，因為那一天的我靜靜傾聽。

下課鈴聲響起，五十五分鐘的課結束了。我看著這群孩子約好一起吃午餐，然後面帶微笑地發誓自己回去會好好閱讀。但我真正看到的，是期盼在自己兒子或女兒身上尋找的東西，那些隨著他們長大也跟著漸漸消失的童真、好奇與喜悅，就在這個課堂上，在他們卸下防備的盔甲後，這些孩子又變成了孩子。

養育孩子和青少年的過程中，沒有其他事情比眼看著孩子因為受到心理健康所苦而更感到無助。我們常常不知所措地想要知道問題的嚴重性、孩子可能需要的幫助以及從何得到幫助。

讓問題更加棘手的是父母當下可能也會感到孤立無援，就好像其他人的孩子正破繭而出，唯有你的孩子仍在苦苦掙扎。前面提過青少年時期是精神疾病最可能顯現的階段，此時也是我們和專家（老師、醫生）與父母團體接觸較少的時期。我們不想再針對精神問題的嚴重性與棘手程度，或是為隱藏問題的青少年與年輕人提供協助的急迫性，提出紙上談兵的建議；相反地，我們希望能實際探討父母可以從哪些方面知道孩子需要幫助，以及如何取得幫助。已經有無數的父母提到，他們也需要協助，而且最需要的常常是其他有相同經歷，並成功度過難關的父母們的分享。

Chapter 3

關於健康

父母與孩子共度的所有轉變當中，將孩子的健康交由他們自己照顧，或許是最突兀的一件事。畢竟直到十八歲之前，我們都是孩子的身心守護者。帶他們去看醫生、幫忙拿處方藥，也在發生小病痛時充當醫生給他們非處方藥服用。這個責任非常重大，麗莎有一次讓自己十七歲的兒子單獨到小兒科診所看診，結果醫生親自打電話給麗莎，笑著解釋她還是必須到診所一趟，因為她的兒子不能自己簽署打破傷風疫苗的同意書。但是當孩子年滿十八歲的當天早上，從那一刻起，依法律規定，所有的責任全都立即轉移到他們自己身上。

雖然法律上規定孩子在十八歲之前無法擁有醫療上的自主權，但並不表示我們不能提前幫他們做好自我照顧的準備。高中階段是最好的時機，不過最密集的時候應該是孩子離家後的第一年。以下是青少年在健康方面需要知道的四個主要問題：

生病的時候該去哪裡？

鄰近醫院的急診室應該是孩子小時候半夜臨時不舒服時，唯一能夠看診的地方。不過在狀況不是那麼緊急時，哪一種處理方式最好呢？例如：喉嚨痛時，你應該趕快急診還是到一般的耳鼻喉科診所就醫？如果割傷流血需要縫合，一定要掛急診嗎？為了幫助孩子理解這些狀況，請在他們高中時就和他們討論，解釋哪些狀況適合到一般診所或需要緊急掛急診。大學生可能可以直接到學校的健康中心就診，不過還是要事先想好過了開放時間的B計畫。

如何判斷自己是不是生病了？

父母需要提醒孩子某些不能忽視的嚴重疾病徵兆，體溫是最能確定身體是否出問題的關鍵指標。對父母來說，量體溫應該是件簡單的事，但是並非每個青少年都知道如何量？什麼時候量？當父母的都知道不能單單用身體覺得熱熱的，或是皮膚有點出汗，來判斷是不是發燒，使用體溫計來測量才是唯一確定的方式（所以孩子離家上大學時，請務必幫他們準備體溫計，還要確認他們知道如何使用）。

另一個更迫切的問題，則是什麼時候真的該去看診？什麼時候可以再看看狀況來決定。決定需不需要去醫院或診所，有時候真的很難，所以你的青少年離家後，應該還是要覺得自己可以隨時打電話詢問父母。建議父母們平時可以在言談中向孩子說明我們之所以決定該不該看醫生的原因，例如「已經過兩天了，你的喉嚨痛還沒好。」或是「我很擔心你的體溫太高，所以最好讓醫生看看。」

生病時應該吃藥嗎？

藥房裡各式各樣的頭痛藥或是感冒藥琳瑯滿目，孩子小的時候，我們也常常在覺得他們需要吃藥的時候拿藥給他們吃，這麼做其實不太正確，也錯失了重要的機會教育。麗莎就有類似的經驗：

兒子在大學一年級時罹患了重感冒，他立刻到最近的藥房買了一些治流鼻水和其他身體痠痛的藥。每一種藥其實都包含了許多不同的藥劑成分，他在服藥的幾個小時之後覺得頭昏眼花、也很不舒服，所以打電話給我。我請他告訴我吃了哪些藥，才發現他重複吃了相同的藥劑，等於一次吃了兩倍的藥量。

我以前從沒教過他這些，以致於造成了這個後果。隨便購買和服用開架式的藥品其實有一定的危險性，我認為自己應該在孩子高中時就帶著他一起購買藥品，而不是直接拿藥給他們吃，也必須提醒他們每一種藥的成分應該愈簡單愈好，以免造成混藥的後果。

你該如何瞭解自己的醫療狀況？

孩子們對於自己的醫療狀況，通常最不清楚的應該就是保險、醫療紀錄甚至是自己的醫療史。青少年到目前為止大概都對這三個部分一無所知，因為保險是由父母買的，醫療紀錄則都在診所裡。但在孩子上了高中之後，幫助他們熟悉自己的醫療史其實很重要（有時候甚至連他們自己都忘了），並明白自己的保險項目與給付範圍。他們需要知道自己的重大醫療或心理健康狀況，慢性病徵以及日常服用的藥物名稱，或是會引起過敏反應的藥物。

想在孩子離家上大學前的那個暑假講清楚這些事，時間真的很趕，所以我們建議最好從高中時期就慢慢開始進行，用兩三年的時間讓孩子全盤了解。在交出孩子的健康自主權之前，父母們可以做的，就是漸進式地讓孩子負起關心自我健康的責任。

急救箱的準備重點

急救箱是每間大學宿舍的基本必備品，你可以買現成的，但是如果自己準備的話，就可以趁機向孩子解釋正確的使用方法。以下是由註冊藥劑師及糖尿病防治推廣者，也是大學生母親的葛瑞琴．尚凱維茲（Gretchen Sionkiewicz）所建議的必備物品，不但面面俱到，也非常實用。尚凱維茲解釋：「身為藥劑師，我把為兒子準備的救急藥品通通裝進一個塑膠盒裡，不過因為兒子的學校離家約十一個小時的車程，所以我還放了一張備忘錄，清楚列出什麼狀況該使用或服用哪一種藥品，也寫出安全劑量。」當年輕人遠離家鄉卻生病時，父母的手寫備忘錄會比藥品包裝盒上的小小使用指示，更容易理解。

尚凱維茲的詳盡清單可以提供給父母們當參考，並協助你在兒子或女兒離家之前，教他們正確的使用方法：

．一般急救用品

乙醯胺酚（Acetaminophen，用於發燒／頭痛）、布洛芬（Ibuprofen，用於發燒／頭痛／發炎）、冷敷冰袋、體溫計（選擇前端有彈性，且是電子數字顯示的種類，比較正確耐用）、各尺寸的OK繃、抗生素藥膏、皮膚消炎止癢藥膏、治療皮膚黴菌感染的藥膏、紗布捲、無菌紗布貼（2X2和4X4公分大小）、各尺寸彈力繃帶、剪刀、鑷子、指甲刀、指甲銼刀、七十%的酒精棉片、雙氧水、護唇膏、凡士林、痠痛貼布、人工淚液、口紅狀止血劑（刮鬍子不小心刮傷時使用）、防曬用品、防蚊用品、蘆薈凝膠（用於曬傷或皮膚紅腫）、止癢藥膏、口服麻醉劑、急救消毒噴霧（用於小傷口或輕微燙傷）、生理食鹽水、透氣膠帶。

·咳嗽與感冒

我不喜歡成分複雜的藥，因為經常會因此重複服用了含有相同成分的藥而導致問題（例如乙醯胺酚就可能引發肝中毒或是藥物過量的問題）。以下列出了緩解鼻塞、祛痰、抗組織胺以及止痛藥，每一種藥都只會用來緩解一種病症：鼻塞噴霧劑、鼻塞藥、止咳藥品、祛痰藥品、含薄荷成分的外用藥、抗組織胺、喉糖。

·胃痛

抑制胃酸藥品、止瀉劑、消脹氣藥品、防暈藥（暈車／暈船／頭暈噁心）。

·性行為相關用品

保險套、避孕藥。

·其他相關物品

裝在防水夾鏈袋的健保卡影印本（正卡請孩子放進錢包，我會另外影印一份留在家中）、裝在防水夾鏈袋的疫苗注射紀錄與重要醫療資訊（學校通常都會有這些訊息，不過讓孩子自己保留一份也不是件壞事）、維他命（依各人所需，像是助眠的退黑激素或是安眠藥等。也請運動選手們特別注意，在計畫服用任何補充劑或藥物之前，務必先經過教練或訓練員的確認，以免不小心服用禁藥）。

針對容易發生地震、水災、或龍捲風的地區，可能還需要準備相關的急救包。

如何在校園內保持健康

這個階段想要掌控孩子的健康，可不是一件簡單容易的事。大學生們在狹小的宿舍裡互相傳播病菌，通常吃得也不健康，睡眠更是不足，也有可能接觸到毒品或酒精，數量或許也不少。壓力也是普遍存在的問題，大部分學生覺得自己或多或少都受到壓力的影響。

基於這些或更多原因，父母們有充分的理由擔心孩子的健康，但是我們又能做些什麼呢？

我們徵詢哥倫比亞大學歐文醫學中心學生健康服務處的瑪西・費施耐德（Marcy Ferdschneider）教授，她分享了自己的心得，也提供父母一些或許能夠幫助大學生在校園內保持健康的建議：

健康的大學生活應該在當上新鮮人之前就要開始準備。首先，父母和青少年在選擇學校時，就應該先瞭解該校的校區服務包含哪些部分，或是在孩子錄取之後再次參觀該校。

假設學生已罹患疾病，具慢性或精神狀況，費施耐德強烈建議「父母和學生與學校的健康中心聯繫，打電話給醫療服務主管，或是在學期開始之前先找到應該被通知的人。在許多大學裡面，如果學校獲知學生的狀況，都會主動聯繫並協助簡化整個報到的過程，並確保學生與適當的單位保持連繫。她也明確指出，即使學校的健康中心無法提供醫療服務，父母與學生也需要提供病歷資料，以便在緊急情況下，校方能提供及時的協助。

儘管大多數的大學希望學生而不是父母們，能為自己的健康負責，但是轉介醫療資料這部分，還是需要父母來處理。費施耐德說：「有些孩子可能十七歲或未滿十八歲就進入大學就讀，或許需要父母來解釋過去的醫療病史，因為父母最瞭解自己的孩子。我對這部分沒有太大的異議，畢竟這是一個過程，並不代表這個學生接下來都無法自己處理事情。」

在大學的初期階段，父母可以藉由與孩子保持聯繫來擔任重要的角色。假使孩子和平常的感覺有異，請鼓勵他們到校園的諮商中心，通常可能只是想家或是剛到新環境的壓力等小問題，但也可能是更嚴重的問題，這也是為什麼需要先了解校園資源的原因。人生裡唯有這個階段能獲得免費的諮商，所以如果有需要，費施耐德非常鼓勵父母們能建議青少年好好利用。

當孩子進入一個新環境，許多父母常會拜託孩子的室友或朋友們彼此互相照顧，但對方絕對不可能為另一個人的身心健康負責。費施耐德會提醒學生：「假使有人對你說他們想要傷害自己，你無須讓此成為自己的責任，請立即尋求宿舍管理人員或健康中心的協助。儘管你非常關心或在乎這個人，但你只是她或他的朋友，並不是他或她的父母，也不是醫護人員。」

和校園健康相關的事項中，還包括與青少年討論隱私權這件事。突然卸下肩負孩子醫療責任的任務，有些父母可能不太能適應。他們擔心孩子會不會對他們有所隱瞞，而青少年們也可能擔心就醫之後被發現而放棄治療。所以有些大學會免費提供性病篩檢或心理健康的服務。

另一個常被忽視的病況，則是睡眠問題。當孩子和我們住在一起時，到了晚上大家紛紛關燈上床睡覺，但是大學宿舍裡的夜生活可沒如此規律。費施耐德解釋：「大學生的生活分秒必爭，有人可能會大肆吹噓自己昨晚挑燈夜戰至凌晨三點才睡，這些孩子似乎忘了擁有充足的睡眠，才能有最好的表現。他們也必須知道大學生活有超多活動和課業需求，絕對無法每一樣都要，唯有養成健康的睡眠習慣，才能讓自己有足夠的體力。」

最後，父母需要引導孩子為自己的健康爭取權益。倘若發現自己有某些方面不太對勁，務必請他們尋求幫助並告知自己的需求。如果專業人員不瞭解病況的嚴重性，也請他們一定要表達自己的感覺。假使當下的狀況與之前的病史有關，也需要說清楚。在教孩子尊重專業與權威的同時，也要讓孩子知道：沒有人比他們更清楚自己的身心狀況。

婦科初體驗

瑪莉．戴爾回憶道：當我和十六歲女兒一起坐在候診區等待她的第一次婦科門診時，我的心情似乎比女兒還要緊張。她之所以來這裡的原因，是因為她的臉上有嚴重的青春痘問題，所以皮膚科醫生建議開立避孕藥來治療。雖然我自己生產過兩次，幾十年來也每年都做了婦科內診的檢查，但還是需要力求鎮定，因為我不確定女兒對這種私密的檢查會有什麼感覺。幸運的是醫師允許我們兩個一起進入診間，也對女兒解釋（我不在場）這次的初診只會討論她的醫療需求，還不需要做內診。基於那次的經驗之後，我會建議在進行侵入性的內診前，最好先熟悉你的婦科醫師，並建立信任感。以下是幾個關於婦科看診的準則：

什麼時候需要看婦科：許多家有女高中生的父母都會面對相同的問題，那就是何時該帶女兒去看婦科？我們徵詢紐約凱爾蒙醫院（CareMount Medical）婦產科醫師阿迪納．凱勒（Adina Keller）的意見。她指出，美國婦產科學院（The American College of Obstetrics and Gynecology）建議第一次看婦科的時間約在十三至十五歲之間。不過凱勒提醒父母應該注意女兒在發展上的成熟度，你的女兒是十四歲的年紀但是有十八歲的成熟度？還是已經十四歲了，可是感覺上卻像十歲？她是否有經期的問題？也有許多女孩是在小兒科看診的過程中，由小兒科醫師轉診至婦科。她會詢問婦科相關問題嗎？凱勒建議，如果女兒提出相關問題，或父母認為女兒已經有豐富的性經驗，就應該立刻幫她預約門診。如果都沒有上述的狀況，那麼也應該在女兒即將上大學前，預約第一次的門診。

第一次門診內容：若尚未有性經驗，那麼第一次門診通常不會做任何檢查，而是先和醫生建立關係，女孩們可以趁機詢問她們想知道的問題，聽聽醫師的建議，討論經期相關問題，以及瞭解如何避免感染性病與懷孕的風險。

凱勒建議父母第一次帶女兒到婦科門診前，可以先考慮幾個問題：這位醫生能讓女兒在看診時感到自在嗎？他或她是否擅於和青少年溝通？帶女兒去你熟悉或已經看診幾十年的醫生那兒，可能不是一個好選項。你的女兒是否理解自己的隱私權？她知道自己應該對醫師提出的問題完全誠實回答並瞭解其中的重要性嗎？第一次看婦科門診可能會讓女兒感到驚恐，父母們可以事先讓女兒知道第一次門診時醫生都會做詳細的說明，而且不會在她同意之前做任何的檢查。不過醫生可能會對有頻繁性行為的女孩進行性病檢測，子宮頸抹片檢查則建議在二十一歲之後再進行。

溝通的重要性：父母必須向女兒強調對婦科醫生完全誠實的重要，告訴醫生所有和自己健康相關的事項，同時明白自己的隱私權會受到保密。父母也應該強調如果青少年不方便與他們討論性方面的問題，可以和醫生討論，並提出任何關心或想知道的事。由於醫生必須瞭解每位病患的家族健康狀況，像是癌症、心肌梗塞等，所以可能也需要事先和父母討論一下。

父母們在女兒的隨身急救箱裡，可能會貼心地附上尿道感染或是婦科感染的開架式藥品。然而凱勒極力勸阻父母不要鼓勵女兒在感染症狀發生時，自己找藥塗抹，應該催促她們盡快就醫或到健康中心進行正確的檢查。性病的傳染愈來愈普遍，唯有正確的診斷才能有效根治。

在我們不能保護他們的時候，幫助他們保護自己

身為作家與三位男孩母親的莫琳・史提勒（Maureen Stiles），曾經歷剛上大學的兒子獨自被送往急診室的煎熬，她的經驗為即將面臨下一階段教養歷程的父母們提供了寶貴的前車之鑑。其中最重要的，就是提前和孩子一起制定B計畫。史提勒告訴我們：

兒子的聲音聽起來和稍早不一樣，不但呼吸急促，還帶有濃重的鼻音，我根本聽不清楚他在說些什麼。但我還是聽出幾個關鍵字，像是「雙腳感到刺痛」和「覺得僵硬和痠痛」。

我試著不讓自己慌亂起來，我在腦中快速想著該怎麼做。他幾天之前已經從學校的健康中心那裡拿了冰敷袋，但現在是星期四下午的六點半，健康中心已經關門了，他只能去醫院掛急診——自己一個人。

幸好他的室友還在，也願意陪他立刻到醫院去，這樣也能讓我安心一些。而這也是接下來的二十四個小時當中，唯一讓我感到寬慰的事。

那麼父母們究竟能從孩子掛急診這件事當中學到些什麼呢——尤其當他隨後必須住院，又在離家七個小時車程的地方？我希望你永遠不必親身經歷這樣的事，不過為了預防起見，容我和大家分享：

1. **在這樣的情況下，孩子的朋友扮演了關鍵角色。**我兒子的室友不但載他到醫院的急診室，還在驚慌混亂中陪他留在醫院（隨後另一位朋友和我兒子的女朋友也趕到醫院）。三個人

就這樣陪著兒子，直到凌晨一點終於轉入病房為止。

他們不斷和我保持聯繫，耐心回答我的一連串問題。當醫生診斷出兒子是受到一種病毒性腦膜炎的傳染後，另一個朋友立刻幫他清洗宿舍房間裡的床單。所以，請慎選朋友，幸好兒子有一群好朋友。

2. 需要讓另一個人知道孩子的手機密碼，這樣在緊急時刻才有辦法通知家人。我兒子的朋友知道他的手機密碼，所以才能輕易聯繫上我，並代為填寫病歷資料、同時互傳簡訊。這件小事在危急時能夠發揮大功用。現在有些手機內設有「Medical ID」的共享功能，在緊急情況下可以即時向醫護人員提供健康資訊，幫助用戶在短時間內得到治療。

3. 提前選擇就醫的醫院。兒子的學校位於大城市，所以擁有這個選項，但不一定每個地方都是如此。如果附近不只一家醫院，請事先瀏覽各醫院的急診設備。兒子的運氣很好，有三家醫院可以選擇，最後也選了一家口碑很好的醫院，不過我還是很後悔沒有事先做好計畫。

4. 孩子年過十八歲之後，在做治療之前都無須先行通知父母，雖然最後付帳單的還是我們。我家兒子在醫院照了心電圖、胸部X光、電腦斷層掃描、還做了脊椎穿刺，當時的我正待在距離五百英哩遠的馬里蘭家中，所以完全不知道。最後我終於和護理師談到話，但還是我家兒子把電話遞給她，拜託她「麻煩跟我媽說一下」的情況下。

5. 校園健康中心提供的緊急醫療非常有限，因此必須事先瞭解其他提供緊急照護的單位。兒子就讀的大學算是一個大型學校，預約健康中心的時間通常得等個一兩天，該中心也不提供任何緊急醫療，所以當他出院之後，還是必須回到原醫院做後續觀察。所以我建議家長們可以和孩子研究一下，在非緊急狀況時，學校附近有哪些診所。

6. **倘若醫師的建議和之前的醫囑相牴觸，請告訴孩子一定要提出異議，或者乾脆「拒絕」。**我兒子當時就是不敢和專業的醫生爭辯，所以原本做完檢驗病毒性腦膜炎的脊椎穿刺之後，應該要先平躺一個小時，但是不久之後又有另一組醫護人員帶他去做胸部X光，兒子也忘了告知對方。（我相信就是因為這樣，所以他幾天之後出現了併發症。）

7. **想要得到回答可能很難。**即使你替孩子準備好想要詢問醫生的問題，並不保證有機會問，或者孩子根本聽了就忘。我透過簡訊傳了幾個問題給兒子，請他等護理師來巡房時順便問。當時的他正處於高燒、脫水的狀態，整個人筋疲力竭，意識也不夠清楚，所以只粗略記得一些，雖然他的朋友在一旁補充說明，但最後我還是自己親自打電話給家庭醫師詢問（也一度忍不住上網搜尋）。

8. **善用醫院本身的資源。**上網瀏覽醫院的網頁，看看是否有你可以使用的資源，然後盡量爭取。經過這次的事件之後，讓我感到稍微開心的一件事，就是發現這家醫院有線上的病患諮詢服務，如果早一點知道，當時的我就不會那麼焦慮了。

9. **大部分的醫院都會要求同時提供醫療保險卡與信用卡，以確保你有辦法支付急診費用。**幸運的是我兒子兩種都有。當然，最理想的狀態是你的孩子所持有的信用卡有合理的較低使用額度。（我孩子的卡片額度目前仍未盡理想，我們會盡快改善這個狀況。）[3]

3 在台灣的急診就醫並不需要信用卡。

10. 醫院給的每一張單據或說明都要收好。無論是請假或是申請保險理賠，需要的單據證明都不太一樣，最好的方式就是先一張一張拍照存檔，然後再全部一起放進一個信封袋裡。（幸好當初有先拍照，因為後來這些單據果然在恐怖的宿舍中遺失了。）

11. 如果你的直覺要你這麼做，那就去幫忙照顧孩子吧！我第二天就搭飛機過去找兒子，因為他的傷勢實在太嚴重，也有一些事情需要我來處理。就算住進醫療品質再好的醫院裡，還是取代不了媽媽。我一踏出病房樓層的電梯，就開始掌控大局，問很多問題、填表格、簽名，讓兒子專心養病。（當我出現在他面前時，兒子臉上的笑容和如釋重負的表情，讓我覺得一切都值得了！）

除了身上還有一些小傷口，兒子似乎恢復得很好，所以我們一定都做對了什麼。我特別感謝急診室裡的護理師，在兒子孤單一人的時候陪他度過這些困難的檢查過程。我知道兒子也很感謝她，因為他出院前特別填寫投票單，在當月最佳護理人員獎上投她一票。

雖然沒有人希望這種事情發生在自己的孩子身上，但是只要孩子離家生活，就有可能發生類似的緊急狀況，所以我們務必提前做好計畫。事先和他們討論附近的醫療院所、他們願意分享哪些醫療訊息，或是當他們無法自己說明的時候，你該如何敘述等等。

大學生的酗酒問題

疾病只是大學新鮮人在開學後的幾個星期裡，可能面臨的健康問題之一。根據國際酒精中毒與成癮協會（National Institute of Alcohol Abuse and Alcoholism，簡稱 NIAAA）的說明：「大一新生在入學後的六個星期中，是最容易嚴重酗酒並發生酒精相關意外的時候，因為學生們在學期一開始都有一些期待和社交上的壓力。」

大學生和酒精之間的真相其實令人瞠目結舌，根據 NIAAA 的調查，幾乎六十%的青少年在調查的前一個月都喝過酒，而且三個人當中就有兩個飲酒過度；根據調查估計，每年大學生因飲酒導致攻擊衝突就有六十九萬六千件，九萬七千件的性侵害，以及一千八百二十五個人致死。約四分之一的大學生也承認，喝酒會影響他們的學業成績，包括翹課、跟不上進度、考試考不好、作業無法全力以赴，因此整體的成績也不理想。

協會總結道：「儘管多數大學生在上大學之前已有過喝酒的經驗，但是大學生活的某些部分，像是自由開放的上課時間、飲酒的普遍性、和父母及其他成年人的互動減少等，都會加劇問題的嚴重性。」調查中也明確指出，與未進入大學就讀的同年齡層相比，大學生酗酒及酒駕的比例更高。

雖然調查結果顯現了大學生飲酒的不堪情況，但父母並非只能無力興嘆。醫學專家們堅信，父母能夠持續扮演積極並具影響力的角色，好讓孩子適應自由自在的大學校園生活。即使距離遙遠，但是父母對大學孩子的高度期待，其實能產生建設性的影響力。專家們強烈鼓勵大學生父母和孩子探討飲酒問題，強調這種狀況不只造成許多意外，也確實造成很多傷害。協會的研究人員說：「選擇不飲酒的學生，通常都是因為父母曾經跟他們討論過飲酒問題，及其造成的不良後果。」

「即使你不曾和孩子談論過酗酒的問題，可以選擇在孩子上大學之前坦誠地與孩子討論。」費施耐德說：「也許你的孩子並不想喝酒，但因為和一群人一起……所以他們必須清楚事情的代價，像是不當性行為、昏迷、或是暴力行為等。讓他們帶著警惕，睜大眼睛展開大學的體驗。」

費施耐德特別提醒父母務必要據實以告。「儘管美國的法律確實規定了合法的飲酒年齡是二十一歲[4]，但事實上大學生買酒很容易，要喝也隨時都可以。所以請提醒他們不要讓自己的酒杯離開視線，喝酒之後記得多喝水，酒要慢慢喝，喝酒前請先吃點東西，然後不要為了省錢喝劣酒。」

根據賓州大學佩雷爾曼醫學院神經學系主任與《青春期的腦內風暴》作者法蘭西斯・詹森的研究觀察，大學時期是酗酒與豪飲的高峰期（豪飲的定義是兩個小時內喝四至五杯酒）。我們請詹森給家中即將進入大學就讀的青少年父母們一些指引，教父母們如何和孩子討論酗酒，特別是豪飲這件事。以下是其中的對話摘要：

4 依台灣法律規定，未滿十八歲不得飲酒。

Q：在《青春期的腦內風暴》中，妳提到酒精與酗酒對發展中大腦所帶來的傷害，我們該如何向青少年解釋這件事，好讓他們能更理解這些生理上的風險？

酒精會影響突觸的運作功能，突觸是大腦細胞相互連結與傳遞訊號，並產生思考以及記憶力的重要媒介。

青少年大腦的突觸數量比成年人多，亦即他們有更多「資產」會受到體內吸收物質的影響。基於青少年大腦細胞的敏感度，任何狀況——無論好或壞，都會在大腦中被放大。因此和成人大腦相比，這個影響當然會更強烈也更持久。

關於酗酒和豪飲對青少年大腦的影響，有四個必須注意的部分：

1. 酒精對青少年大腦的影響非常強烈，成年人喝等量的酒或許只會感到昏昏欲睡，但對青少年大腦卻可能造成損傷。研究也顯示，狂歡豪飲對青少年的大腦特別有害，對成年人的大腦卻不會。
2. 突觸間的快速傳遞是青少年大腦相較於成年人的最大優勢，但酒精會抑制突觸傳遞的速度，因此使青少年在最有能力的階段，失去了快速學習的機會。
3. 成癮是一種學習而來的模式——它重複運用相同的迴路模式，從中建立愈來愈強大的突觸連結（就像我們學習高爾夫球的揮桿動作或是記住拉丁文單字一樣的概念）。經常使用毒品等有害物質並上癮之後，除了會造成用量愈來愈多和在大腦中產生需求之外，遺憾的是它也會像青少年學習力比成年人更快般，上癮的速度更快。
4. 酒精會解除自我抑制，「開啟」不經思考的行為。酒精也會妨礙額葉控制危險行為的思考功能，青少年的額葉發展尚未完全，尤其男性要到二十歲末才會臻於成熟，即使是成年人也會受到酒精的影響作出危險的事。倘若你的額葉尚未形成抑制功能的連結，那麼酒精會讓抑制功能更快失去連結的能力。

Q：父母能讓孩子明白安全駕駛的重要，但為什麼無法讓他們理解喝酒的代價？

這一點很有趣。我們都知道冒險是青少年難以避免的行為，所以某些被禁止的行為反而更吸引他們。不幸的是，青少年豪飲的原因通常是因為缺乏喝酒的經驗，突然有了機會，便很容易喝過頭也喝過量。這也是為什麼大學裡常出現學生酗酒的問題，大學生父母對此應該非常擔憂。有些國家的合法飲酒年齡比較低，但是如此寬鬆的法令和早期喝酒經驗是否能讓青少年酗酒問題得到緩解，仍有待更多研究的證實，相關調查也在進行當中。

讓青少年知道酒精的影響與可能發生的後果非常重要，因為我們無法確認孩子是否真能謹守法定的飲酒年齡，所以父母需要先做好事前的警示。

父母們也可以先行彌補青少年大腦額葉發展的不足，幫助孩子理解為什麼喝得酩酊大醉不是一件好事，尤其加上酒駕這件事，試著讓他們明白這麼做非常危險。告訴他們青少年的大腦邊緣系統（掌管情緒、憤怒、同儕壓力、想要融入群體）比額葉更早發展完成，所以同儕壓力會促使他們更容易在團體中嘗試冒險，因為他們想受到大家的歡迎與喜愛，但是危險的行為會造成傷害，甚至讓原本就相形脆弱的大腦受到損傷。

Q：妳在書中提到五十%的酗酒或酒精中毒源自於基因，若家族中有這個問題，父母們該怎麼做？

如果家族或直系親屬有過酗酒或酒精中毒，那麼父母和孩子談論這方面的問題就非常關鍵。青少年需要知道自己有比其他人更高的潛在酗酒風險，也應該知道可能的誘因或警示。精神疾病的徵兆（憂鬱症、躁鬱症、精神分裂）也同樣具有高度的遺傳性，如果家族中有相關病史，父母們應該要更加提高警覺，注意青少年日常生活上的變化，因為你或妳的孩子可能屬於高風險族群。

Q：身為母親與精神科醫師的妳，會給即將上大學的兒子什麼忠告？

我會告訴他們，這是一個難得且之後也不會再有的奇妙學習之旅，這一代的高中生與大學生知道他們現在就能夠比之後更有成就。我會強調他們在這個階段的學習力不但更快、更強也更持久。我也會告訴他們，上了大學之後可能會比高中時更容易受到同儕的影響，但是現在他們得靠自己了。

你載著孩子到大學宿舍門口的那一天，不該是他們初嘗自由的第一天。在上大學之前，父母應該訓練孩子逐步獨立，提供選擇和自由的機會。參加營隊或遊學就是一個讓青少年親自體驗的好方式，他們必須從錯誤或失敗中學習，而父母則要忍住想要幫他們解決問題的心情。

我還會向孩子解釋精神疾病在大學時期發生的可能性，請他們注意身邊的朋友是否需要幫助。如果發現朋友精神病發作或有嚴重的焦慮狀況，做身為朋友該做的事，保持同理心，並幫助他們尋求需要的協助。

任何孩子都可能遇上的狂飲之夜

我們已經做了該做的事——和孩子討論毒品對青少年大腦的影響，同儕的壓力，以及喝酒的危險性，孩子也展現出他們的聰明才智，努力地考上大學，我們也期待接下來這四年他們能做出明智的抉擇。然而當他們順利在體育運動、學業和其他活動中自主安排時，很容易就會誤以為一切都沒問題。但這麼想未免太過天真，和我們分享下面這個故事的父母，希望能以不具名的方式來提醒大家：

身為父母，我們對於大學生的飲酒問題並不陌生，也知道兒子在上大學之前就已經喝過酒。我還懷疑他可能有一張假證件，但因為沒真的發現，所以也無法確認。

我們和兒子討論過所有的重要事項。

也強調飲酒的安全問題和責任。

我們以為該說的都說了。

但即使如此，我還是在無預警的狀況下接到電話，告知兒子因為喝酒發生了嚴重意外被送往醫院。十八歲的他當然不再是個小孩，但他依然是我的寶貝，然而他卻讓自己身陷如此危險的狀況。

事後回想起來，我已經不太記得星期一那晚接到電話時的反應，通常晚上的電話響時我和先生都不太看來電顯示，因為大多是推銷電話之類的。是直覺嗎？還是命運？總之我家先生看了一眼。他的臉突然垮了下來，告訴我來電顯示是兒子參加音樂會的主辦單位打來的。我的心跳隨著他聽電話、手揉著太陽穴、不斷點頭而加速跳動。我在一旁不安地走動，一邊想著他應該問哪些問題，因為我有很多問題想知道。

我的兒子被人「發現」時是獨自一個人，而且醉得很厲害，他吐了一身，需要被攙扶著才能走。當時我們就只知道這麼多。我們不知道他的朋友都到哪裡去了？是誰發現了兒子？在哪裡發現的？或者他那時候是什麼姿勢？

打電話來的人只說他們把兒子送到附近的醫院，我們必須立即趕到那裡去。由於先生一時還無法冷靜下來，所以我讓他和小兒子一起待在家裡，由我帶著車鑰匙、保險卡，力持鎮定地開車前往。發動車子之前，我傳了一封簡訊給和兒子一起參加音樂會的室友，告訴他兒子正被送往醫院。

音樂會的現場很吵雜，所以這位室友沒有立刻聽到簡訊鈴聲，一直到三十分鐘之後他才打電話給我，他聽起來真的很困惑。他說自己離開的時候我兒子和其他朋友在一起，看起來也還好——確實喝了一點酒，但真的沒事。因為他們的座位是分開的，所以後來沒看到我兒子也不以為意，他覺得很抱歉。

走進急診室前，我提醒自己無論兒子的狀況如何，我一定要堅強。我之前讀過很多報導，也看過青少年因為酒精中毒戴上呼吸器的照片，我只能祈禱我們不會成為下一個被拿來示警的例子。我想了很多，但就是沒想到我家兒子竟然不在急診室裡！我立刻恐慌起來，難道他的狀況糟到被送入加護病房嗎？醫院裡的人也不知道是怎麼回事，所以我臨機一動撥打了兒子的手機號碼。

我永遠忘不了當一個陌生的聲音從另一端傳來時，我整個人幾乎快要暈厥的感覺。那個聲音問：「是媽媽嗎？」這聲音是哪位準備告訴我一生中最壞消息的警察還是醫生嗎？這是世界即將崩塌或撕裂的感覺嗎？我不安地停止了呼吸。

那聲音條理分明地告訴我，兒子幾分鐘前被轉往了另一家醫院，沒什麼特別原因，只是「有時候救護車會這麼做」。我忍不住痛哭失聲，對方冷靜地指示我在鎮定下來之前絕對不能開車，我的兒子目前狀況穩定，也很需要我的陪伴，但前提是必須在我頭腦清楚的狀態下。

我在車裡呆坐了幾分鐘，傳了簡訊給先生，然後開車往第二間醫院，也終於在那裡的急診室中見到了兒子。他看起來又臭又髒，衣衫不整，旁邊有張椅子上放了他的錢包、手機和其他所有的東西。

根據醫生的說法，他到醫院時還算清醒，不但自己繳交了健保卡，也告訴他們他的名字和其他就診時的基本資料，然後就昏了過去。他們大部分時間都讓他睡，但會定時查看狀況。兒子的血液酒精濃度是零點二七（比法定標準高出三倍以上），幸好他現在不再嘔吐，也尿過了——這些都是好消息。醫生決定先不讓他補充任何液體，我也決定讓他好好感受宿醉的感覺和痛苦，只要他體內的水分充足也不具危險性，我一點也不想讓他好過。

我們在家接到電話時是晚上的八點鐘，我帶他離開醫院已經是第二天的早上五點，我坐在病床旁的椅子上整整看他睡了七個小時，我的心情在生氣與關愛之間起起伏伏，但還是無法釋懷。這個從來沒惹過麻煩，也一直很有責任感的孩子為什麼會變成這樣？

結果他自己也搞不清楚原因。他只能看著手機裡的照片回想起一些片段和對話，至於怎麼喝醉的？自己為什麼會一個人？為什麼吐得一身又這麼危險？完全沒有一點印象。我每次只要一想起他在音樂會裡認識的人明明至少有五十個以上，卻落單這件事，我的胃就一陣翻絞。

我和先生花了一段時間思考該怎麼處理這件事，我們決定先從禁止兒子出門開始，他需要暫時被控制一段時間，以彌補所造成的家庭動亂。至於醫院帳單，也將由他自己支付。我們還強迫他必須閱讀《運動畫刊》（Sports Illustrated）上一篇關於一位美式足球粉絲因為喝酒誤闖敵對方的加油區，結果在停車場被毆打致死的報導。

我沒辦法忘記這件事，這是其中最嚴厲的懲罰。我無法擺脫那天晚上那種恐慌與痛苦的感覺。我逼迫兒子告訴我們他的飲酒習慣，還有他對於生活的態度。

思考與檢討

身為父母，我們也需要做一些檢討，因為兒子一直都是個好孩子，所有的事情都非常穩定，所以我們也因此忽視了一些警訊。

就像他剛上大一的第一個學期，信用卡帳單出現酒吧費用時，我們就應該提高警覺。他幾乎每個晚上都出去，但是因為他也都乖乖去上課——就連早上八點半的課也沒缺席過，所以我們也沒說什麼。畢竟如果他每天晚上都喝得那麼醉，怎麼可能做得到。

錯！他就是可以。

事後回想起來，在學校舉辦父母週時，兒子邀請我們參加一個在停車場舉行的野餐聚會——一堆伏特加和喝得醉醺醺的大學生，而不是學校單位為家長辦的許多活動。我們離開場面混亂的聚會準備到學校辦的說明會場前，還讓他繼續留在那裡。不過後來他傳簡訊來問我們坐在哪裡，因為他也到說明會場了，但是之後我們整天都沒再見到他。（他倒是一直傳簡訊來，所以我們以為他也試著在找我們。）

星期天早上吃早餐時，他看起來糟透了，不過一直向我們道歉。我們沒多說什麼，因為他一直有傳簡訊，而且那個星期五晚上也滴酒未沾。餐桌上的話題很快轉到他即將展開的新生活，以及校園裡的新鮮事。

直覺上，我們心裡大概都察覺到他的生活有些失衡，卻都錯誤地假設他可以控制得很好。但現實上怎麼可能？他有一天終得為狂歡派對和熬夜不睡付出代價，或是被送進急診室裡。

事件結束之後

值得欣慰的是兒子深刻反省了自己的飲酒習慣，也發現引起麻煩或導致他酗酒的原因。有了這層認知，他在一月重新回到校園之後會更加謹慎。因為他已經親身經歷自己醉到不省人事的後果，他的驚嚇程度並不亞於我。他不再那麼常出門，在學業上更加認真努力，甚至躋列學期優秀學生的名單。

那麼最悲傷的部分呢？每年從音樂會或派對上被送進醫院的酒醉青少年還是沒減少過，那些孩子和我的兒子一樣，都是好孩子，但就在那一天做出錯誤的決定。

我原本期待醫院裡會有位警察等著告訴我事情的原委，後來我才知道音樂會本身聘請的保全在入口處就把我兒子趕走了，而種種跡象也顯示他根本沒進場。

我能確定的是，未來只要發現兒子有任何不負責任或魯莽的行為時，我會更加主動注意。因為無論我們討論過幾次，無論他們看起來有多優秀，他們終究只是孩子。他們有時候會做出錯誤的判斷，並導致可怕的後果。

我們算是逃過一劫吧！我希望透過這個故事讓原本想放棄嘮叨的父母採取行動，僅管你或妳的孩子一直都很穩定也從未惹過麻煩，還是別讓「直昇機父母」這個名詞抹煞了你的直覺。

◆◆◆

在教養青少年方面，沒有其他風險比將照顧自己的責任交回到他們手上還要更高，所以我們很容易推延到孩子即將進入大學之後才匆匆幫他們做好準備。就算感覺很簡單的事，像是知道流鼻水時該吃哪一種藥、如何正確量體溫，或是身體受傷時該去哪裡就醫，這些都要教。而且最好在孩子跟我們都還在同一個屋簷下時，就必須讓他們全盤了解。或許你還是會在半夜兩點接到孩子病懨懨的電話，但他們應該知道自己的健保卡在哪裡，然後確認自己是不是有發燒；而且在緊急的時候，你和他們都至少知道該就近去哪一家醫院就診。

Chapter7

關於愛情與性

我們都教過孩子「愛」這件事，家人之間的愛、子女對父母的愛、手足之間的愛以及朋友之間的友誼之愛。當孩子進入前青春期和青春期時，我們會開始提到性和愛情，然後忽然之間我們原本的假設性討論、事件或感覺，我們原本以為過一陣子才會發生的事，突然都成了現在式。因為當我們提到愛或性時，孩子們通常都真的已經有了女朋友或男朋友。雖然和孩子談這兩件事可能會很尷尬（好吧，是真的有夠尷尬），但是父母們堅信這是教養的一部分。

我們很容易被雜誌或媒體誤導，以為現在的青少年並不嚮往我們所謂的浪漫愛情，他們大概滿腦子都只想著「啪啪啪」的性關係，對認識彼此和建立一段愛的關係毫無興趣。然而事實並非如此，雖然「啪啪啪」這件事也不算不普遍，互約砲友也是事實，但一般大學生還是很想找到心靈相通的另一半。

「約砲」一詞對青少年來說，似乎真有那麼一回事，但又什麼事也沒有。他們說得好像煞有介事，又留下很多模糊地帶。對父母來說，這兩個字就像一個充斥著酒精、不正常性愛與可能造成問題的神祕世界。雖然孩子仍是個高中生，但是父母們已經開始擔心他們的行為，希望在仍同住一起時維持良性溝通與正面的影響。然而我們的憂慮隨著孩子上大學之後更為加劇，因為父母和青少年都聽說約炮已經成為所謂「愛情」的主流。

近期一項由哈佛教育研究院的調查顯示，父母的憂慮其實是一個誤解。由理查・衛思博（Richard Weissbourd）博士領導，針對三千多名高中學生與年輕人所進行名為「付出關愛」的多年研究計畫發現，這些孩子的約炮經驗遠低於我們（和他們）所想的。當然還是有少數青少年和大學生的性愛經驗非常豐富，但這項新研究發現這僅僅只是非常少數。

當被問及星期五晚上的一般活動時，研究的參與者可選擇的項目如下：

- 和認真交往的對象發生性關係
- 和朋友發生性關係
- 和陌生人發生性關係
- 曖昧調情（但不一定真的會做愛）
- 和有好感的人約會
- 和朋友聚在一起
- 獨自一個人過
- 其他

大約只有十六%的人選擇非親密關係的性關係，其他的青少年（八十四%）則選擇和認真交往的對象發生性關係，或和性無關的選項。

根據美國疾病防治中心的調查，全美國十八到十九歲青少年中，上一年度超過四分之一以上的人擁有不只一個性伴侶，只有八%的人曾和四個或四個以上的人發生性關係。所以，儘管許多大學生認為自己的同學們經常約炮，事實卻不然。

但是這些針對「約炮」的錯誤觀念已深植在大家心中，也造成了破壞性的後果。媒體的大作文章和學生之間的以訛傳訛，使得尚未參與其中的年輕人誤以為自己跟不上潮流，但其實他們根本再正常不過。而把重心放在這部分的父母們，也可能因此錯失關注更重要的事，忘了教導孩子們生活中真正值得追求的部分：**如何維持一段相互關心、健康的情感關係**。尋找並培養這種關係將會是他們一生的幸福關鍵，但是身為父母的我們卻很少花時間和孩子們談論這些。

好消息是：大多數青少年和大學生們都很希望從父母或師長那裡，得到一些和愛情相關的指引或見解。他們想要知道如何墜入愛河或好好分手；他們想要討論如何在一段認真的關係當中相互溝通與相處；他們想要知道我們從中學到了什麼，並聆聽他們的問題與煩惱。「付出關愛」計劃也提出幾項父母可以給予孩子在生活重要層面上的建設性引導與建議：

1. 花時間和青少年討論基於相互尊重與信任的成熟關係的重要性，解釋這些和天雷勾動地火式的直接吸引力有何不同。超過七十%的調查參與者，都希望能從父母那裡得知更多情感關係的知識。

2. 討論何謂「健康」的情感關係。詢問青少年在一段關係之中，是否讓雙方變得更好？更相互關懷？雙方是否都能聆聽並支持對方的想法？同時具體描述「不健康」關係的危險警訊。

3. 討論性侵害的實際危險性，包括在任何情況下可以採取的預防或制止措施。雖然大多數父母都十分瞭解大學校園中存在的危險，但「付出關愛」的調查顯示，許多父母並不曾和兒子或女兒討論這部分的事。

4. 當你發現兒子或女兒正處於毀滅性或不對等的關係中時，請明確指出。父母的沈默會讓孩子誤認為得到默許或認可。雖然青少年對於隱私權非常在意，但他們仍在學習如何成為一個大人，而你正是他們的模仿和學習對象。

青少年從父母身上學習到的愛

我們對於孩子和青少年關於愛的教導，都是從日常生活中一點一滴累積而來。如果我們正處於婚姻或戀愛關係中，那麼我們會讓孩子知道當中的狀態大概是什麼樣子——有時候是好的示範，有時候則不太妙。我們當然希望能做得更好，讓孩子們感受到更多的愛與關懷。作家克里斯汀．柏克（Christine Burke）自己也有兩個青少年孩子，她知道每個父母都如此希望著，然而當我們的關係造成孩子的痛苦時，坦承相告其實是最好的選擇：

我坐在皮沙發上，望著前方的禪式風格植物盆栽，不禁疑惑自己和丈夫為何會淪落至此。這間諮商辦公室裡頭散發出淡淡的廣藿香和薰衣草精油的味道，我瀏覽著牆上的裱框證書，懷疑眼前這位男士是否能夠化解我們夫妻間的壓力。我看著結縭二十年的丈夫，驚訝於眼前這個人為何看起來如此陌生。我們兩個不知怎麼地在養兒育女和生活之間走散了。

大約一個星期前，我終於在一場夏日午後的激烈爭吵中舉起白旗，宣布我不想再吵了。等孩子們坐在後院玩手機時，我輕聲地告訴丈夫離婚吧！

我們的婚姻已然破裂，我想應該沒有人比我更訝異會是這樣的結果。

幸好這位辦公室充滿禪風和薰衣草薰香的諮商師的確能夠幫助我們，讓我們重新找到了彼此。經過兩年的伴侶諮商之後，丈夫和我不但學會了有效溝通，也重新點燃婚姻中的愛與關懷。原本的怒火與傷害，漸漸由相互尊重和妥協的新基礎所取代。

儘管我們的關係現在已經好多了，但是這段走到「新我們」的過程就像行經地獄之路，而且有時候還是會出現阻礙。

過去兩年來的婚姻掙扎，讓我疑惑自己是否有能力為青少年孩子做好準備，迎接長期關係帶來的壓力與挑戰。

當我看見兒子和另一個女孩傳簡訊時臉上露出的笑容，我知道他的戀情正處於萌芽階段，他可能即將初次墜入愛河，之後也很可能遭遇第一次心碎。這是他的第一次戀愛，他滿腦子戀愛泡泡，完全不知道接下來會遇到什麼狀況。

我在二十歲時遇見我的丈夫，當時的年紀大概只比兒子和女兒現在大一些而已，那時候的我整個心思都在他身上，我們就像兩個荷爾蒙旺盛的小孩，就像我的兒子一樣。

在朋友的推波助瀾之下，我們有了第一次約會，當時的我對於「完美」關係的定義，和現在的我有很大的不同。然而這就是人生的自然發展順序，就像一個年輕人根本不可能明白該怎麼知道約會的這個人，就是即將共度一生的那位。然而就算人生能夠重來，我也不會想要交換那次的經驗，是它引領我走入現在的關係之中；不過，我倒是希望《灰姑娘》的童話故事裡，能加上一段因為**英俊的王子這星期又再次忘記接小孩，所以仙度瑞拉氣得用力甩門**。

我希望自己從前能多知道一些婚姻或戀愛關係的黑暗面，當我和丈夫的愛情進入穩定期，然後結婚、度蜜月之後，我也希望當時能做好更多的準備，面對自己即將與一個其實並不像我一樣喜歡百老匯歌舞劇和名人八卦的人共度一生。

當我的臉被蕾絲婚紗覆蓋著而視線模糊時，父親在一旁牽著我的手站在聖壇前，當時的我並不知道自己的婚姻將受到現實的打擊，我嫁了個英俊的王子，我的婚禮就像童話般美麗，我也將「從此過著幸福快樂的生活」。而我僅有的小小願望，也不過就是一直幸福下去而已。

現實的打擊很快就來敲門，婚姻的蜜月期一瞬間就過去，有時候我問自己：為什麼沒有人告訴我奶奶們常說「不要帶著怒氣上床」的偏方根本沒有用，因為英俊的王子永遠都不會把馬桶蓋放下來，仙度瑞拉也會在生活遇到挫折的時候失去耐心，還有孩子們會讓她的身材走樣，所以那雙玻璃鞋她根本就再也穿不下。

簡而言之，婚姻是個艱難的課題。它不會永遠浪漫、永遠都有玫瑰花和燭光的晚餐。《灰姑娘》騙了我們！

婚姻是為了有限的預算買最便宜的洗衣機，婚姻是兒子半夜兩點吐在爸爸腿上時趕緊上網搜尋腦震盪的跡象，婚姻是頭髮愈來愈少但下巴開始長毛。婚姻也是當孩子們終於一個個都睡著時，躡手躡腳的性愛歡愉，還有孩子們在電視機前終於安靜下來時，彼此忍不住相握的手。婚姻是坐在餐桌前聽兒子抱怨花椰菜有多噁心時，彼此分享的竊笑，然後會心一笑地說：「沒錯，這就是我們在一起的生活。」

基本上，在對的時間和一個對的人結婚，是一件很棒的事。

但這也是我做過最難的事。

離婚的想法出現時，我第一個考慮到的是孩子，還有他們的感受。

當我們說出爸爸和媽媽可能分居時，他們會怎麼想？如果我們最後離婚了呢？他們會從此一輩子恨我們毀了這個家嗎？大概會吧！每當在夜裡想起這件事時，總忍不住讓我掩面而泣。

我想要盡可能保護他們，讓他們在我和丈夫的惡言相向、彼此發洩憤怒與悔恨當中受到最小的傷害。我想要掩飾他們的父母沒辦法像個正常成年人般地溝通，而是選擇長期的冷漠。我更是長久以來都在相隔兩週的月曆上標註「五點鐘會計師」這幾個字，試圖不讓孩子發現我們正在進行婚姻諮商。

不過當丈夫和我在諮商過程中卸下彼此的情緒包袱時，我突然瞭解到我們能給孩子最好的禮物，就是讓他們知道自己的父母現在或甚至未來的感情有多糟，掩飾我們的掙扎，隱藏我們的爭執和懊惱，只會讓孩子對真正的情感關係產生誤解。

我這麼說並不是要刻意唱高調，只是覺得這麼做能讓他們在感情觸礁時，也能勇敢面對。

也就是在那時候，我決定向孩子坦承。

不過並非稀鬆平常不假思索地穿著卡其短褲、頭髮梳理完美地坐在沙發上，然後開口說：「嘿！孩子們，我和你爸有事情要告訴你們。」我們不想突然宣布兩人的婚姻正遊走在離婚邊緣，也不想談論其中的細節，因為我們還是他們的父母，我們希望孩子們仍然擁有安全感，即使他們的父母表現得像個自私的白痴。

我開始尋找適當的機會和他們談及兩人這幾年來的問題，有時候甚至帶點幽默感，因為他們的父親和我真的曾經因為不小心在裝潢第一間房子的時候，把牆上的裝飾框條給裝反了，這件事真的很好笑，因為我後來得拿著鎚子敲遍整個房間。

兒子曾在十五歲生日的早晨問我關於他出生的事，我說了簡短的版本。我告訴他難產的經過，還有後來有點痛苦的恢復期。當我說到生下他之後，是他的爸爸幫我洗第一次澡時，他睜大了眼睛。我也告訴他自己後來得了產後憂鬱症，以及他的爸爸在育兒時期所做的幫助。

我花比較多時間敘述我們遇到經濟困難的時候，以及丈夫的固執讓我忍不住跳腳的片刻。但是當我讚美丈夫時，是充滿真心誠意的。我說：「我很開心你們的爸理解我絕對不會殺這房子裡的任何蟲。」或是：「你爸簡直是個聖人，竟然能容忍你媽不會洗衣服。」而非只是說：「你們的爸爸最棒！」這種話。

就讓我們面對現實，畢竟沒有人樣樣都好，而且家中的青少年愈快明白一段關係裡的兩個人可能產生混亂、不理性，也會愈好。

我知道自己無法避免孩子受到感情的傷，但是我也知道自己可以幫助他們明白，感情需要經營與努力才能長久維繫。

我可以幫助他們打破童話的幻想，以為只要能和我們深愛的人步上結婚禮堂或建立伴侶關係後，就能夠永遠幸福快樂。

我可以在對他們的爸爸感到厭煩時坦承自己的心情，可以真實的展現自己即使把他當空氣時，還是愛著他。即使當我看《鑽石求千金》（The Bachelor）真人約會秀節目時，他在我面前翻了白眼。

我可以透過這段婚姻中的好與壞和醜陋的部分，教他們我如何從中維持平衡與妥協。

倘若我的孩子哪一天真的和我們一樣坐在諮商師的治療室裡，我希望他們明白諮商會是一個和他們選擇的那個人一步步重啟幸福的機會。

心碎時刻

愛，可以是我們人生中最大的快樂泉源，但我們也都知道同樣的愛，也可能讓我們墜入生命低谷。我們很難預料自己的孩子哪一天回到家或是打電話來，說自己因為失戀了而感到痛苦。有時候他們需要和感情比較沒那麼親密的人聊一聊，像是好朋友、學校的諮詢老師或是專業的感情顧問，這時候父母的責任就是幫他們找到這些資源。不過有時候，他們需要的就是父母。心碎的痛苦無論發生在什麼時候都不會減輕，但是身為父母的我們有能力讓他們換個角度思考。伊莉莎白・史賓賽（Elizabeth Spencer）即著眼於父母除了愛與支持以外，還能夠提供的部分：

我永遠忘不了大一的那個晚上，那個我以為自己會嫁給他的男生，告訴我他遇到了另一個人。那時候才剛開學一個多月，我坐在宿舍的浴室地板上，手裡握著電話筒，癱倒在冰冷磁磚上。我從自己歇斯底里的啜泣聲中，聽到他對我說一切都結束了。

那個時候，我以為自己再也不可能遇到比這件事更讓我難過的事——直到我的女兒也有了同樣的遭遇。我在自己的家裡，眼看著女兒承受痛苦。

令人心碎的事情當然很多，除了失戀分手之外，還有友誼的破裂、夢想無法成真，或是計畫失敗、失去摯愛的人等等，無論原因是什麼，父母能做的通常也有限，因此我們的陪伴和鼓勵更顯得重要。

我在這裡提供十句當你的兒子或女兒傷心時，可能會對他們有幫助的話：

「我覺得很抱歉。」無論父母是否造成孩子的傷心，我們希望讓孩子知道，當他們傷心難過時，我們的心情也跟著難受。通常當我對女兒說：「我覺得很抱歉」時，她會回答：「這又不是妳的錯。」然後我會對她們說：「我覺得很抱歉不是因為這件事是我的錯，我很抱歉是因為妳感到痛苦。我要妳知道我會一直陪著妳。」

「你希望我做什麼嗎？」買個禮物給你？抱著你讓你哭一下？聽你訴苦？我和男友分手的幾天之後，我爸打電話給我，這件事對我意義重大，儘管我們之間的感情很好，他也一直是個對我關愛有加的父親，但通常我有事都會先跟我媽說。但是那天我爸在電話裡問：「妳需要我這個週末開車去學校載妳回家嗎？我星期五可以請假去載妳。」即使這已經是多年以前的事了，我一想到還是會忍不住紅了眼眶，我爸竟然會打電話來，還想請假一天就為了大老遠開車到學校接我回家休息一天。我以為自己並不需要他來接我，但是當他開口說了之後，我才知道自己有多需要他來。他用這樣的方式來表示對我的愛，讓我被打碎的心突然有了復原的力量。你那被傷透心的孩子或許不需要你做任何事，但是很可能需要聽見你想為他們做些什麼。

「這種感覺不會永遠存在。」但是沒關係，就讓它待一會兒。這種感覺會存在一段時間，修復也需要一段時間。我們需要鼓勵受傷的孩子花一些時間去感受悲傷、憤怒或痛苦，也要向他們保證有一天他們會好起來。

「你想再試試看嗎？」或許這只是這段感情中一個需要跨過去的坎，而非結束。

「如果想再試一次，現在該為接下來做什麼準備？」無論「這件事」是個人感情還是大學入學申請，或是選手的選拔賽或達成藝術方面的目標，倘若嚐到失望滋味的孩子還是想再試一次，他們該如何改善或增進自己的能力？事前預習嗎？重寫簡介或計畫書？再更努力？還是進修更多課程？

「你想就到此為止嗎？」既有的社會文化要我們「永遠別放棄」，但或許傷透心的孩子需要你告訴他們，如果沒有更好的選擇時，放棄並沒什麼值得羞愧的。這麼做並不一定會阻礙了他們未來的幸福快樂，而是保有了現在的快樂。

「你想試試別的嗎？」另一種運動？另一所大學？或是交新的朋友？倘若放手是最好的第一步行動，那麼迎接新的某件事可能是療傷的下一步。

「好事總是會來的（儘管現在似乎還未見蹤影也沒關係）。」當受傷的孩子有了足夠的時間哀傷之後，我們希望青少年或許也可以開始思考自己能從這樣的事件中獲得些什麼。就像那天晚上躺在浴室地板上的我，不久之後就發現如果前男友和我真的成了夫妻，應該也會是一場災難，因為我們的個性都非常緊繃與反應過度，結婚之後大概每天都生活在不安與危機感中。而我現在嫁的這個男人在我極端恐慌與抓狂的反應下冷靜以對，並安慰我一切都會沒事。身為父母，我們通常也會彼此平衡。雖然我在大學的那個晚上失去了某樣東西，但是也因此得到了更值得的東西。

「這並不能代表你，你也不僅如此而已。」你受傷的孩子可能是在一段愛中被拋下、名列候補名單、成績名落孫山或是老是在比賽中坐冷板凳的那一個。但這些都不足以定義他或她這個人。

「我愛你。」當我們不知道該說些什麼，或是知道該說些什麼時，這是身為父母都應該說出口的一句話。因為這是在一切的開始或結束時，最需要說的話。

一段難以開口的對話

關於愛情和性方面的話語，不全然都能修補心靈、消除恐懼或是遏止毀滅性的行為。我們該在孩子上大學前，想辦法在細微的層面上和他們談論關於成人在浪漫的愛與幸福性愛中所找到的快樂。對有些人來說，談論這個話題就像任何晚餐上的對話一般輕鬆自在；但是如果你需要一些「提示」或預習（畢竟每個人都需要一點建議），以下是其中一位母親的忠告。

這是作家母親卡莉．歐德斯柯爾（Kari O'Driscoll）寫給她女兒的信，不過大部分的內容也適用於兒子：

親愛的女兒們，

我知道妳最不想和我談的應該就是性愛這件事，雖然這的確是我寫這封信的主要目的，但是我保證不只是這樣而已。我也知道自己其實可以不寫這封信，然後期盼妳們從學校、書上或朋友那裡得到的性知識已經足夠。但是，我決定還是要面對這件事。這是我至少能為生命中最重要的兩個人所做的事。

我的腦袋裡絕對沒有任何不切實際幻想，認為妳們會想知道我過去的性經驗，顯然我也不想聽妳們的。但是我想鼓勵妳們多多思考「性」對自己的意義，也想要妳們明白以下這十件重要的事：

1.「性」包括的行為很廣泛。我們的文化對於性有一些錯誤的訊息。我在妳們這個年紀時，以為性可能會導致懷孕生小孩，基本上就是傳教士的謬論之類的，這也導致了一些錯誤的觀念：首先，我以為那些不會懷孕生小孩的行為，就不是真正的「性」事；第二，最糟糕的事就是婚前懷孕。在這種想法之下，我認為只要不讓自己懷孕，除了性交之外的曖昧行為都不算「真正」的性行為。沒人告訴我那些行為其實也算，而且任何親密接觸所帶來的問題，可能和當時的歡愉一樣多。

2.只要能自由選擇的性，就是正常健康生活的一部分。有問題的是第一句，因為自由選擇並不代表妳同意去做某件事，只因為其他閨蜜都做了只有妳還沒做過。自由選擇不包括只因為妳想取悅某個人，或是不想讓某個人失望，讓他乾等，甚至「欠」某個人。

自由選擇不代表安靜地躺著讓某個人為所欲為，只因為當時的妳醉得不省人事或嗑藥昏迷，甚至害怕得不敢說不。也不代表盲目地跟著感覺走，從一開始的接吻或牽手，然後一路發展下去，卻不曾在某個時間點（或很多個時間點）問自己：「我準備好更進一步了嗎？」

選擇進行性行為——我指的是任何親密行為，代表妳清楚明白之後可能帶來的風險。妳選擇繼續下去，因為妳對另一個人有心心相印的連結感覺，相信雙方能藉此表達彼此的愛，並互相尊重。妳選擇繼續下去，是因為妳知道在任何時間點，任何讓妳覺得不舒服或改變想法的時候——即使妳的內衣褲落在房門外，或是妳在這中間已經說了十六遍我要，妳還是可以把衣服穿上，然後離開。自由選擇表示妳已經問了自己這個問題：「我為什麼要做這件事？」也誠實地回答。倘若答案包括了想提升或增進自己的社交地位，幫某人一個忙，甚至是想懲罰自己或另一個人，那都不是所謂的自由選擇。

3. 要青少年對「性」或其他事情做出明確的選擇，是一種挑戰。因為妳的大腦被情緒衝鋒隊所挾持，無法做出合乎邏輯的思考與決策。因此請幫自己一個忙，選擇一個白天獨自在房間裡好好思考這件事，問自己如果處於需要作決定的當下，會選擇拒絕或接受，當下可能會是什麼樣的情況？自己的感覺又會是如何？想想妳可能會怎麼說？或者到什麼地步時妳該離開現場？以及妳可以信賴的朋友是誰？如果有了麻煩，誰會在妳按下快速撥號鍵之後毫不猶豫地去幫妳？請每個月至少思考一次這些問題，如果妳正在一段相互承諾的關係之中，請每個星期思考一次。和妳的伴侶討論，和妳的好朋友聊聊，或者找妳的媽媽談一談。請記住，最重要的人是妳自己，最重要的是妳的想法。倘若妳陷入大腦無法抉擇的狀況時，請傾聽自己的直覺。倘若妳感到一絲恐懼，有背脊發涼的感覺或是感到不安時，請深呼吸，然後喊停。妳的直覺不會騙妳，況且等妳準備好之後，還是有再嘗試的機會。

4. 妳會犯錯，我們都會。我們都做過十二個小時之後感覺很荒謬的選擇，我們的一生當中很可能至少有一次因為錯誤的原因，做出事後後悔的選擇。就用力呼吸，從中學習，然後繼續向前。多吸收訊息，做好防治性病的措施和避孕，為自己做好準備。學習辨認並避開可能佔妳便宜的人，讓妳更懂得保護自己。

5.性不應該讓妳害怕，但也不能輕忽以對。就像生命中的其他重要決定，需要妳思緒清晰地衡量自己的價值觀。維繫一段關係很難，卻很有意義，當妳準備好也選擇和對方發生性關係時，性可以加深妳們之間的連結。但是妳的性生活應該是妳想要的，無關同儕朋友、伴侶或父母的選擇。妳有權利為自己做選擇，說出妳的需求，並在任何時候改變妳的想法。如果你能誠實面對自己，明白自己為什麼想要和這個人發生性關係，也對這個決定感到滿意，那麼妳就走在正確的方向上。我擔心的並不是妳們懷孕與否，而是妳們的價值觀和選擇受到操控或欺騙。

6.為另一個人做同樣的考量。妳不必為他或她的選擇負責，但應該知道性行為的親密關係對任何人來說都是人生中的一大步，即使妳準備好了，不表示對方也是一樣。所以請耐心等候。永遠遵循比較謹慎的那個人的意願，即使那表示妳得沖個冷水澡或是出外跑步冷靜下來。妳們還有很多時間，性愛應該為彼此都帶來歡愉，應該讓妳對自己與另一個人都感覺良好。

7.請不要相信某人說他或她是否有性病，即使是妳愛的人。因為他們可能不知道自己中標了，也可能怕承認了之後妳不願意繼續和他或她在一起，甚至他或許根本不在乎會不會傳染給妳。所以，請盡量問問題，如果懷疑的話，隨時準備好保險套來保護自己。

8.吃避孕藥不是一件羞恥的事。避孕有很多不同的方法，所以請問很多問題，然後思考哪一種方式最適合妳。假使妳的性伴侶不想避孕，請告訴他們這件事為什麼對妳很重要。對一個年輕女子而言，意外懷孕會對妳帶來很大的影響。妳也值得和一個理解妳的想法，同時也不願意讓妳的生活和健康都冒風險的人在一起。

9.每一個人都會對性愛感到疑惑。它能喚起強烈的情緒反應，因此值得深思熟慮。每個人對性愛的親密感受都有獨特的反應與接納程度，妳今天和某個人的良好感覺，可能不適用在下一段關係的那個人身上。請尊重並貼心地對待彼此。

10.任何性關係都不應該有羞愧感。倘若妳和某個人在一起會感到羞愧，那麼這中間一定出了問題。如果妳抱持著取笑的心態或說出應該保密的細節，或是用某張照片羞辱某個人，這些都是不對的。親密關係應該是互信與互相尊重，應該讓彼此都覺得很好。妳應該對自己和自己的選擇感到滿意，若非如此，請做出改變。假使妳不知道該改變什麼，請先停止這段關係，直到妳找出問題所在。

還有最後一件事，我還記得自己在妳們這年紀，遇到了難以決定的事時，總感覺讓命運或別人替我選擇似乎容易得多。但是如果妳暫時無法愛自己，無法停下來思考時，請問自己：「媽媽會希望我怎麼做？」這個答案永遠永遠都會是最正確的。

當孩子想談談時

即使父母知道該對孩子說些什麼，但是我們很難預料他們什麼時候做好談論和聆聽的準備。一般認為車子裡是最佳地點，因為封閉的車廂空間在討論敏感話題時比較有私密感，而且開車的人得注意路況，也因此避免了眼神的交流。這個方法我們嘗試過許多次，也證實挺有效的。但有時候問題不在於談論的地點或使用正確的話語，重點在於孩子是否做好了準備，以及什麼樣的情境之下能夠輕鬆開啟對話。身兼作者與母親的瑪麗安・朗斯戴爾（Marianne Lonsdale）就找到了最適當的時刻：

我的兒子尼克最近需要拍他的高中畢業照，他已經有駕照了，一年多來也都自己開車上學，幾乎每一件事都不再需要我的陪伴同行與建議。我以為他會自己開車到拍照地點，直到他在拍照的前一天下午傳簡訊給人在公司的我。

「明天妳會跟我一起去嗎？」

「不會。」我有點不經意地回傳簡訊給他。「我要上班喔！」

「我以為每個人的家長都會到。」他又傳來簡訊。我這時才認真起來。

「你會緊張嗎？」

如今拍畢業照不像以前只要穿戴整齊、簡單擺幾個姿勢就好，大家都卯足勁換裝、換髮型、換背景，每個人都像模特兒一樣。

「有一點。」尼克告訴我。

我抬頭看了桌曆一眼，明天有連續兩個會要開。但我當然得立刻轉到「母親」模式，取消其中一個，然後重新安排另一個的時間。這個決定一點都不難，因為我兒子要我陪他一起去，我已經記不得上一次他要我這麼做的時候了。

拍照過程其實還蠻有趣的，但是尼克一直很緊張。我走到攝影師身後扮鬼臉，試著幽默一點，讓他笑得不要那麼假。然後我做了一件讓他覺得很尷尬的事，就是買了一個當場訂製的手機吊飾，上面是一張他的「大」照片。尼克覺得很瞎，我說你應該覺得好險沒有訂製項鍊這項服務。

回程路上我問尼克對於明年即將上大學的想法，他剛開始回答得很含蓄，只說想到一間氣候溫暖的大學，然後能遇到有趣的室友。接著他藉著打簡訊避開我的視線，然後若無其事地說自己很幸運能過想要的生活，因為我們不會逼著他，要求他做得更多、更好。

我不想多說什麼，因為他說的是實話。這些話其實帶點心酸，卻又很重要。如果那天早上我沒花時間和他再一起，或是沒有關心地問他的感覺，就不會有現在這個時刻。

尼克很少跟我們分享他的事，但是卻有問必答。這件事大概發生在一年以前的三月。那天是星期五的晚上，我和尼克一起出去遛狗。他剛從一家中國餐館回來，那是他的朋友蘇菲歡慶十六歲生日派對的地點。

「還有誰也參加了？」我問。

尼克一口氣說了九個女孩的名字。

「只有你一個男生嗎？」尼克點點頭。

「你覺得自在嗎？」我知道他會回答很自在啊！但是我還不想開始大驚小怪。

「是啊。」他說。

「你是不是偷偷喜歡其中一個女生？」

他搖搖頭，看了我一眼又看向其他地方，然後握緊狗繩往前走。

我沒經過深思熟慮就接下去問，因為直覺告訴我這應該是個好時機。我也覺得尼克需要我的繼續追問。

「你是不是不確定自己比較喜歡男生還是女生？這種事有時候挺讓人困惑。」我說。

「咳咳，嗯。」他清了清喉嚨，清楚地說出「男生」兩個字，聲音裡沒有一絲猶疑。

我們那天晚上一直到週末，都在談論這件事。有很多話想說、想分享、想問——那些我們一直以來都不曾提的話。尼克說自己從兩年前就很想告訴我，卻不知道怎麼開口，也不確定什麼時間點最適合。而我一直覺得自己不該問，應該等他準備好之後再說。當我真的問了之後，尼克反而覺得是一個吐露心聲的完美時刻。

我望著鑰匙圈上搖晃著的這個俊美男孩的照片，這一切真不容易。我根本看不出任何線索——沒有眼淚、沒有傷口，也沒有簡單的答案。他大多數時候並不想要、或許也不需要我的意見，但是依然需要我的支持、接受與愛。我會繼續問，繼續提出問題，確認緊繫著我們彼此兩顆心的隱形鍊子，會持續將我們拉緊或鬆開。

我現在已經搬到芝加哥，中學和高中時期的我尚未出櫃，因為我只想融入群體。即使進入大學之後的我已經出櫃了，但在第一年還是不知道該怎麼做。我避開大學的常態社交圈（社團聚會、狂歡豪飲），試著不去在意別人的眼光與想法，試著找到能讓自己快樂的事。我甚至認為自己應該談個戀愛，在大學裡交個女朋友。但現在的我明白了，我有很多時間來思考這個問題並找到適合我的伴侶，我可以在每段感情或生命的轉彎處

問問自己，什麼才是最重要的。想要找個伴很簡單，但並不是非這麼做不可。
——尼克，21歲

不知道該如何關心

即使我們的教養目標設定在保持中立，試圖讓青少年自己摸索真正的感受，不說出自己的看法，但是想要做到比我們想像中的還要更加困難。當你的孩子墜入愛河，你可能也很難不跟著喜愛他的她，因為這個人將為你的青少年或成年孩子的生活帶來喜悅，光這一點就很難讓你不愛對方。但是瑪琳．費雪（Marlene Fischer），作家與三個兒子的媽，提出這個問題：我們該如何畫出界線？

前幾天我在街上遇到兒子前女友的媽媽，我們的孩子在高中時開始約會，然後在大學二年級的學期初分手，他們的感情大概維繫了將近兩年。當下的感覺還不算尷尬詭異，我很開心遇到她，也樂意聽到女孩的近況，她還是我兒子的女朋友時，我還蠻喜歡跟她相處的。

有個朋友曾經警告過我，除非要訂婚了，否則千萬不要對兒子的約會對象投入太深的感情。我也曾聽其他人這麼說過，雖然這是個好忠告，但是很難遵守——至少對我來說。

或許是因為我沒有女兒的關係，我很喜歡兒子們帶女朋友回家。有女孩子來家裡，整個氣氛就會不一樣，我可以學到很多男生不感興趣或根本不懂的時尚和流行訊息，我會聽到女孩子圈裡最近流行什麼，還有我或許永遠都不會知道的兒子和朋友們之間的事。大兒子的女朋友最近就告訴我，他最要好的一個朋友幾個月前剛訂婚，這件事我兒子一點也不覺得值得透露。

我兒子和女朋友參加一場婚宴之後回到家裡，我問他婚禮怎麼樣，他只簡短地回答：「還好。」我問他女朋友同樣的問題，她會描述很多細節，像是參加的人有多少，食物好不好吃等等。我不認為兒子們是故意不想跟我說太多，他們只是不覺得這些事值得提。居住在男性只進行有限溝通的家裡，這些閒話家常就像是荒漠甘泉一樣稀有。

大兒子開始約會時，曾經警告我：「妳如果太喜歡她，會造成我的麻煩。」我還不太懂這句話的意思，不過我猜他知道我會對對方產生感情。

自從兒子們有女朋友之後，我才看見兒子們平時沒顯現的那一面。「戀愛中的年輕人」真的很甜蜜，我很高興知道自己的兒子也會很貼心、耍寶或溫柔，和我平常感受到的粗獷很不一樣。我覺得自己很幸運，因為到目前為止，我都很喜歡兒子們的女朋友。她們聰明、善良、體貼、很有家庭觀念，一點嬌氣也沒有。這些年輕女孩有出色的特質，我也很欣慰兒子們有這麼好的品味。

我兒子的女朋友們曾和我們一起共度節日、慶祝生日，甚至不只一個曾和我們一起過年。她們會在我生日的時候傳簡訊，在我父親過世時安慰我，而且還來參加告別式。她們鼓勵我從事寫作，大兒子的女朋友甚至還幫我製作名片。這些都很美好，不是嗎？

所以，我怎麼可能不喜歡上她們？其他父母也一樣，我們怎麼可能和這些可人的孩子保持距離，怎麼可能不希望她們成為家裡的一份子（儘管只是暫時性的）？還是有什麼指南可以教我？我真的必須等到孩子們訂婚或結婚之後才能開始喜歡她們嗎？如果他們結婚之後又離婚了呢？

當我的二兒子和女朋友分手之後，雖然我知道他們分手的原因很理性，而且之後還是朋友，我卻發現自己很想念那個女孩。我知道這都得怪自己，誰叫我打破遊戲規則，太快投入真感情。

兒子和女朋友分手後，我有一段時間認為朋友說該等到一切「正式確定」之後再投入感情才是對的，我以為自己已經學到教訓，也決定下一次要冷靜一點。但是後來……

我兒子在大學三年級時認識了個女孩，我們去學校找他時剛好有機會見到一面。幾個月前，兒子帶那位女孩回家過週末，所以我們也更加認識彼此。我和這女孩相處得愈久，就愈能看出兒子對她的愛，以及兩個人對彼此的關心。雖然已經決定要把持住自己的情感，但是看見兒子如此開心，我也開始敞開心胸。我就是控制不住啊！

我承認自己不善於拒人於千里之外，我真的不知道其他人是怎麼做到的。我也很難相信自己能等到孩子們互許終生那一刻才突然改變對眼前這女孩的感情，畢竟我的情緒又不是個開關，可以隨時打開或關上。

我的另一個朋友說：「妳就是妳」，朋友們常常給我很多意見，或許她是對的。我猜最重要的，是兒子想要讓我認識他們的女朋友，他們也能很自在地帶她們到家裡來。如果我付出的代價只是小小的感情連結，我想還是值得的。

性關係與性傳染病

談到性與愛，就免不了需要觸及健康問題。當然孩子們大概已經從學校的衛教課知道各種性關係的危險性，但是我們不能就因此省略不談。本身是公共衛生碩士，也是作家與母親的瑪莉貝絲・波克（Marybeth Bock），引導我們如何和青少年談論這些話題：

容我先開門見山地說，以下的內容可能會讓你感到一些些尷尬、吃驚和不舒服，但這就是重點。太多父母對這話題過於膽怯，所以我必須說得清清楚楚、明明白白。這件事情非常重要，所以請先慢慢做幾個深呼吸，然後繼續讀下去。我們要來談談性傳染病。

讓我們先回到自己的童年經驗，想想十二歲時家裡談到「性」是什麼樣的景況。感覺屋子裡的每個人都很自在，就像談論其他話題般公開討論嗎？或者突然間每個人都低下頭避開眼神接觸，然後話題突然改變，好像屋子裡的大人都沒聽到那個字一樣？

我的童年經驗和許多人一樣——都是從課本裡這裡一點、那裡一點的得到和性相關的知識，而且從來都不用正確的說法，只是隱晦帶過。後來不知誰給了我一本《成為女人》的小冊子和一盒女性用品，就這樣——話題結束。所以我的感想是：我們真的不想談和性相關的事。

如今我們生活在資訊爆炸的時代，到處都看得到交友軟體，網路上也有各式各樣毫無設限的資訊與社群。然而許多人對和子女談論性方面的健康議題還是覺得很不自在，或是等太久才開啟討論。我們可能想著留給學校的老師或衛教人員去教、去解釋，不然就是半逃避地認為孩子會自己從網路上找答案。有些比較積極主動的父母會留一盒保險套在兒子的房間，或是帶女兒到醫院拿避孕藥，然後認為他們在這件事當中的責任就結束了。

若光就避孕這件事來看，這個方式似乎是有效的。因為根據全國性的「決定的力量：防止青少年懷孕」（Power to Decide:The National Campaign to Prevent Teen and Unplanned Pregnancy）活動，一九九一至二〇一七年的全美青少年生育率確實降低了七十%，而且其中包括了五十個州和所有的族裔。

然而儘管資訊取得的管道比以前更多，性傳染病的比率卻屢創新高，其中以男同性戀與雙性戀的被感染風險最大。以二〇一七年為例，三項國性傳染病——披衣菌、淋病和梅毒，連續四年的比例都持續增高。疾病防治中心估計：「美國每年有將近兩千萬人受到性傳染病的感染，有一半是介於十五至二十四歲的年輕人，醫療費用也佔近一百六十億美元。」

讓事情更棘手的是，當我們和青少討論性方面的健康觀念時，也必須提及口交和肛交這兩項。根據家庭成長機構（Family Growth）的全國性不定期保密採樣調查顯示，從二〇〇二年開始，參與調查的十五至二十四歲男性與女性，口交與肛交的次數都持續增加。

事實上，病毒能由透過涉及生殖器的任何性接觸進行傳染，即使用了保險套也會有一些風險存在。青少年通常需要證據的證明，我們只能希望並祈禱他們能從其他地方證實這件事。

所以，倘若直到今天為止，你都像許多父母一樣羞於與青少年討論健康的性關係，你該怎麼做呢？

- 無論你家孩子是十二歲還是二十歲，請安排可以討論的時機——最好是能避免眼神接觸的那種。先說明這個話題可能會有點尷尬，或許帶點幽默，但是重點是跟他們的健康有關，而且不會觸及人身攻擊。請抱持關鍵態度：**性，是很正常的事**。讓孩子知道他們當下和之後都可以提出任何問題，若你不知道答案的，也會幫忙尋求解答。
- 倘若你有充分的理由相信自己的孩子已經有性經驗，確認他們做好避孕的防護措施，並盡可能帶他們去做性傳染病的篩檢。如果你沒辦法為孩子做清楚的解釋，可以請醫院裡的人員代勞。
- 強調對醫師或醫護人員必須完全誠實的重要性。我常常跟孩子說，醫生或護理師什麼都見過了！如果孩子覺得尷尬，或是你覺得他們沒有對你說實話，不妨建議他們單獨和醫師談。
- 經常談論酒精和毒品對性關係或其他事情的決定性影響。在雙方都清醒的時候就應該和可能發生性關係的伴侶坦承自己的性行為史，相互同意絕對是必要的，如果你們尚未成熟到能夠開誠布公地討論，那麼就不應該發生性行為。
- 最後，強調今日做的性愛決定，可能會對某人的健康造成重大影響。但這就像學開車一樣，只要注重安全，就能避免不必要的恐懼。

關於性侵

在這部分，我們請專家來為我們提供保護孩子安全的建議。以下是「強暴、虐待、亂倫國際組織」（Rape, Abuse & Incest National Network，簡稱 RAINN）提供可以和青少年分享的訊息。

- 信任你的恐懼。如果有什麼讓你覺得害怕，相信你的直覺，避開危險的處境。這麼做不需要任何理由，不管想離開的是派對、宿舍或任何地方。假使某個人的狀態讓你感到不舒服，也請勇敢說出來。RAINN 提醒：「撒謊或編一個理由離開，也比留下來但覺得不舒服、害怕或更糟的狀況好。你的安全遠比其他人的感受或他們的想法還重要。」
- 使用臉書打卡、衛星定位或其他可能暴露行蹤的手機軟體時，必須格外謹慎小心。RAINN 強調：「若你不希望讓陌生人知道自己的行蹤，就不應該在網路上分享。」
- 不要假設某個人人很好、很紳士或是個誠實的人，只因為你們都在同一間大學就讀。直到你熟悉到足以信任對方之前，他都只是能算是個陌生人，所以凡事都要小心。
- 防止事情發生是最重要的忠告，但是如果真的發生了，我們也必須幫助孩子逐步痊癒。

性侵，是大學校園中一個非常真實的問題——直到現在也仍然是一個被掩蓋的問題。父母、警察或學校單位也常常被瞞在鼓裡，因為許多受害者不願意報案。朋友或室友可能是第一個知道的人，根據美國司法部指出，約三分之二的受害者會選擇訴說的對象，通常是朋友（而不是家人或校方）。

所以如果你的孩子打電話回家需要聽聽你的建議，因為他或她的一個朋友在學校被性侵或強暴，或者這件事發生在你的孩子身上，父母們該怎麼做？立刻打電話報警嗎？還是連絡醫院做檢查？告知宿舍管理員嗎？還是馬上到學校的健康中心？聯繫校警嗎？立即帶受害者到附近的急診室？或是等受害者到了早上或第二天情緒比較穩定的時候，找出校園的性侵條款進行申訴嗎？這些條款應該從哪裡得知？如果被害者只有十七歲呢？朋友或父母可以及早做些什麼，好讓情緒、身心或法律上獲得最好的結果？有哪些部分必須立刻做決定？

與婦科醫師、警察以及一間大型強暴諮商服務中心負責人的長時間交談之後，我們列出以下的意見。由於我們並不是這方面的專家——只是兩個母親提出問題，然後和大家分享。所以當孩子向你求助時，請勿將這些建議視為醫療、法律、或心理的專業諮詢，我們的建議只是提供你思考如何採取第一步的例子。以上的每一位專家都提醒我們，在發生校園性侵或強暴後的危機時刻，父母的重要角色是保持鎮靜並安慰孩子，同時也要具備提供下一步該怎麼做的知識與建議。

每位受害者都不一樣，遇到的狀況也不同，所以沒有標準答案。接下來是三位熟悉受害者情緒、身心以及法律權利的專家們所提供的建議。這些建議無法適用於每一個遭受校園性侵或強暴的受害者，但是父母們或許在青少年（或他們的朋友）需要時，可以考慮以下的提議。

提供非專業性的支持

所有的專家們都同時強調這一點，無論你的孩子本身就是受害者，或是受害者的朋友，專家說讓受害者知道你相信他們、也會支持他們，而且他們自己可以做所有的決定，這部分至關重要。告訴他們你會尊重他們的隱私，若未經過他們明確的允許，絕對不會和其他人提起這件事。向他們保證你會站在他們認為怎麼做最好的立場上提供幫助，唯有他們自己能夠決定想怎麼做，不過也請提醒他們在做決定之前，可以先諮詢專家的意見（醫學、法律、心理），讓他們知道自己並不孤單，或毫無資源。試著瞭解他們或許正處於一個極為複雜的狀況，也可能知道誰是襲擊他們的人。根據美國司法部指出：「大學裡九十%被強暴或強暴未遂的女性，都知道加害者是誰。」

熟悉大學法規與資源

大多數的大學都有關於校園性侵條款與相關服務，包括諮商、醫療以及法律上的服務。有些還會列出常見問題的解答，提供首先需要進行的事項或聯絡人名單，這些訊息通常都會放在各大學的網站資源裡。所以父母與學生們最好能夠事先熟悉（有時候可能需要父母提醒家中的大學生）。

尋找諮商師或心理醫師

優先撥打由RAINN所成立的全國性侵害犯罪熱線：1.800.656.HOPE(4673)，這支電話二十四小時全年無休，會自動轉接到當地的性侵害防治中心，並且不會記錄來電號碼。這個機制讓被害人及其親友可以用匿名的方式尋求離他們最近的諮詢資源與法律及醫療協助。唯一要留意的是，如果撥打這通電話的受害者未滿十八歲，熱線就必須通報相關機構。負責聯繫的諮詢中心會在電話中回答匿名受害者所詢問的任何問題，如果被害人有需求，這些專業人員也很樂意在急診室、諮詢室或其他地點和被害人碰面，並提供協助。[5]

醫療注意事項

萬一不幸發生性侵或強暴案，有幾件關於醫療方面的事項需要考慮與注意。父母可能會問：是否涉及暴力？受害者需不需要緊急送醫檢查任何外傷？是否需要照X光、是否有傷口需要縫合或護理？擔心是否有懷孕或是性病的傳染？受訪的婦科醫師建議最好帶受害者前往急診室，因為醫院會提供二十四小時的護理，包括提供事後的避孕藥、抗生素的注射、性病篩檢以

5 在台灣可以撥衛福部的113二十四小時保護專線，衛福部網站也列有遭受性侵害處理流程、性侵和驗傷採證指定責任醫療機構、醫療院所診療性侵害的處理流程圖以及性侵害被害人權益保障事項說明等資訊。除此之外，衛福部網站也接受線上通報。

及為任何傷口進行護理。雖然一般私人婦科診所也會提供類似的醫療處理，但是我們的專家認為還是不如急診室的設備完整。

雖然每一間醫院的急診室規模大小不一，但是基本上都會提供受過性侵害相關醫療與證據採集專業訓練的護理師，專業的證據採集工具，派遣經過專業訓練的輔導人員陪伴受害者進行醫療檢測，以及心理諮商服務。

和我們對談的警察與婦科醫生，同時強調最好立即進行醫療檢查，不過受害者必須明白（父母們也應該瞭解），無論在檢查過程中的哪一刻，受害者都可以喊停。負責照護受害者的人應該強調，沒有人會強迫他們做不想做的事，他們可以隨時改變主意，停止所有醫療、法律或諮商的過程。

愈早進行醫療檢測愈好，因為證據的收集會更完整，事後避孕藥的效果也會更好。有些醫院會在搜集的證物送到地方的警察單位，上面不會註明受害者的名字，只會寫下日期以及院方的識別號碼。這些採集的證據會保存許多年，以便受害者將來想要訴諸法律。

和我們對談的每一位專家都認為，有人陪伴受害者到醫院並隨時待在他或她身邊，是很重要的一件事。諮商人員也會陪著受害者，因為院方通常會打電話請求諮商師的協助。這些都是受過訓練的專業人員，他們會詳細解釋檢查的流程，以及每個流程的檢查原因，最重要的是讓受害者清楚知道自己在任何時間點都可以拒絕繼續進行檢測。

理解受害者為什麼不敢開口

受到性侵的受害者不願意訴諸法律的其中一個主要原因，是他們覺得沒有人會相信他或她所說的話。第二個受害者不敢挺身而出的原因，是害怕被社會排斥。因為被「熟人強暴」比被陌生人強暴更為普遍，受害者怕曝光之後會受到對方朋友的報復。校園裡發生的性侵強暴案會使受害者更加痛苦，因為他們可能每天都會遇見他們的加害者。受害者需要知道，他們有一段很長的時間，甚至幾年之內，都可以決定採取法律行動。

尋求支持

朋友和家人在支持上扮演著關鍵角色，但是性侵的受害者需要尋求專業的心理協助。因為被強暴或其他性侵害的情緒傷痕會延續一段很長的時間，唯有受過訓練的人能幫助受害者。父母可以發揮鼓勵的作用，讓孩子盡快尋求專業上的照護。

假使你的孩子並非受害者而是照護者，也不要忽視這個經歷對他們的影響。繼續透過電話、安排時間見面或任何孩子需要的方式保持聯繫，確保他們有能夠傾訴對象，能夠說出對朋友的關懷或是自己的懼怕。

◆◆◆

看著我們的大學生和年輕孩子展開人生第一次的慎重關係，讓我們對愛與性的想法產生了極大的改觀。身為成年人，我們目睹過婚姻的破裂，也見證了兩個似乎沒有什麼共同點的人卻能恩愛幾十年。如果我們現在明白了些什麼，那就是**愛與性的觀念已經改變了，而且會持續變化**。我們只希望孩子們能找到深愛他們的伴侶，並真心相待，對方能感受到被愛的幸運，也願意努力維繫彼此的關係。我們希望自己的孩子能找到深厚、健康、相互回應與永恆不變的愛。

關於學業

Chapter 5

學業上的競爭是真實存在的，我們有些人可能還記得高中時選學科的漫無目的，或許還準備不足，但我們的孩子如今身處在學業的壓力鍋裡，甚至從國中就開始部署大學的入學準備。身為父母，我們一方面希望減輕孩子的壓力（或者想延長當孩子的快樂時光），但另一方面卻又感到一股強大的逼迫力量，讓我們無力做出任何改變。當孩子飽受壓力與疲憊的煎熬時，我們感到憂心忡忡；但是如果孩子試著放鬆一點，沒有發揮他們的潛力時，我們又備感焦躁。

這個章節無意也無法改變這個世界的潛規則，我們也不知道該如何改變，但是我們希望試著以支持與引導的角度，幫助孩子達成他們為自己選擇的目標。

每個家長都知道，在勉勵孩子成就最好的自己時，慶祝他們的獨特自我更是重要。即使我們這麼寫，但其實也知道這是個陳腔濫調，我們怎麼知道什麼樣的他或她才是最好的自己？那時候的他或她又會是什麼樣子？況且這不是應該由他們自己去弄清楚的嗎？

真相是：我們真的不確定。但是我們這兩位母親所能得出的最佳答案，就是聆聽許許多多其他母親的經驗談，並且請教專家們的建議。結論是：**我們的責任就是讓孩子感受到盡力而為的感覺，我們的責任是建立家庭裡最重要的價值**。對某些家庭來說，教育是最重要的價值，對其他家庭可能是慈善心、體育或是宗教。無論這些價值的排序是什麼，如果孩子們因為懶惰或是缺乏熱情而無法顯現潛在的能力表現時，就是父母應該出聲的時候。

為孩子選擇他們的興趣或陪伴著他們探索，都不是父母的責任（雖然我們很樂意讓他們廣泛的探索）。盲目地強化孩子們的自尊心，也不是我們的責任——其實孩子們很聰明，他們看得出真假。我們的責任也不是為他們做的每一件事情加油喝采，不過當我們看到他們真正努力盡心時，也絕對會為他打氣與鼓勵。身為父母的角色，是引導、幫助孩子建立自己的理想與目標，雖然有時候說起來容易做起來很難，特別是關於課業方面。

以下是四個我們希望為高中與大學孩子傳達的四個關鍵指標。

瞭解自己在什麼狀況下的學習效果最好

孩子到了高中時，能夠明白自己在什麼狀況下的學習最有效率，是一件非常重要的事。他們需要在房間裡安靜地看書寫作業嗎？用筆記的方式效果會不會更好？讀書會的相互激勵是不是更有效？他們需要複習多少次才會覺得自己已經為考試做好準備了？以上的這些答案都跟個人有關，而在課業上游刃有餘的學生們大多瞭解怎麼做對學習最有效果。

確認自我的期望

家中的青少年知道父母對他們的期望，他們也習慣了順父母的意而為自己設定高標準但實際的目標。但是有時候孩子們需要學著設立自己的期望標準，例如：為了拿獎學金或進入體育校隊必須維持的最低平均成績，或者源於一股想要學習一項新技能或發展新興趣所興起的內在動力。無論如何，設定目標或標準，不管是短期任務（完成一項作業）或長期願望（考進研究所），都是需要培養的關鍵技能。

與老師談談

你的青少年孩子在高中時期應該學會與老師或輔導老師溝通，到了大學則要與教授、助教、或諮詢輔導師們交談。許多在教室內似乎無法解決的問題，有時候只要面對面站著聊一下即可獲得解決。大部分的老師們都熱愛教學，也很樂意解釋作業規定並迅速提出讓學生得到更多協助的建議（有時候甚至自己出馬）。學習如何與處於權威地位的人交談，是人生的重要課題，愈早學會愈好。

學習時間的管理

對許多學生而言，課業上的最大難題不在於對課程內容的不理解，而是在於時間的分配與管理。高中時或許還能等到最後一刻才來臨時抱佛腳，但是上了大學之後，雖然作業可能變少，但是完成所需要的時間會愈來愈多，一個不留神，很容易就會跟不上。

麗莎在嘗試教兒子時間管理技巧時，就飽嚐痛苦，因為「教」很容易變成嘮叨和爭執，孩子的作業到後來還是沒法完成或是遲交。她回憶道：

我的一個兒子一直沒辦法做好時間規畫，所以我在他的房間裡掛了一面超大的白板。他最早是把待辦事項記在手機的記事本或是有日曆功能的app，或是（最糟糕的）寫在一張小紙條上然後塞進口袋裡。這些方式後來證明很容易就忘，所以我堅持他從國中開始到後來上高中之後，每天放學回家就把該交的作業、考試日期、小考、和每天該做的每一件事都寫在白板上。

這面白板就掛在他書桌前的牆壁，在他最愛的電腦上方，這樣他就不會忘了看，我也不必每天追著他問：「你今天有什麼功課要做？」做計畫這項技巧對有些青少年來說輕而易舉，但對另外一些則需要示範。藉由要求兒子每天記錄該辦事項，我其實也逐漸引導他練習做計畫，就像他練習踢足球一樣。

如果我告訴大家兒子上大學之後非常成功地掌控自己的時間，那麼這個故事就有了完美的結局。但事實卻不是這樣，他在大一、甚至大二的時候一樣經歷了許多困難，但幸好他受過解決時間管理問題的訓練，所以在大學四年裡也慢慢掌握了這項技巧。

身為父母，我們的目標是讓孩子瞭解如何充分利用他們的學習機會，但是我們經常發現自己需要更明確的方式來幫助孩子。所以我們特別請教兩位經驗豐富的教育專家提供智囊，一位是教進階英文的高中老師，另一位則是大學政治學教授。我們請兩位提供具體且可行的建議，讓父母能夠鼓勵孩子照著做。例如：高一或大一生可以怎麼做，以適應轉換學習環境的過渡期，並在學業上盡其所能的展現實力？兩位的答案聽起來都非常簡單——但卻又充滿獨特的見解。

好的開始——高中時期

以下的建議來自於艾蜜莉．詹森（Emily Genser），她在高中任教長達十五年（什麼事都見識過了），也是一位母親。

想要在高中有個好的開始，青少年需要緊記兩件事：從一開始就要與老師和同學建立關係，誠實以對。這兩項是最重要的基礎，但是還有一些事項也很有幫助。

知道自己暑假該做哪些準備。現在會有許多課（不只是英文課）需要你在暑期閱讀，或者在暑假為秋天開學時先做準備。如果開學第一天就毫無準備的走進教室，會讓老師產生不好的第一印象。假使你真的一點準備也沒有，也請立刻開始趕上進度。我寧願學生在開學第一天對我說：「我沒做暑期閱讀，現在我該怎麼做準備？」這顯示了他們的成熟度與上進心，這是想在任何課業求好表現的必備心態。

第一次的作業請努力完成。這是向老師顯示你做得到以及他們可以預期你將來表現的機會。你應該完整閱讀、盡力寫好、並全程參與第一週的各項活動。第一印象是很難改變的，所以你會希望往後負責打成績的人覺得你從頭到尾都是一個努力嘗試的人。如果你一開始就展現出盡心盡力的意願，之後如果不小心出了點小差錯，也會變得更容易被接受或諒解。

參與感。這是老師們認識學生的方式。你的老師不會在意你是否每一次都百分之百說出正確答案，我們想看的，是你的學習熱忱與在課堂上的專注力。但請不要為了開口而開口，必須要能夠參與討論。

不瞭解的時候請發問。如果你出現了疑問，通常其他人也會有相同的問題，只是大家太害羞，不敢提出來。如果有問題不問，大概也不會得到答覆，所以千萬不要自己胡猜瞎想，就勇敢問吧！

在所有的事情上一律誠實以對。我對於學生本著誠實回答的過錯，大多選擇原諒。無論你自認為和同學有多麼麻吉，十次裡面有九次他們會為了救自己而把你拋棄，而且真相永遠會水落石出。我明白每個人都會犯錯，在壓力下或不知所措時更會做出錯誤的選擇。但是一個人如何面對選擇之後的後果，才會讓我真正認識這個人。

倘若你在我的課堂上作弊，我會覺得很難過。但是如果你被逮到時，或（更好的是）在被抓到之前能誠實承認錯誤，我很可能會讓你做另一項作業來彌補部分成績，或是在之後幫助你加強這堂課。我要你知道自己做了錯事，但是我並不希望你因為一時的錯誤就被當，沒有一位老師會想要這麼做，這時候你的誠實能夠協助我幫助你。

如果機會來了（跳級或上進階課程），請做好尋求協助的準備。你不可能孤軍奮戰，這些協助可能來自四面八方，但始終應該要從老師開始。她或他可能已經知道你的困難點在哪裡，也絕對想知道你自己是不是很在乎這件事。

倘若你發現無法從自己的老師那裡得到需要的幫助，可以找其他的資源。但請讓你的老師知道你很努力，告訴他你買（或從圖書館借）了參考書，也請學長或其他大人幫忙。假使老師知道你正努力成長，他們也會比較願意幫助你達成目標。倘若你忘了做作業，或對進行某項作業有困難，請不要等到上課時才告訴老師。請在第一時間找老師，並且誠實告知。你的老師可能知道作業的壓力對你來說有多大，或許比你更加瞭解課外活動或家庭壓力帶來的困擾。

升上十二年級後，至少與三位老師建立良好關係。你會需要至少其中的兩位幫忙寫大學的推薦信（或成為實習甚至找工作的推薦人），倘若你不想等到需要時才讓自己陷於尷尬的狀況，最好提前打好關係。先想好哪幾位老師會是最佳人選，然後當面詢問他們的意願。最慘的狀況是其中一位可能會婉拒你的請求，這就是為什麼你需要三位人選的原因。

認識你的輔導顧問。我們經常忘了每位輔導顧問可能需要負責好幾百位學生的諮詢，所以盡量不要等到有問題時才找他們幫忙。如果對方愈瞭解你，就愈能在你需要的時候提出最好的協助。和他預約會談的時間，討論你是否一切都步上正軌，並提出問題，討論高中選課是否有任何遺漏之處。輔導顧問對這方面都很在行，但是如果他們對你不熟悉，就很難幫得上忙。

好的開始——大學階段

接下來，我們將為如何在大學裡有個好的開始給予忠告，多年來很多團體都在這個議題上鑽研並尋找答案。身為青少年的母親與大峽谷州立大學（Grand Valley State University）政治學教授的蜜雪兒・米勒・亞當斯（Michelle Miller Adams）提出她的見解：

以下這份清單是我給當時即將進入大學的十八歲姪子的生日禮物，經過五年且姪子順利拿到學位之後，至少有二十位同事、朋友、以前的學生，提出我遺漏的部分，並給予回饋。

進課堂上課。除非你得了傳染病，否則請務必每一堂課都準時出現。長期缺席是我教課的學生表現差的原因之一，請瞭解自己並找到方法，如果你知道自己很難早起，就不要選早上的課。能夠自由安排選課是大學最棒的事情之一！別坐在最後面，我大致上能依據學生坐的位置來預測他或她的成績，通常躲在最後一排的成績相對低，我的猜測到目前為止都還蠻準的。

準時上課也會幫助你和教授建立關係，倘若你很少在課堂上出現，想要被注意也很難吧！而且上課對你的成績有幫助，我不是唯一一個只要你有來上課（而且不打瞌睡）就會給基本分的教授。如果某位學生的最後成績處於灰色地帶的被當邊緣，我會考慮他的出席率，要是他每堂課或幾乎都準時出席，我通常會把成績提高一點。

進課堂上課不只是為了讓教授留下好印象或是拿到好成績。我的同事和我都認為教室裡的互動是有價值的（那也是我們為什麼會出現，而且有備而來）。最後再附贈一個忠告：當你不能出席時，請不要問：「我是否錯過任何重要的部分？」沒錯，你的確錯過了很多。

自我介紹。找個理由到教授辦公室，而且一個學期至少要去個兩三次。拿著你的論文草稿請教授指導；成績下來之後，也可以拿著考卷或作業請教授給些改進的建議。你的教授會成為你之後的評鑑者、推薦人、甚至生活上的朋友，你會希望學期結束之後他們還記得你的名字。

有些教授可能看起來令人生畏或是不願意和人打交道，但是大部分進入教學領域的我們都是因為在意學生，而且樂意與學生互動。如果我們不認得你，就做不到以上這兩點。另外，也請和你的輔導老師打聲招呼，假使你對他或她的感覺不是很好，可以找另一位勝任的教職員來扮演此角色。我們的工作責任之一，就是幫助學生在選課或職業方向做出正確的選擇，同時引導你獲得取成功的資源。

最後，假使你的教授正要舉辦一場演講或表演，請出席，而且確認他或她會在現場看到你。假使你的教授為了參加研討會而取消上課，記得之後關切研討會的狀況如何。我們都是人，都喜歡受到矚目。再附贈一個有用的小點子：遇到教授或教學輔導老師時，請務必讓他們記住你的名字。每位教授多年來教過的學生不可計數，再加上我們的記憶力可能也大不如前，所以會很感謝你的幫助。

積極參與。上課前做好充分的準備，並提出具啟發性的問題或建設性的意見。不要當個隱形人，但也別太招搖——如果你老是第一個舉手回答問題，班上同學肯定不會喜歡你。還有，別怕和教授或是同學持不同意見，大多數教授都很歡迎學生提出辯論和新見解，只要你能夠提出證據證實你的論點。

上課時請關手機，也不要傳簡訊，因為我們都看得見。若需要寄電子郵件給我們，請有充分的理由並保持尊重（有位同事說：「除非課程綱要上已經寫得清清楚楚，否則沒有所謂的蠢問題。」）也別在信件一開頭直接說「嗨」，或直呼我們的名字，除非我們要求你這麼做。我們都在大學任教多年，值得你用「老師」這個稱呼。

自由探索。假使你還不知道大學畢業之後要做些什麼，請不要慌張，這四年就是你找出目標的機會。你畢業之後很可能會換好幾個工作，甚至嘗試不同的領域，所以重點是獲得你需要在這麼多工作與領域中用得到的技巧。雇主和研究生課程，都希望看到你具備批判性思考、溝通能力、邏輯分析技巧，這些在許多主修課程裡都會教到。

你的大學教學輔導老師或許希望你能盡快決定主修科目（和一些副修），但是這可能是個錯誤的做法。除非你已經非常確定自己的未來計畫，否則請先就通識課程的要求開始選課，或是先選兩堂你比較感興趣的課程領域，然後再決定你是否真的喜歡這項主修。我從來沒看過選擇多項主修或副修科目的學生得到很好的回饋，所以不要花太多時間選擇雇主或研究所入學委員會不在意的科目。

一旦決定了主修科目，盡量不要輕易再做改變，這麼做會延長你的畢業時間，學費和其他花費也會跟著增加。不如利用這些時間吸取經驗和技能，像是到國外遊學、學習外語、增進研究技巧或是進行複雜的研究項目等等。

成為團體的一員。盡可能利用校園內提供的優勢——像是社團、研習營、義工服務旅行、宗教團體，和其他適合你而你也感興趣的活動。盡可能在學期初（如果可以的話從第一個星期）就加入某個團體，一開學就會有很多的學生活動，這正是認識學長姊最好的機會。先試著參加所有你覺得有趣的活動，直到找到真正喜歡的。成為團體的一員不但能夠豐富經驗，也能學習在真實世界中的應對技巧與資源。

學一種外語或遊學。語言是學生進入職場之後最需要的能力之一，而跨文化經驗——像是曾經居住在其他國家，也是其中的一部分。在現實世界裡學習語言需要一筆昂貴的費用，何不好好利用包含在學費內的校內語言課程。

如果可能的話，試著申請國外的交換學生計畫，即使不是一整個學期，一個暑假或短期的幾個星期都可以。不要輕易放棄機會，先做好研究再確認自己有沒有辦法負擔其中的費用。許多大學都會設置交換學生的獎學金或補助——如果你選擇的地方很不尋常，甚至還可能全額免費（我的學生曾經申請到斯洛維尼亞、迦納、波蘭等國家，生活費幾乎跟在國內差不多）。

保持健康。不要忽視健康，攝取足夠的營養並保持充足的睡眠。若是生病了，就表示你沒辦法上課，也會錯過交作業的時間，甚至許多好玩的事。學校的育樂中心、健身房、瑜伽課程或球類運動，都是遇見新朋友並保持頭腦敏捷的好去處。請勿使用毒品或酗酒，更不要乘坐一邊開車一邊講電話、傳簡訊或酒後駕駛的人的車。車禍是大學生死亡率最高的頭號殺手。

進行安全的性愛！意外懷孕或是得到性傳染病，都會讓你和你的性伴侶中斷學業。

另外，每所大學都設有諮商中心，假使你對自己的心理健康有任何疑慮，請盡快與諮商師進行諮詢。

尋找資源。許多學校都有生涯或學業規劃建議、實習或海外研究經費補助、替教授進行研究計劃的工作機會、心理健康諮商與身障服務等，但是你必須知道自己的需求，才能夠善用這些資源。

在我任教的大學裡，設有專人幫助學生提出研究問題、分析研究數據、增進寫作技巧、確定合適的職業規劃、幫助你做面試準備、找實習機構、處理不歡而散的分手或是感情問題、追查難找的圖書資訊並幫助申請研究生的獎助學金，還有很多很多其他項目。所以請充分利用學校提供的各項資源，畢竟你已經繳了學費啊！

維持社交。如果你住在宿舍裡，請在大部分的時候都把門打開，試著交很多朋友。不要整天盯著手機，在校園內或進教室時抬頭看看周遭的人，和他們眼神交會。建立一個小型的讀書團體，分享想法、問題、筆記，這樣如果你不得不請假時，就有機會可以彌補。

我們之中有很多人都對自己在大學時沒有廣結人脈感到後悔，我們很容易就只和自己熟悉的室友或室友們混在一起，或者你不住在宿舍裡，也很少在校園中逗留，這可是個錯誤的決定。大學裡充滿了各種有趣的人，包括你自己在內，有些人甚至可能成為你一生的好朋友，或是重要的工作夥伴。打開心胸接納不同的人，就從常常進校園和加入社團開始吧！

享受獨立。大學是一個獨立成長的階段，把你的宿舍當成另一個家，讓自己感到舒服、自在。營造一個正向能量，讓你在其中培育自己的能力。並且和支持你的家人、朋友保持聯繫，當你需要安慰鼓勵的時候打個電話，不要擔心自己離開了家就和他們失去親密關係。充分利用每一天，我保證四年很快就會過去。

當個「平凡」孩子的喜悅

學業上的壓力有部分得怪我們父母，不在於孩子或是外在因素。我們看著昂首闊步列隊受到讚揚的高中孩子們時，心裡想著為什麼我們的孩子不在隊伍之中。當孩子出生時，我們都覺得自己的小孩肯定能出人頭地，他們也的確是——不過是以各自不同的方式，或許不包括學術上的傲人成績。即使孩子表現得不錯，但卻不是大家眼中的那種好，有時候這件事帶給父母的壓力比青少年本身還要大。

莎朗・格林塔爾（Sharon Greenthal），作家及兩位年輕人的母親，在此誠實回想起養育「普通學生」的過往：

養育我兒子的其中一個最大挑戰，就是接受他是一個缺乏動力的學生。儘管我和他爸試著不拿成績來定義孩子，特別是在高中時期，但是他的成績確實影響我們看待自己身為父母的表現。我們曾經懷疑自己當父母的能力，甚至質疑從小教養他的方式是不是哪裡做錯了？我們少做了什麼才沒辦法激勵他成功？

結果——真的沒有。我們用盡心機嘗試各種方法，但是能夠激勵他的從來都不是我們，只有他自己才做得到，他必須去找到自我激勵的方式。

在競爭激烈的高中裡，除了進階課程、成績優異排行榜、榮譽榜、當月優良學生、模擬考前五名、獎學金運動選手，還有各種獎項或讓學生脫穎而出的方式，所以很多父母覺得自己的孩子資質平庸是一個很嚴重的問題，甚至許多被誤導的父母還會感到尷尬或羞愧。他們很怕所謂的好大學，對平均成績只有C的孩子的入學申請表根本不屑一顧。

普通學生的父母——就像我一樣，瘋狂地擔心自己的孩子未來一事無成。但是我現在知道了，孩子在高中時的平均成績，並不代表他們到了大學，或是更重要的未來人生也會是這樣。

我兒子在高中只是個成績中等的學生，畢業時的總平均不到三分。他在高中時表現平平也是有原因的，除了有ADHD（注意力缺失過動症）外，就是嚴重的缺乏動力。他的父親和我用盡各種方法，想要激發他的聰明才智和對課業的興趣。我們曾經僱用一位在他高中教課的英文老師，因為他對我家大女兒的學業有超級強烈的啟發。但是當我每個星期偷偷在房門外偷聽他們上課時，我對兒子整個無趣的表現感到震驚，因為老師在解說兒子課堂必讀的小說時，真的很有趣。對擁有英語學位又對閱讀狂熱不已的我來說，兒子對文學的鄙棄讓我既傷心又驚恐。如果他不具備解讀深度寫作的能力，又怎麼能上大學，甚至畢業呢？

和我們狀況類似的父母，或許還有機會做出跟我們不同的處理方式，盡可能抑制想要鼓勵（迫使）孩子在高中表現得更好的衝動。因為許多青少年在高中時還不夠成熟，所以無法找到努力的動力。想逼他更努力的嘮叨或爭論，只會增加他對學習的倦怠與沮喪，也讓我和兒子及丈夫徒增無意義的壓力。

不過體育活動和比賽倒是兒子很感興趣的事。他爸和我都認為他在高中美式足球隊裡學到的人生課題——承諾、紀律、尊重與團隊合作，會對他之後的生活具有很大的價值。所以我們支持擔任進攻隊員的他和整個團隊，即使有時候覺得似乎應該讓他放棄練習，多花點時間在課業上，我們還是讓他繼續下去，因為我們知道能夠成為某件事情的某個部分，對他來說有多重要。成為自己高中美式足球隊的一員，讓他有一個專注的目標和意義，這是他在課業上無法得到的，我們也打從心裡知道不該剝奪它，事實證明我們是對的。

提到體育活動，我家兒子可是一個充滿熱忱與好奇的粉絲，除了賽事規則之外，他還想瞭解更多。他對於棒球和美式足球如數家珍，簡直就像個活動百科全書。他能分析並評論每一場美式足球賽，就像數學家解複雜方程式一樣。但這些體育資訊對他能有什麼好處？我和他爸也很想知道。我們希望他對體育的熱情，有一天也能轉變成在學術上的追求。

相信唯有進到入學許可屈指可數的菁英大學，才是成功的唯一道路，對將近九十五％的成績不足以錄取或是財力上不許可的高中生來說，不僅不可能，也是不實際的。更何況還有那麼多優秀的大學願意接收成績普通的學生，並為他們提供良好的成長經驗與教育，這也是上大學最棒的原因。

我家兒子很幸運地被其中一所大學錄取，他主修美國歷史，而且四年之後準時畢業。在大學四年的時間裡，他成功地找到合適的支持團體與諮詢教授，並不斷地成長茁壯。他的畢業論文是關於墨西哥棒球聯盟對美國體育的影響，這篇論文得到的B+的成績。他畢業時已經有兩個工作任聘的機會，一個是專科學校的美式足球隊經理兼進攻隊教練，另一個則是一家大型能源公司的公關部門。不過工作幾年之後，他決定重回學校，希望取得高中的教學資格。

我的兒子，一個成績一般的普通學生，即將成為一個很棒的老師，他也計畫成為高中的美式足球教練。他的夢想之一，是希望在高中開一堂美國體育與政治史的課。

他的高中總平均分數從來沒在工作面試時被提起過，也沒有這個必要。因為與高中平均成績相比，他有更多更重要的能力可以展現。

與最艱困的一年奮力一博

通往大學之路最困難的一年，就是十二年級。就在這一年，我們目睹脾氣溫和穩定的孩子開始變得暴躁不安，父母們也在這一年紛紛面臨潰堤。主要是因為在面對不斷地考試與申請大學的相關活動時，我們不知道會發生什麼事，或者不知道該提前做哪些計畫。

我們在這一年裡經歷很多事，也在過程中學習了很多。而我和先生的這段旅程，是在十年前就經歷過的，但是最近我們又再度開始了折磨人的一年。對父母和孩子們來說，這就像是學業的地獄之旅，父母與孩子皆心力交瘁。這是與時間賽跑的九個月，除了要顧及學業成績，還要做好各項課外活動、社會服務時數、特殊才藝的準備，還得找時間參觀各大學，研究各種不同的入學申請方式與考試，甚至教會他們開車。

這也是我們即將看到結局的時刻。原本模糊不清的前景變得更加清晰，我們幾乎可以感覺到兒子離家的那一天有多近。這是育兒之神送來的警告，提醒父母珍惜每一天，好好地去瞭解轉變中的孩子，更要做好放手讓他們獨立的準備。這個理智的理解，也將從此增加彼此在情感上的溫度。

每經歷一次這最艱困的一年，我們都從中獲取了一兩盞明燈，以下就是我們的澈悟：

1. 從暑假就要開始準備。假使孩子的數學和英文成績還不到標準，最好在十一年級和十二年級就開始補強。儘管他們在這時候可能尚未開竅，但是至少還能應付秋季開學後一連串的考試。無論你希望的成績標準是什麼，都讓他們從最簡單的教材開始練習，慢慢建立自信心。

對許多學生而言，十二年級是最具挑戰性的一年，如果學校能在一開學就做好學測的準備計畫，會對孩子非常有幫助。

2.和老師討論如何寫申請計畫。以我的家庭來說，這方面的最佳人選是一位很有經驗的高中英文老師。他會問孩子很多問題，幫助他們思考（像是：這是你想說的意思嗎？這個部分寫得不夠清楚。這裡是不是還可以加上更多細節，讓整個故事更生動？）但是他絕對不會替孩子下筆寫任何一個字。鼓勵你的孩子在十二年級時找到這麼一位老師（或是大學申請輔導老師，或孩子信賴的大人）。即使許多家長自己就是靠寫作維生，但只要一幫孩子修改計畫書的時候都常常不歡而散，找個不同的人來做這件事能減輕彼此的壓力。

3.不要急著參觀各大學。想要減輕青少年壓力的最簡單方法，就是在十二年級前禁止認真討論關於大學的話題與參觀學校。由於青少年的想法在這幾年裡可能會不斷改變，所以過早的討論只是浪費時間。如果孩子能專注在學習、活動以及考試的準備上，那麼等到真正開始需要認真考慮大學的選擇時，就會有很大的幫助。高中的學習不應該完全是為了考大學，如果只是把時間都花在如何考取大學上，反而浪費了一段寶貴的時間，也會失去很多人生體驗。父母們倒是可以在私底下先考慮自己的財務預算以及孩子的興趣，但是孩子在十二年級之前應該專注於高中生活。

4.進行自我探索。十二年級的學生們可以試著想像自己的大學生活會是什麼模樣，或是希望自己能在什麼樣的環境下學習、成長。雖然你的孩子可以從輔導者、其他學生或參觀學校時瞭解每間大學的特色，但是認識自己是一個非常有幫助的過程。孩子們可以自我探索的問題包括：

- 我喜歡什麼樣的學習方式？
- 我需要多和教職人員或老師們互動嗎？
- 我在大型校園裡會感到自在嗎？還是只和一部分特定的人相處比較快樂？
- 我喜歡大型體育學校的喧鬧氣氛嗎？還是這樣的場合令我感到格格不入？
- 我的家人負擔得起學費嗎？還是我需要申請獎學金或助學貸款？
- 我想離家多遠？還是希望能夠開車、騎機車或搭公車上下學？
- 我喜歡都會生活？郊區？或是鄉下學校？
- 我現在有什麼學術上或課外活動的興趣？或者在接下來四年可能感興趣的科目？哪一些學校最適合呢？

倘若學生能回答其中的幾個問題（不過他們的答案可能會隨著時間而改變），那麼和輔導老師討論的時候會更有效率與成效。

一旦到了下學期，參觀各大學校的旅程也將展開。這可能是一段歡樂或是痛苦的時刻，但絕對是你和孩子一起共度的時光。我們曾聽說有些父母和孩子在車上幾乎一句話也搭不上，這是青少年表達惱怒的方式。但其他父母卻能利用這段時間和孩子輕鬆地聊天，隨口談談他們畢業之後的夢想和計畫。

5.早一點請老師幫忙寫推薦信。寫推薦信的人選必須是孩子十一年級或十二年級的老師，有些大學會提早在十一月就開始接受報名，也就是說十二年級上學期最好就能準備好。而且時間愈緊迫，老師的時間或能幫忙的人數也就愈有限。提出要求時，也應該要有禮貌，並清楚表達需求。

6. 避免報名太多考試。新手高中生父母必須做好準備迎接大學入學考試帶來的海量新資訊。幫助你的青少年提前規劃好他們今年會在什麼時間、地點迎接即將到來的大考。當你的孩子要申請美國的大學時，他們很有可能必須迎接學術能力評估測驗（SAT，Scholastic Assessment Test）與學術能力評估預試（PSAT），以及不同單科專項的學術能力測驗、大學先修課程測驗（APs，Advanced Placement）、美國大學入學測驗（ACT，American College Testing）與美國大學入學測驗預試（PLAN）。與此同時，他們這一整年都還得到學校上課，並完成學校考試，盡量避免他們因過量的考試壓力而崩潰。

為考試做好規劃，使用學術能力評估預試和美國大學入學測驗預試的成績來調整閱讀進度，確保專科學術能力測驗（如果你的孩子需要的話，大多數人並不需要這個測驗）被安排在這一年度比較後期的時間點（大多數的專科考試是六月，而如果是大學先修課程測驗則可能會是五月），以盡可能在考試之前上完所有相關的課程。大學入學考試有無數種準備的方法，最好能夠依照你和孩子的時間及預算提前規劃（同時也要考量到哪一種方式對青少年來說是最有效的）。[6]

6 受新冠肺炎疫情影響，二〇二一年有近百所大學不再強制要求申請者提交SAT及ACT成績，申請者的自傳、學習歷程與讀書計畫相形之下更為重要。

盡量在暑假充分休息

面臨十二年級全面衝刺的一年之前的暑假，最重要的事是讓孩子好好休息。有些孩子可能會想體驗第一次打工的經驗，或是想和朋友玩晚一點。假使他們一天到晚補習，或是每天都得苦讀到很晚，很容易就會睡眠不足。若是十二年級一開始就已經筋疲力盡，只會讓這一年更加辛苦。

7. 父母們，請準備好好傾聽並提供安慰。父母在孩子十二年級這年最重要的工作，就是持續提供支持的力量與傾聽孩子想說的話。即使最穩重鎮定的青少年也會有遇到困難的時候，憤怒的吼叫或疲憊的眼淚也會出現。父母能做的，就是陪在他們身邊聆聽、安慰、提供建議，引領他們度過最艱苦的一年。

”

從最重要的事開始

在十二年級的第一個學期初，請找一兩個小時不會被打擾的時間，關掉手機（我們知道很難，但這非常重要）。你的青少年很快就會被埋沒在大學考試和入學的各項準備中，填報名表、寫自我介紹、參加各大學舉辦的說明會、與輔導老師會談、或許還要參加面試。在這些瘋狂的活動開跑之前，請先冷靜一下，拿出紙筆或電腦，和家中的青少年促膝長談。

仔細觀察你的孩子，找出對他來說最重要的是什麼。寫下他覺得在大學中希望體驗哪些重要的事。請從前面提過的自我探索問題中問起，然後把他的回應紀錄下來。他的答案或許會不斷地變化與發展，但是這份清單可以讓他在做最後的決定時參考，也可以是你們參觀大學時的關注重點，或用來做討論時的話題。這份清單雖然還不夠詳盡，但至少能夠讓父母和孩子開啟討論，找出更準確的目標與答案。

全新的親師關係

當孩子努力適應高中生活時，父母和老師之間的關係也和從前變得非常不同。我們不能再傳簡訊告訴老師為什麼孩子這次沒做或做了什麼事情——現在這得由孩子自己去解釋。這位老師是最瞭解家中青少年學業的一個人，但是我們可能在開學時的親師座談日見過一次面之後，就再也得不到任何聯繫或消息。雖然事情本來就是這樣，但是在沒有任何大問題產生前，我們還是可以從高中老師那裡瞭解或知道一些事情。蘿蕊．史卓頓和我們分享她的經驗：

身為三個年輕人的母親及資深高中英文老師，我很明白家長與老師之間維持密切聯繫的重要性，但是我也知道當我們試圖幫助青少年順利進入成年期時，這段關係有時候會顯得令人困惑。所以我列出了十五項高中老師真的希望學生父母們能夠知道的事，或許能夠幫助親師之間的溝通與瞭解。

1. 我很樂意收到家長的電子郵件，然而儘管我擁有大學的學歷和專業經驗，也自認是個教育專家，但是父母才是自己小孩的專家。而我也很想更瞭解我的學生，所以請隨時跟我分享孩子的事，這麼做或許可以讓我和學生的溝通更加順暢，也能在教學上得到更好的效果。

2. 我花很多時間規劃每一堂課和小考，倘若家長對於課堂上所教的某些部分存有疑慮，請隨時提出詢問。我很努力想要達到課程標準，也持續修正教學上的缺失，好讓學生覺得有趣並投入在學習當中。

3. 成績不像人們認為的那麼重要。在我身為老師與母親的經驗中，高中生活有很多部分比拿A的成績更重要，包括幫青少年發掘人生的興趣與熱情，教他們如何和其他人相處，學習為自己發聲，以及如何化解失望等，這些都是他們在高中時期可以學到與練習的基本技能。

4. 另一個相關的部分就是，如果你的孩子某一次考試考得不好或是作業搞砸了，真的沒關係。在擁有許多支持系統的高中階段體驗失敗，要比在大學時才發生好多了。學習接受失敗並繼續存活下來是一項關鍵的人生技能。我不會因此就放棄你的孩子，而幾次的壞成績也不該就此定義孩子的現在與未來。

5. 孩子在學校和家裡的表現不一樣是很正常的事。請記得，學校是青少年練習成為年輕人並適應新角色的地方，而你的青少年在家裡時，偶爾還是會希望被當成小孩看待。

6. 我關心你的孩子，但是我不會偏心。這也是我不想和家長討論其他學生的行為或成績的原因，不過我會非常願意針對你的孩子做討論。

7. 我不一定每次都會出作業，請不要緊張。研究顯示作業和學生的成就表現之間的關係其實並沒有定論，現在的學校和我們經驗中的很不一樣，那些測驗卷和參考書大多會被需要利用科技的小組作業給取代。

8. 請和孩子討論使用手機的禮儀，因為我每次都浪費太多上課時間請學生把手機收起來。也不要在上課時間傳簡訊或打電話給孩子，如果真的有緊急狀況，請先聯絡給學校單位。

9. 現今的青少年面臨龐大壓力，因此學習觀察壓力的跡象極為重要。試著回憶自己十六歲時的情況，很不容易對吧?而社群媒體也為孩子帶來更多壓力，那是我們從前未曾經歷過的。請讓家成為青少年抵擋全世界壓力的安全天堂，即使這代表著有時候你必須對課業、考試成績、或大學申請的話題避而不談。相信我，你的孩子知道自己必須面臨的挑戰，也時時被提醒著。但是，有時候他們只是想跟你一起相處，不去談關於未來的事。

10. 好大學的錄取率和獎學金的競爭非常激烈，青少年們也都知道，我相信像我一樣天天和青少年相處的人，也都看得出來這是他們主要的壓力來源。以我的經驗來看，大多數青少年無論是否上大學，都能擁有快樂與貢獻自己的能力。試著幫助青少年就現實的狀況，來衡量選擇大學與獎學金的可能性。

11. 協助孩子得到充足的睡眠。我每天看到的大部分孩子幾乎都睡眠不足，這不但影響他們的學習態度，甚至增加焦慮與憂鬱的傾向。請和孩子談談睡眠的重要性，試著成為他們的模範，保持健康的睡眠習慣。他們比你想像的還願意聽你說的話，也會觀察你怎麼做。

12. 那就只是頭髮，真的！而且還會繼續長出來。我看過各種髮型——剃光的、剪得很短很短的，染成粉紅色、綠色，甚至整個上髮膠豎起來的。這個年紀的學生想要嘗試不同的造型很正常，我保證不會以此來評斷他們的品德或打成績。

13. 當我讓學生自己選擇作文題目時，他們通常會選擇寫和家庭有關的題材內容，他們或許不曾告訴過你或讓你知道，不過孩子們其實非常珍惜與家人相處的時光。家庭傳統對他們也很重要，還有祖父母、寵物、全家一起度假、共同的嗜好、手足，甚至家裡發生的笑話等等。請試著和青少年相處，即使他們表現得很不想和你在一起。

14. 青少年有他們自己的語言，我指的不僅是粗話。當他們說「這種作業很白癡」的時候，其實指的是「我不知道該怎麼做，我怕自己不夠聰明。」當你開車載她參加活動時，她說：「我不想去，根本沒人想參加這種活動。」她真正想表達的可能是：「我怕那裡沒有我認識的人，這樣會很尷尬。」一旦你明白青少年真正想說的是什麼，你就能夠理解這些話背後隱藏的焦慮感。

15. 最後，我感到萬分榮幸能讓你信任我，我不會辜負你們的信任，能夠陪伴這些有趣又搞怪的青少年走在這條邁向成年期的路程，讓我覺得非常幸運。

幫助掙扎中的大一新鮮人

當我們滿懷喜悅地送孩子進入大學之後，即使最有能力的學生，有時候還是會發現自己面臨新環境裡的課業問題。大一新生這一年，是一些孩子課業撞牆，無法很快從高中轉換到大學教育模式的時候。本身是大峽谷州立大學教授也是父母的波利・狄文（Polly Diven）與蜜雪兒・米勒・亞當斯帶領我們如何引領孩子步上正軌：

高難度的考試過關了！參加了高中的畢業典禮，征服了大學入學面試，大學註冊完成，宿舍也都安排妥當。父母這時候總算可以鬆口氣，對吧？或許還得等一等。根據調查，全美幾乎有三分之一的學生第二年沒再回到學校繼續就學，雖然各州的人數或因學校等級而有所差異。但這個數據背後有幾個因素，課業挑戰是其中重要的一項。在大學第一學期就面臨難關的學生，可能退選，也可能被當，甚至選擇休學。這些學生該怎麼做才能幫助自己，而父母又能如何提供協助？

假使不明白失敗的原因，其實很難找到解決的方式。但在此之前還有另一項挑戰：你可能不知道孩子正面臨困難。美國聯邦隱私保護法使得父母——甚至是幫孩子繳學費的那些，除非得到學生的同意，否則無法知道孩子的成績。父母可能也不知道自己的孩子正在進行某方面的諮商、退了某一門課，或是正被留校察看（我們也發現自己大學裡即將面臨被退學危機的學生，都沒有告訴父母這件事）。無論你和孩子的關係有多親密，都不要指望他們會讓你知道。

然而你若不知道，又怎麼幫助他們呢？所以請和孩子保持溝通與聯繫。孩子必須感受到你想知道他們的大學生活，無論好的或是壞的。不妨詢問孩子是否願意讓你知道他們的成績，重點不在於監控，而是希望能在他們需要的時候提供幫助。

為什麼有些大一生無法通過考驗

許多大一的新鮮人從來沒經歷過課業上的困境或失敗，畢竟為了讓高中生順利畢業，很多學校的成績打得非常寬鬆。以美國二〇一六年來說，十二年級生的平均成績高達三．三八，而滿分是四，諸如此類的高中成績讓上了大學的學生和家長產生不切實際的期待。不過，雖然成績下降很正常，但是課業被當的情況比較不常見，也因此需要更多關切。

其中一個失敗的原因，是缺乏足夠的學術準備。面對大學更嚴峻的學術要求與考驗，學生們可能認為高中並未為他們做好準備。

根據我們的經驗，有些新生在入學時沒有做到幾個重要的調整。第一，大學不比高中，提供的引導或學習指導會少很多，所以學生們必須在課前做好閱讀的準備和複習。第二，雖然大學裡有很多各科考古題之類的考試指南，但是很少教授會利用課堂時間替學生複習或是提供重考的機會。

大學裡的每一個科目，通常一週會安排三到四個小時的課程時間，教授們也期待學生能夠每個星期花幾個小時自我複習（根據調查顯示，一門三學分的課，一個星期會上三個小時，而且大約需要兩到三個小時的課外複習時間）。某一年的夏季新生訓練中，我們發現一個女學生把所有的課都排在星期二和星期四，還很興奮地認為自己一個星期可以放五天假，而且很少在課堂以外的時間裡做複習與準備。

然而以上所提的這兩點，其實還不足以造成課業上的失敗。一般來說，大學生在第一個學期總會有幾門課的成績不太好，但是只要做些調整就能得到改善。不過如果學生選錯了大學或是不適合的科系，那麼他的成績可能會持續下滑。我們發現許多高中生往往在準備好之前就感受到選擇科系的壓力，大多數學生對於未來的專業發展其實也並非全面理解，他們的職涯規劃不外乎醫生、律師、護理師或老師。經過一年的洗禮之後，你的孩子可能會有新的選擇，像是策略分析師、供應鏈管理、人資管理或是城市規劃等。

有些專業科目確實需要孩子提早理解，以期在四年內順利畢業並拿到學位。對希望成為工程師或醫療專業人員的學生尤其如此。但是許多進入「STEM」領域（科學、科技、工程、數學）的學生在入門課程即遇到障礙，我們稱之為「除草」課。有些學生在這時候可能需要重新評估自己的生涯規劃，如果真的願意繼續致力於原本的選擇，就應該重修一些困難的課。不過若是對自己的主修科目感到疑惑，最好能在浪費太多時間和金錢之前，重新選擇一個新的方向。

另一個妨礙學習的挑戰，是學生花太多時間打工賺錢來繳學費。雖然很多學生都必須工作來負擔自己的費用，但是他們需要找到一個平衡點，讓自己既能夠賺到錢，又有足夠的時間完成作業。我們會鼓勵學生將大學課業也當成一份工作，並規劃出學習的時間。

有時候，問題可能出在這些年輕人第一次離家，無論在社交或情緒上都還未做好上大學的準備，所以常常做出錯誤的選擇。他們可能花太多時間參加派對、打電動或和朋友混在一起。這些錯誤的選擇有一些是大學長期以來的傳統，但若不懂得節制，學生們可能會發現自己因此處於學科被當的邊緣。

另外，像是憂鬱、焦慮、家庭壓力或藥物上癮等人生挑戰，都可能造成學業上的影響。通常這些學生會開始不來上課、不再交作業，然後好幾門或全部的課都不及格。這種類型的問題更令人擔憂，這樣的學生也需要專業的幫助來解決潛在的問題。

最後，也有可能是孩子所念的大學並不適合他或她的興趣或個性。性格內向、習慣小班教學的學生，如果進入大型的國立大學，可能會感到不知所措或無所適從。而從小就在大城市裡長大、接觸多元文化的孩子，如果到了鄉下的小型學校，可能也會覺得無聊或孤單。轉學到一所更適合孩子的學校並不如想像中的困難，或許也會帶來很大的轉機。讓我們感到驚訝的是父母們經常順從只有十七或十八歲的孩子，讓他們自己決定什麼才是對他們好的。而孩子的決定常常只是基於聽朋友說，或是大學招生單位打來的電話。建議父母盡可能參與研究每所大學的特點，並提前衡量是否適合孩子的特質。

如何幫助面臨困境的學生回到正軌

父母在青少年面臨大一的學業困境時，能夠幫助他們決定最好的應變方式。好消息是這方面的資源很多，有一些甚至在校外也能找得到。但壞消息是這一類的資源大多屬於概括性的臨時求助單位，而且必須仰賴學生自己去找到他們需要的特定幫助。然而你的孩子如果能在學期開始之前就瞭解這些資源的存在，或許就能避免一些新鮮人可能遭遇到的問題。

大多數的教授都很關心學生的未來，也願意指導他們如何專注在學術研究上，釐清文本不清楚的地方，或是引導他們找到其他資源。不過各大學的編制不同，這些協助可能來自於教授或是助教，有些可能也沒有學習小組的設置。

大學的主要資源多投入在學術研究和其他資源服務，雖然品質上有些差異，但幾乎每一所大學都會為學生提供諮詢與輔導（一對一的面對面諮詢或線上諮詢），也會針對身障生提供相同的服務。有些還有弱勢學生的協助計畫，大型學校也有針對退伍軍人或性平權部分設置服務系統。我們的大學則有專門幫助學生進行研究、使用圖書館資源、協助研究統計以及論文寫作中心的服務。

此外，還有些大學設有更密集的支持系統，來預防學生遭遇學業上的困境。校方在學生進入大學時若察覺某方面的不足，可能會要求或必須提早參加暑期或是特定的學科銜接課程。新鮮人體驗課程或是新生說明會一向很受歡迎，這些活動都是為了讓剛踏入校門的學生能夠彼此建立連結與凝聚力。

線上平台有許多寶貴的資源，像是可汗學院（Khan Academy）就提供許多線上練習的課程、教學影片以及個人評估等免費的學習指導。被稱為「慕課」（MOOC，Massiv Open Online Course）的大規模開放線上教學平台提供了高品質及免費的課程，能幫助學生自我加強與學習，目前規模最大的平台包括 Coursera、Udacity 和 edX。[7] 許多父母也發現學校的臉書會對於孩子面臨的問題提供寶貴的資源與建議。

對於那些遭遇到嚴重課業難題而退選的學生（只要他們明白經濟上可能的損失，包括失去獎助學金或學貸的資格），通常會比這門課被當掉好。有時候即使在截止日期之後也可以退選，只要加上遭遇健康狀況或是生命危險以至於影響學業的註記。教授們大多不喜歡學生遇到困難就選擇放棄，只有在非常特殊的情況下，我們才會答應。這時候如果能調整課表，結合具挑戰性的課和輕鬆一點的課，會是一個比較好的作法。更換主修科目或是少修幾門課，也是一種選擇。

透過調查，我們聽到許多父母認為自己的孩子——以及他們自己，都缺乏對自我興趣的瞭解，也不太清楚上大學的目的。幸好經過一段時間之後，這些孩子大多數都還是回到校園（有時候轉到其他學校），並順利畢業。隨著社會愈來愈強調大學學歷對未來求職的必要性，以至於許多學生上大學似乎只是因為社會期待。父母們需要聆聽孩子內心的想法，如果需要的話，

7 台灣有不少開放式線上教學平台與磨課師（MOOCs），國內各大學多設有開放式課程平台（Open Course Ware, OCW），亦有臺大與 Coursera 合作的 NTU MOOC，此外台灣開放式課程暨教育聯盟（Taiwan Open Course and Education Consortium, TOCEC）也有相關資源可供查詢。

允許他們休息一段時間，等待做好上大學的準備。如果在第一年就遇到挫折，會更增加之後的障礙。如果你和孩子能在大一這一年抱持正面的態度，這段前進的旅程會更輕鬆。

大學不一定是你該踏出的下一步

儘管我們全力在課業上為孩子做好上大學的準備，但是其實還有其他具有價值與意義的人生選擇。身為圖書館員、作家及四位孩子母親的梅麗莎・芬頓（Melissa Fenton），與兒子一起慶祝高中即將畢業的同時，歷經一段深思的過程：

上個星期是我就讀十二年級的兒子區域越野賽跑的賽前之夜，在這些男孩和女孩開始比賽之前，每個學校的每一位參與選手和父母站在一起，接受司儀的介紹，並感謝選手們的參賽。台下的觀眾給每一位十二年級生熱烈的掌聲，並祝福他們擁有美好的未來。

在一片祝福聲中，每個人都感覺到這些青少年即將迎向一片光明的前程！當台上的教練唸出每位選手的傲人成績與未來的大學計畫時，臉上閃著驕傲光芒的父母們緊握著自己兒子和女兒的手。

這些耀眼的未來計畫像是：約翰秋季即將進入哈佛大學，攻讀環境法；蘿拉獲得范德比大學（Vanderbilt）的全額獎學金，希望有一天成為心臟外科醫師；瑞秋明年將進入布朗大學，研讀數學和俄國文學的雙主修學位。

我微笑著和其他人一起替台上的父母們和孩子鼓掌，欽佩這些孩子的努力與成就。

接著，在一個又一個功成名就的孩子被介紹時，我突然發現自己的思緒飄向家裡需要做的一些瑣事。包括找水電工來修理長久以來一直出問題的淨水器。

然後，我驚覺到這四十多位聰穎傑出的年輕人當中，沒有一個選擇技術領域或非學術方面的職業生涯。一個都沒有！

沒有一個高三生自信地宣佈畢業之後，他會去當造磚或建築學徒。

沒有人說他們即將接受十八個月的電工培訓，然後取得正式的水電工執照。

沒有人說他們會上美容或按摩療法的學校。

沒有人驕傲地向前，說自己將成為牙醫助理，或是合格的護理師，或者取得托育中心人員的執照。

沒有人自信滿滿地說自己將從軍，成為機械工程師，或體能保健營養師。

除了進入大學就讀四年並取得成功人生之外，沒有其他學生分享不同的選擇，他們唯一的路，就是一腳踏進大學，成為大一新鮮人。

我們的年輕人是從什麼時候開始將大學視為成功的唯一之路？我想大概是我們開始將除了大學之外的那些選擇——職業學校、社區大學、軍校、技術學院等視為「失敗」者或是「做不到」的人的選項所導致。

或許也是從各個高中以升上大學為導向，輕忽了其他職業選擇課程所導致。

更可怕的是這種以「只為升上大學努力」的想法持續被大眾所接受，將來我們可能面臨勞力缺乏的問題。這也是為什麼在這個光榮成功之夜，我腦中只想著該去哪找水電工這件事。

如今還有高中真心為學生提供不同的未來選擇嗎？有哪間學校舉辦職業技術光榮之夜的？而且像大學之夜這麼熱情與激昂？

隨著台上眉飛色舞的口沫橫飛，我思考著身為父母（或教育者）的我們能做些什麼，來鼓勵並啟發孩子對未來的夢想，任何夢想都可以，特別是那些不適合進入大學的孩子。

我想起自己曾在圖書館幫一群十二年級生做英文輔導，當時的主題是職涯研究，並寫出自己對未來的計畫。在這一群未來的醫生、律師、財務分析師之中，有位女孩說：「老實說，我想上有調酒課的學校。我也知道你們會怎麼想，你們會說這個選擇很糟，妳可以做得更好。」

我接下來說的話，讓整群孩子都驚呆了。我說：「我覺得這是一個很棒的決定，因為妳可以學到一輩子都受用的技能，也很可能不怕找不到工作。這樣的工作也會很有彈性，如果妳願意的話，還可以晚上工作、白天繼續進修。而且用賺來的錢付學費，之後就不必背負學貸。如果這真的是妳所熱愛的，也能培養出很好的能力，那麼我會希望妳的夢想不要只想在酒吧裡當個調酒師，而是有一天能擁有自己的店。因為妳想想其他這些未來的醫生、律師、財務分析師下班之後會需要什麼？當然是來一杯酒啊！」

我在那女孩臉上看見從來沒有過的得意笑容，因為就在那個片刻，有人認同了她的夢想，而且讓這個夢想變得一點也不渺小或恥辱。

鼓勵高中生追求自己的人生夢想，特別是不怎麼被大眾青睞的那一些，是父母們需要支持與鼓勵的。況且，每個家裡終究都會需要個水電工，不是嗎？

該看成績還是不看

我們還在當高中生那時候，大概只有學期中和學期末的成績比較重要。直到學期結束、成績單寄到家裡或拿回家之前，我們的父母大抵都沈浸在對我們課業一無所知的幸福當中。當審判時刻來臨時，如果情況真的很糟，可能會引起一場短暫的大爆發（甚至禁足、挨打），但至少成績是寫在紙上。而且到了大學之後，很多父母幾乎不過問孩子的成績。

然而拜科技之賜，現在只要父母登入學校的電腦系統，就能夠隨時查看孩子的成績，不用等到孩子放學回來問，上面無論是小考、作業、月考、期中期末考，每一項都記錄得清清楚楚，有時候父母甚至比青少年自己還早知道。

我們詢問「成長與放飛」社群的家長們，這算是一件好事嗎？還有他們每個星期會上網查看幾次？許多父母回覆：「每個星期？你應該問每個小時看幾次吧？」這幾位父母可不是在開玩笑，其中一位解釋：「我曾經是這個症狀的重度患者，不過這麼做開始影響我和孩子之間的關係後，我已經努力改善了。」

到底父母該怎麼使用這項服務呢？答案就如同其他教養問題，端看每個家庭的做法。有些父母每個學期查看一次，以免學期末才發現出了意外，如果平均成績開始下滑時，則考慮是否該幫孩子找家教或是與老師詳談。其他父母會直接告訴孩子他們會每個星期或每隔兩個星期看一次成績，並提出交換條件，像是如果成績保持良好，週末就可以參加派對或到朋友家玩，希望藉此鼓勵孩子努力。許多父母都說他們從國三開始會比較頻繁地上網看孩子們的成績，確認他們能夠與高中接軌，如果孩子表現得不錯，會覺得很慶幸。有些父母甚至申請只要記錄變動，就將成績自動寄到信箱的方式。當我們詢問更多父母這個問題時，大致上分成兩派。很少或從來不上網查成績的父母，原因如下：

「我們曾經那麼做，但卻是個災難。老師不一定有時間立刻登錄成績（這是可理解的），但這讓我家兒子感到焦慮。然後還有一些不會被納入總成績的小考成績，也會造成困擾或不必要的煩躁。我想看不看得根據每個家庭和孩子的特定狀況，以我家來說，上網看成績會造成不必要的緊張與擔憂。」

「從來不看！不是我不夠關心，我只是覺得孩子的成績必須由他們自己負責。」

「不！不！不！絕對不要掉入無止盡的登入！我偶爾會上網看看孩子的成績，或許一學期三到四次，學校是歸孩子處理的，不是我。」

「我只有在收到郵件顯示成績是C或更低的時候，才會登入查看，然後提醒孩子注意。」

「我是為我自己好才不去看。我家女兒可以從手機上查看自己的成績，如果她週末想出遊或做其他事情的話，我會請她先查查自己的成績，確認所有的作業都交齊了才行。我讓她學習自我管理，這麼做不但減輕我的壓力，也減少了我們爭吵的次數。」

另一派，也就是經常上網查看孩子成績的父母，則認為：

「父母需要積極參與，這些青少年還在學習如何負責任，所以需要父母的引導，因此你需要知道他們發生了什麼事。再加上老師們也很感謝家長願意關心孩子的成長。如果你的孩子表現良好，可以給予嘉許和稱讚；如果有待加強，或許需要沒收手機一陣子。查看成績，絕對是讓孩子知道你關心他們的方式之一。」

「這是一定要的！高中成績對考大學太重要了，每一次的成績都不能馬虎，有時候還需要請家教或其他的課業協助。」

「沒錯，我們會看孩子的成績，只要成績一登錄，我們就會收到簡訊通知。第一個需要注意的是有沒有作業缺交，然後確認老師有沒有登記錯誤（曾經發生過），學校的事擺第一……因為我們的關心，所以我家孩子的功課都很好，作業都有按時交，也很注意自己的成績。」

還有一些父母持其他看法：

「我不再上網查看女兒的成績，我還是很關心，但是女兒自己很自律，也一直保持全A的成績，對我們也都誠實以告，什麼事情都會跟我們說，我可以看她的成績單和進度報告，她會告訴我們自己的看法，每天也會和我們分享課堂上或朋友之間的事。她現在已經是個十二年級生了，需要學習獨立。但是我的兒子還在念八年級，還不怎麼懂得自我負責，所以我每個月會上網查看幾次他的成績。我覺得上網查看成績沒有所謂的對或錯，也跟父母關不關心孩子沒關係，因為每個孩子都不一樣，所以需要的幫助也不同。」

雖然父母們對於上網監看孩子的成績持不同的看法，從次數多到幾乎強迫症到從來不看，也有許多父母因此與孩子產生短暫的衝突。但是潔西卡．雷西（Jessica Lahey），教育學家、母親以及《每一次挫折，都是成功的練習》的作者，提醒我們這其中存在著更大的議題：「讓父母能夠隨時上網查看孩子的成績是一種監控，就像如果你在孩子的手機裝置可以讓你二十四小時追蹤的定位軟體，你的孩子也知道他們被監視，這就是監控。我的意思並非父母絕對不能做這件事，而是需要非常謹慎考慮為什麼要這麼做，以及如何使用。因為如果你希望孩子具備內在動力，如果你希望孩子做功課是因為他們自己想做；或者，你希望孩子能主動誠實告知自己的去處，那麼不監視他們反而比較有機會實現上面這幾件事。研究顯示，受到嚴密控制的孩子反而更會對父母撒謊。我自己並不喜歡上網查看成績這件事，我認為它會影響親子之間的信任，也會破壞親師之間的關係，這是一種控制，不但會降低孩子的自主性，也會把我們搞瘋了！」

我們認為這是一個難解的育兒題，但我們還是比較支持不上網監看成績，除非必要時刻。為什麼呢？因為當孩子升上高中之後，我們逐漸將許多責任轉移到他們自己身上。在大多數情況下，這會是一個循序漸進的過程，也端看孩子的適應力。而在學業部分，國三的孩子就應該有能力管理自己的成績。我們表達了期待，也看到孩子的努力，這就是一個成功的過程，只要他們能夠持續努力，成績表現也能反應出努力的結果，上網監看成績就顯得不必要了。然而，倘若孩子的表現不理想，謊報成績，或是不願意努力嘗試，那麼監看成績就有其必要性。也就是說，如果孩子能夠勤勉、誠實，那麼我們就會視他們為成年人，不需要受到監控。

學術表現不僅僅只是孩子們從書本上學到了什麼，也不是考卷或作業成績。雖然大多數的我們無法也不應該幫助學生完成他們的學業，但是我們可以在許多方面幫助孩子做好準備，以面對大學裡更艱難的學業挑戰。其中一個關鍵就是讓他們擁有教授是他們的教育夥伴這個觀念。假使他們離家時已經懂得如何管理時間，知道自己在什麼狀況下學習得最好，也明白家庭價值與對教育上的期待，那麼他們就已經準備好了。

Chapter 6

申請大學

儘管還有其他不同的選擇與方向，大學還是大多數孩子的下一步，美國在二〇一八年就有七十%的高中畢業生進入大學就讀。我們兩個共有五個孩子已經從大學畢業或即將上大學，所以我們十分清楚申請大學的過程，有時候就像進入地雷區。

我（麗莎）還記得兒子們讀高二、高三時，我對大學的入學申請根本一竅不通，也不清楚哪一所大學適合他們，或者該用什麼標準來衡量或決定參觀和申請哪一所學校。我根本沒想到他們之後得面對堆積如山的考試，還有多到令人窒息的入學申請資料要準備。即便我自己就是個作家，但是想幫忙改自我介紹好難啊！可能是父母對孩子盲目的愛吧，我覺得他們都寫得很棒，雖然不一定都是這樣。

申請大學的過程是父母面臨的最大挑戰，而且就在我們即將開始與孩子分離的時刻。身為作者、老師以及三個孩子母親的嘉比・麥克里（Gabby McCree）解釋：「無奈的是我們被要求在充滿壓力、情緒（快樂和悲傷）與回想往日點滴之中，表現出最好也最重要的育兒能力。」這是一個很高的要求，這是我們需要將教養標準提升至 A 等級的情況，也是我們可能覺得自己力不從心的時刻。我們的孩子正尋求關於人生轉折、設定方向與目標的忠告，但我們可能無法給出太多的答案。

在大學申請的過程中，身為父母的我們可能需要放自己一馬，當孩子需要鼓勵、看法、指示或有人聆聽陪伴的時候，我們一定做得到。但是我們有時候也必須承認自己也有做不到或失敗、崩潰的一面，我們可能在臥室裡對著孩子尖叫、威脅著下最後通牒，那時他們很有可能在另一邊的房間裡戴著耳機聽音樂。

在這整個過程中最困難也是最重要的部分，就是試著對我們所遭遇的困境及挫折釋懷，包括孩子即將離家的感受，而試著讓孩子專心準備學測也是個難題。但你的焦慮是來自於明明報名申請的截止日期就快到了，你家孩子的資料卻尚未齊全？還是這個情緒來自於你覺得自己將要「失去」你的孩子？你真的認為高中輔導老師的落點分析不準，還是對即將面臨的空巢期感到恐慌？

容易覺得焦慮是正常的。除了金錢上的考量之外（一個或幾個孩子的大學費用著實驚人），申請入學的過成就像樂透一樣，我們完全無法控制結果。這些感覺會逐漸增強，很容易就會和家庭即將面臨變化的感受混淆，所以我們需要誠實面對自己，並試著不讓所有的情緒糾結在一起。

這個章節所談論的並非大學入學指南，那可是遠遠超出我們所能掌握的專業知識。我們只是希望藉由經歷過這些的父母和青少年的經驗談，以及專家們的意見，讓即將面臨相同考驗的父母能有一些心理準備。我們將提供一些個人的應對技巧，並與《紐約時報》專欄作家與大學校長一起擴大視野，討論更廣泛的入學前景。

容我們提醒：倘若你的孩子正處於九或十年級的階段，請仔細閱讀或隨意瀏覽接下來的章節，但是我們強烈建議在孩子升上十一年級之前，絕對不要將升大學的壓力強加在他們身上。

為何需要如此謹慎呢？因為我們的青少年需要活在當下，體驗並享受高中生活的學習樂趣與成長。提前思考大學的選擇，並把高中當成大學的跳板，不但會讓他們對未來備感壓力，也會錯失高中生活的成長體驗。別讓這樣的事發生，我們目睹孩子「錯過」高中生活，只因為家長們太專注於大學的結果。

如果這麼說還不足以說服你，想想你的孩子在十五歲到十八歲之間的改變，再想想你會因為太早關注這一部分而浪費的時間和金錢。說不定等你研究了所有機械工程科的學校之後，你的孩子突然宣布自己決定讀電腦科學。所以還是省下這些麻煩，等他們準備好再進行。

準備申請書

・留存紀錄

請青少年準備一個檔案夾（實體或電子檔皆可），來保留自己的相關文件。美國的高中只有四年，應該不會忘記自己參加過哪些活動或得過什麼榮譽獎項吧？但你會訝異他們忘得有多快。就算他或她每一件事都記得很清楚，集中在一起還是比較容易管理。

・出於正確的理由做選擇

若我說你的孩子絕對不應該僅僅為了大學申請而去做某件事，這麼說不但不切實際，也不是實話。雖然他們在整個高中階段無論是選課或是學習特定研究的決定，都會以升大學為考量點，但是他們還是需要做一些自己真正感興趣的事——大學也會希望是這樣。麻省理工學院的招生負責人斯圖・施密爾（Stu Schmill）告訴學生們：「假使你不能把這些寫在你的大學申請表上，你還是會這麼做嗎？如果答案是否定的，那麼你就不應該去做。」

我們希望自己早點知道的事

麗莎就讀的是一所加州的大型公立大學，只要平均成績達到標準，就幾乎能夠入學。她不需要寫任何自我介紹或附上推薦信。雖然當時並不確定自己是否能安全過關，但是她那時候只申請這家學校。瑪莉・戴爾就讀的公立學校更大型，只要看高中成績的排名就可以知道能不能自動入學。所以幾十年之後輪到我們自己的孩子上大學時，我們兩個幾乎對該怎麼申請這件事一無所知。

麗莎回想當時的狀況：

當我試著幫助兒子進行自己幾乎一無所知的大學申請流程時，我覺得簡直快要崩潰了！幫助他申請大學的經驗，讓我學到幾件事，最重要的就是我的不安來自於無知和恐懼。我不知道自己的兒子會想上哪一所學校，或是讀哪一個科系。我不確定他們能不能交到一生的摯友，不確定他們是不是很想（或不願意）離開家。我也不知道他們會如何面對被拒絕的痛苦，雖然我知道這些都是無可避免的事。

然而，最令人無法確定的，是我會如何適應他們的離家而去？

當孩子開始為了大學學測緊鑼密鼓地努力時，你會回想起自己上高中的情形。但是當學測那天真正來臨時，所有的事情即將在下一刻開啟。你會開始想像他或她的大學校園，接下來的生活情況會翻轉過來，你將變成孩子們的訪客。孩子們升上大學當然讓你感到驕傲和鬆了一口氣，也為他們感到無比的興奮，因為他們正朝著自己的目標前進。

但是，你的心裡也升起一股痛，真正的痛。

我們的忠告是把孩子的需求放在最前面，讓自己鎮定下來，想想他們的未來，然後享受當下的每一個片刻。所以，讓我們坐下來，再喝一杯咖啡，試著保持專注，（再次）思考該怎麼不讓自己抓狂或崩潰地搞定大學的入學申請流程。

以下提供我們學到的六個保持精神健全的基本方式：

1. 找一位朋友來幫忙。我的意思是真正的朋友，那種你能夠在他或她面前真情流露或慌亂的朋友，並確定是妳值得信任的人（如果他或她也正歷經同樣的過程或最近曾經歷過更好）。

一旦你找到這位朋友，不要再跟其他人討論這件事，互相比較不會讓你有所得，反而會讓你患得患失。我們都是人，需要互相分享，你和這位朋友將彼此支持、安慰，並一起慶祝。

2.維持愛意。隨著流程的開始，請你充滿愛意、好好地仔細看著孩子。他是個很棒的孩子，你非常愛他，愛到讓你不禁流下眼淚。請在腦海中搜尋你最深愛他的那個片刻，然後烙印在心中。這段過程總會有艱困的時刻（像是已經十一點五十八分了，離截止報名時間只剩下一百二十秒，但有人的報名表還沒寫完），這時候就是展現愛的時刻，如果不管用，也請至少嘗試看看，你會需要常常回想起深印在心中的那個片刻。或許現在聽起來可能讓你不以為然，但是在申請流程接近尾聲時，你會更愛這個孩子（希望她或他也有相同的感覺）。

3.關上耳朵。你養的不是整座城市的孩子，所以儘可能忽略其他孩子對大學的想法。比較不但是歡樂的小偷，也是焦慮的代名詞。這裡頭有太多謎團、太多未知，沒有人知道為什麼這個孩子被錄取，那個孩子是備取，或是根本沒被選上。假如你是十一年級或十二年級學生的家長，很容易就會陷入周遭一群討論大學入學的八卦當中。請關上耳朵，別讓自己跟著團團轉，這麼做只會帶來痛苦而已。

4.提前做計畫。關於申請大學這條漫漫長路裡，最具挑戰性的就是你的腦袋會像黃金鼠滾鐵圈一樣，一直轉一直轉，想著還有哪些事情孩子還沒做，還有哪些是你要做的。做一個電子表格或是登記在桌曆上，或任何可以讓應做事項與日期一目瞭然的方式。

和孩子一起規劃時間表，搜集他們認為最適合自己的大學的所有資料。這將是你一生中最好的機會，讓家中十七歲青少年學習成年人如何做出繁複且攸關人生變化的決定。我們會花時間評估每一種可能性，從專家或有直接經驗的人那裡得到訊息，最後再縮小選擇範圍，然後做出最適合自己的決定。

不要讓任何人對你指指點點，然後告訴你這是孩子的事，父母應該袖手旁觀，由他們自己做搜尋。首先，除非你家孩子的學費將由他自己全額負擔，否則這就是一個家庭決定。當然他們想讀的大學必須是他們選擇的，但是父母需要參與討論與確認。

此外，你不想讓大好的教育機會被白白錯過，你的孩子很可能被一些大學拒收，甚至不止一些。他們能多快將失望的沮喪拋在腦後，然後繼續迎接生命中的美好，有一部分取決於父母。申請大學的過程中，最重要的是如何面對做決定之後的後果與可能無法避免的失敗。父母可以透過這個機會讓孩子們感受成人是如何接受失望的結局，藉此展現真正美好與基本的正向教養。就讓他們痛一次，從中學習（教訓），然後再重新振作起來。

5. 拒絕回答每個問題。我真希望大兒子升上十一年級時，有人能夠跟我說：「你不需要回答任何人關於大學的問題，你的兒子也一樣。」能夠讓你減輕壓力的方式之一，就是減輕家中青少年的壓力。有些本著「好意」的成年人，會經常盤問十一年級或十二年級的年輕人：「你想上哪一所大學啊？都提早申請了嗎？有申請獎學金嗎？」等等的問題。他們會提到三十年前甚至更久以前的過時大學資訊，還會主動提供各種意見。我向你保證，這種事絕對會發生。沒有任何高中生需要承受這種額外的壓力，所以請向孩子解釋他們不需要回答別人關於申請大學的任何問題。你可以乾脆教他們怎麼回答，就說：「我和爸媽決定等有了確切的消息之後再來討論，我們現在都還在蒐集資料。」

6. 這將是一趟情緒的雲霄飛車之旅。你的孩子可能突然變成一個你幾乎不認識的人，他們可能變得多愁善感，說自己到時候會有多想念家裡的狗。或者變得像兩歲時那樣無理取鬧，動不動就心情不好，沒來由地發脾氣。他們就在這兩個情緒天平下搖擺不定，如果你沒事先做好心理準備，可能會讓你覺得自己已經失去了這個孩子，即使你們依然住在同一個屋簷下。

在這過程當中，沒有人能夠保護你遠離孩子的情緒風暴，但是你可以退後一步，在心裡重複著這一句有用的格言，告訴自己：「他們的行為很正常、很正常、很正常。」

這不是你的成績單

在孩子交出第一份申請表或是參觀第一間學校之前，最重要的是知道該怎麼選擇大學。接下來我們將分享一些專家們針對評估大學的最佳方法，以及一位大學校長給父母和孩子的明智建議。但是首先，讓我們打開天窗說亮話。

選擇大學，應該是找到一個讓你的孩子能夠成長、發光發熱的地方，就這樣。儘管事實上更複雜，它還包括很多需要考慮的地方，我們不能抱持著駝鳥心態，硬說只有這點需要在乎。我們想說的是，你應該先坦然面對這些事情、得到理解，之後再處理真正重要的部分。

遺憾的是，大學的入學結果常被視為父母在教養上的期末成績單，這個成績代表著你十八年來的努力與愛。如果我們只把大學四年視為人生的一部分，這還有點道理，但是人們卻常常把它像張車窗貼紙一樣，永遠黏在父母的額頭上。

從來沒人問麗莎是否養育了三個好男人、三個心地善良的兒子、或是三個守法的好公民。

只要知道了她（或任何父母）的孩子正值讀大學的年紀，每個人幾乎都會問孩子讀的是哪間學校。如果你質疑到底大學在大家心目中有多重要，不妨試試在大賣場拿一包單人床單組、一個鬧鐘、一個大型的塑膠滾輪收納箱、或一組電源延長線，要不了多久就會有個陌生人突然問你：「小孩要上大學啦？哪一間學校？」

而且好像每個人都是個大學通似地，爺爺奶奶們會分享半世紀前的大學經驗；朋友們會列舉他們家中孩子喜歡的學校，根本沒想到他的孩子跟你的孩子不一樣；然後當你錯誤地說出自己的孩子想要申請哪些學校時，你會面對三種反應：沈默、支支吾吾、或滔滔不絕，而這三種反應都會為你和孩子帶來不必要的社交壓力。

每個人都有自己的意見，但是大多數人的意見只是基於有限的個人經驗，所以這些意見基本上都可以不必太重視。重要的是：**你的孩子，他或她需要的是什麼，什麼樣的選擇對這個家最好。**

真的就是這麼簡單。

《紐約時報》專欄作家法蘭克・布魯尼（Frank Bruni）年輕時放棄耶魯大學轉而選擇北卡羅來納大學就讀，他在二〇一五年出版了一本讓父母安心的重要著作《不讀名校，人生更好》。布魯尼在書中引領讀者關注大學對人一生的影響，著實令人大開眼界。他談到大學的選擇如何被視為親職教養的評估，或是判斷青少年未來成就的價值基準，而非對孩子找到一所適合他成長的高等教育機構感到驕傲的心情。他解釋大學的搜尋與選擇如何超出合理的範圍，並且「被視為衡量一個年輕人價值的決定性指標，也是人生從此成就非凡或令人失望的預兆。勝利組或魯蛇組，全就此拍板定案。這是多麼殘酷的淘汰賽！」

在這本書裡面，布魯尼拆解了二十世紀對大學的執迷崇拜，重新輸入二十一世紀的新觀念，並列舉幾所帶領年輕人走向真正成功之路的偉大大學。問題是父母是否能夠擺脫孩子上哪所大學的社會壓力，這包含了兩個部分：孩子上哪一所大學真的那麼重要嗎？在以關心為名的過度迫使下，我們是否對孩子造成了傷害？

針對第一個部分的答案是：其實沒有我們想像的重要，但也不等於一點都不重要。父母之所以沈迷於載譽名校的迷思，不是因為他們認為沒有其他途徑可以實現孩子的夢想，而是因為他們相信在享負盛名的大學裡，更有可能讓孩子走向成功之路。他們之所以執著於某些大學的原因，也在於這些學校的確證明了它們能讓某些年輕人擁有光明的前程。

身為父母，我們其實並不那麼在意孩子上哪一所大學，但我們卻又如此近乎瘋狂地關切。我們是否因此傷害孩子？答案是肯定的。布魯尼解釋：「若申請大學的過程過於激烈與白熱化，甚至會讓孩子感到厭倦的地步，就會影響到他們的學業，也扭曲了學習的真正意義——絕對不是追求名校的光芒，而是在於思想的提煉，靈魂的修養，請讓我們專注於此。」

在《不讀名校，人生更好》這本書中，布魯尼讓我們稍微放下肩膀上的重擔，也解除一些父母的瘋狂行為。讓我們瘋狂的部分原因，是因為周圍的人也都這麼瘋狂。我們必須勇敢站出來，告訴自己：「我不會成為這個瘋狂思想的階下囚。」但只有少部分的父母做得到。儘管我們在學校和工作上累積了一生的經驗，讓我們從中悟出一個人只要有決心和努力，幾乎可以在任何地方得到任何成就與收穫，但我們卻忽視自己的領悟，讓恐懼掌控，認為：只要從某些學校畢業的人就擁有絕對的優勢。

布魯尼提出了令人省思的論點，無論孩子的人生帶領他們到哪個方向，無論他將來擁有多大的事業成就或個人快樂，他們會發現其中很大部分取決於自己的努力，而不是身為哪個學校的校友。布魯尼也提醒我們，「無論是專業上是否成功或是否過著美好的生活，大學都不具有壟斷權。」他非常大方地回答我們關於大學入學的問題，更提出我們在申請大學的過程中，應該具備一個非常重要的觀念：經驗的價值大於是否被錄取。

Q：我讀完您的書之後，覺得孩子上哪一所大學並沒有我想像中的那麼重要，但卻又不是全然無關。真正的危險似乎來自於父母關心或焦慮的程度，考慮到上大學的花費，或者更糟的是針對某一所大學的執念，若這股關心或焦慮滲透到家庭生活中，就會對親子關係造成很大的破壞。就因為父母的狹隘期望，造成孩子巨大的失敗機率，這樣公平嗎？

妳說的「沒有那麼重要，但卻又不是全然無關」正是我想傳達的概念。被一所菁英學校錄取，必須具備特定的資格：資優、高學測成績、體育冠軍、社區服務等等。你家孩子可能不具備這些特質，何苦為此輸掉他或她的自我價值認同？摒除那些抽象的期望，就能讓你的孩子擁有足夠的成功空間。

Q：你在書中提到，收到杜克大學或西北大學的錄取通知，就像「為那個學生至此的人生

做出判決。」你覺得對父母來說是否也是如此？至少對他們的育兒成績而言？因為大學的錄取一直被視為是父母的育兒成績單。

許多父母將大學的錄取與否視為一種對自我的教養反思，我說這句話完全沒有警告的意思，而是帶著同情的心。因為這些父母是社會文化的產物，這是他們從周遭得到的訊息。但是被史丹佛或杜克或西北大學錄取，絕對是值得拿出來炫耀的事，因為這幾間大學擁有崇高的社會地位。孩子們也會從父母身上感覺到這件事對爸爸媽媽來說有多重要。

Q：難道父母就不能渴望孩子在人生路上走得更容易一些，替他們爭取一點小小的優勢嗎？我們只不過想替孩子尋找一個成功的機會而已。

應該說父母最大的好意，是想盡可能在這個競爭激烈的世界裡給孩子最大的幫助，替他們爭取最大的安全網。而他們也有權利這麼做，因為那是屬於他們的責任與工作。而且父母們也確實認為一間著名且有社會關係的學校，能為他們的孩子帶來「幫助」與「安全網」。

這麼做，並不能說完全有錯。在許多狀況下，一間著名的大學的確佔有優勢。我的觀點是，如果孩子們太過於在乎這些優勢，或者反過來極力認定這樣的想法，進入大學之後以為將來的一切就此唾手可得，而沒有盡全力衝刺，反而會抵銷了原本的優勢，甚至在人生賽道上被逆轉。這就是過分相信名校所帶來的危險。

因為你認為只要錄取了就可以高枕無憂，而把學習經歷放在次要的選項。倘若你相信這樣的觀點，也採取同樣的行為，那麼你所謂的菁英名校並不會為你帶來任何的幫助，或是確保你有一帆風順的未來。

大學排名的危險性

大學排名的設計，根本就是用來混亂父母的詭計。真的！美國擁有上千所很棒的學校，而排名機制只針對幾個項目來定位一所大學的豐富性。所以別被排名騙了！首先，媒體上的排名不只一種，而且全都不一致，所以這些排名顯然都「不正確」。再來，通常知名的大學排名媒體，只不過是成立最久的，並不一定最有用。若你問我們的想法，我們的建議是儘量別去管排名。如果你不知道如何找出所有具備生物科技系所的學校，這些排名或許派得上用場，但是僅止於此，別受到排名的影響。

申請大學是一個過程，需要時間。這是一個非常重大的決定，但是也別有太大的壓力，因為每個人最後都會到他們該去的地方。給自己一點時間縮小選擇的範圍，最後就能做出決定。如果負擔得起，可以給自己多一點選擇。我個人不喜歡太早做決定，因為你可能還沒準備好。

——麥特，22歲

找出值得你在意的那件事

我們之所以在選擇大學時躊躇猶豫的原因之一，是因為我們都忘記每一位高中輔導老師和大學入學單位不斷提醒的，**選擇大學最重要的一點在於適合自己**。但這可能也會讓你搞不清楚。什麼樣才算適合自己？為什麼這點如此重要？我如何知道孩子找到了適合自己的學校？是社交上的適合呢？還是學術上的適合？或者是家境財力上？如同許多重要的問題，想找出答案並不容易。身為三個孩子的父親，以及美國俄亥俄州丹尼森大學（Denison University）校長的亞當·溫伯格（Adam Weinberg），為我們指引出幾盞明燈：

讓我們先從觀察開始。尋找一所大學的過程通常會受到家庭經濟的強烈影響，對很多家庭而言，選擇大學是人生中最重要的抉擇之一。因為他們認為大學的選擇，將會影響孩子在競爭激烈的就業市場上的收入潛力（因此，也包含了其他所有的一切），以及他們的一生。所以他們考量的宗旨在於價值。

我的第一盞明燈是：價值來自於適合。你的孩子可以在很多大學裡得到很好的教育，但如果不適合，就很難有好的結果，無論這間大學有多棒。

這是什麼意思呢？這一題不必猜，因為很多數據顯示一間大學需要具備的重要特質。學生需要選擇具備以下條件的大學：

- 導師制：這是決定大學經驗的特質之一。
- 學生的參與度：如果學生們能積極參與課外活動（體育方面、學生社團、藝術活動等），增進學習經驗，當然就更能夠增加成功的可能性。
- 學生與學生之間的交流：學生能夠從互相學習中獲益良多，他們需要和周圍都是因為正當理由進入就讀的同儕在一起，並以正確的方式互相砥礪、學習。

問題在於如何找到一所你的兒子或女兒能夠迅速融入，和師長建立密切的指導關係，持續參與課外活動好讓自己找到知心好友並建立良好的生活能力？

現在是時候與兒子或女兒認真對談，聊聊他們的個人發展，以及哪一種大學最適合。他們比較喜歡在大型演講廳裡上課，還是小型的團體教學？他們在大城市或是郊區的環境比較自在？和什麼樣的人在一起能讓他們成長？

除此之外，請確認費用問題。學校列出的費用項目可能不是那麼完整，請確定你了解一般來說這個學校的學生需要花幾年的時間才能畢業，通常是四年，但不少學生可能得花五到六年的時間（也多出一到兩年的學費）。還有，只要他們仍然在學，就可以繼續申請學貸嗎？

準大學生家庭常犯的錯誤之一，就是為了很小的學費差異來選擇學校。合不合適才最重要，如果不合適，卻為了學費比較便宜來做選擇，實在一點意義也沒有。不過，貸款或債務確實需要慎重考慮。我個人的觀念是假若這筆貸款是家庭能夠負擔的，選擇的大學也是適合的，那麼就值得為了孩子的教育付出。

大學排名經常讓家長誤以為必須根據排名來做選擇，這可是大錯特錯。個人與大學的合適度更加重要。

請選擇一所能讓你的兒子或女兒充滿熱忱的大學，假使你的兒子或女兒熱衷體育或藝術，那麼請選擇一所能夠滋養他們的興趣與才能的大學。這真的非常重要，千萬別選一所他們只能作壁上觀的大學，而是選一所可以讓他們進入校隊或樂團，能有機會出賽或演出的學校。

對於想要在科學領域方面發展的學生也是一樣，大學的科學教育價值來自於親自動手做實驗，所以請選擇一所在課程中能夠讓你進行實驗研究的大學。也要小心有些學校讓研究生在課堂上代替教授上課，或是不讓大學生進入實驗室的大學。

特別注意第一年的課程。從高中到大學的過渡期可能會遇到困難，選擇一所能提供這方面協助的大學。一旦學生與課程、教職員、朋友以及課外活動建立連結之後，一切就會上軌道。

注意大學的所在地。你會希望校園內充滿正能量，我還認為校園周圍的環境也很重要，最好也能有便利的交通。

再參觀一次校園。有些大學會特別選擇一天當作開放參觀日，如果可以的話別錯過這個機會。也可以讓孩子在大學附近逛個兩三天，感受一下整個氣氛，然後請他們跟著自己的直覺走。除了觀察之外，也問問孩子：覺得哪一所學校感覺比較自在？覺得哪一所學校比較適合？

> ”
> **聽聽真正瞭解的人怎麼說**
>
> 想要知道大學如何招生，最佳的人選應該是真的負責錄取學生的人。許多大學都有非常不錯的網站（到招生的那一個頁面），家長和學生可以在這裡發現各個學校對於錄取學生的標準。我們也瀏覽了其他不在選擇名單上的學校招生網站，並從中學到更多關於流程方面的事項，你也可以在網路上搜尋更多資訊。

由孩子自己決定

海倫．溫格斯知道選擇哪一所大學的決定權在兒子的身上，但是當申請流並不如預期中順利時，她發現很難控制自己不去干涉：

兒子升上十二年級之後，我盡量不發表自己的意見，因為我發誓不讓自己為了那些大學申請表失去理智。當然，說起來容易，要做到真的很難。

就在兒子遲交了他早就選擇好的大學申請資料之後，我們全都繃緊神經，等著他把其他六、七間想要申請的學校資料備齊。儘管我家兒子以前從來不曾遲交作業，儘管我對他有信心，認為發生上一次的事件之後，他會把剩下的準時提交，但我還是忍不住叮嚀、嘮叨、威脅，直到其他申請表都完成。那段日子絕對不是我人生的美好時刻，而且還不只一天。

之後，當所有的結果揭曉時，即使我們反覆自我提醒，選擇大學最重要的考量，是找到一間擁有適當學術與社交環境的學校；即使我們也鼓勵兒子不要考慮學校的名聲和排名，我還是忍不住想要他選擇最有聲望的菁英大學。事實上，我加諸在兒子身上的這股壓力，和我自己比較有關。由於我們之間的關係變得愈來愈緊張，我們開始透過簡訊溝通。對於我一再提醒他選擇排名比較高的學校，他的回答是：「我知道妳的人生經驗比我豐富，我也相信妳和爸爸一定都是為我著想，所以鼓勵我挑選那間你們認為最好的，而當你們認為我將做出錯誤決定時，唯一的反應是防止我踏出錯誤的那一步，這麼做也是合理的邏輯。我懂，也很感謝你們。但是你們有時候必須相信我也會為我自己著想，所以我必須自己做決定，並接受任何的後果。」

現在的我能看出這段話背後的智慧，但當時的我只看到他即將犯下我認為的人生大錯。

我繼續施壓，指責他完全照自己的感覺走，根本缺乏理性的分析就妄下決定。他回覆：「是的，我的決定有一部分的確是跟著我的感覺走，因為過去這兩個月來，我已經愛上即將成為某某大學的學生這件事。我完全被校園裡的人、氣氛、景色以及學校本身所吸引。」

事後看來，我自己也被情緒牽著鼻子走，所以又怎能怪他靠感覺做決定？

我不相信那句所謂孩子最後總會「到他們該去的地方」這句話，我認為只要孩子有韌性，無論到哪裡都能有很好的表現。我認為你需要信任他們能為自己做出正確的決定，也認為選擇大學得看適合不合適，而非排名或名聲。我更相信進了大學之後，你的表現與努力比進哪一所大學更為關鍵。

對於現在和去年的我處於相同位置的父母，請先做個深呼吸，然後盡可能試著在過程當中抑制你或妳的情緒。這是孩子的人生，所以這個決定和後果也是屬於他們的。這段過程和孩子的本質無關，也不該用來定義他或她這個人，更不能預測他們的將來是否能擁有成功的人生，無論你對成功的定義是什麼。

你的孩子上哪一所大學很重要，但是（這是個難解的習題）你永遠也不會知道如果上另外一所學校，事情會有什麼不一樣。所以，接受孩子的決定，並期盼他們能找到讓自己發揮才能，並在當中覓得一席之地的獨特大學。

在這充滿不確定性的過程當中，有一件事倒是很確定，那就是在你努力保持大腦清醒之前，你的十二年級生即將開始準備畢業了——希望如此。

無論是否準備好了

假設我們的孩子順利完成高中學業，也選定了就讀的大學，暑假過後我們即將送他或她啟程。孩子還小的時候，我們大略知道他們什麼時候開始學走路、學說話，或在不同年齡展現不同階段的閱讀能力。但是對於上大學這件事，我們卻以為孩子應該都像同一個模子出來的。有些十八歲青少年無論在學業、社交能力或是像成人般獨立生活方面，都還不夠成熟，或是能力仍不足，但我們卻完全沒考慮到這些問題。

身為父母，我們看著孩子經歷高中生活，也期待他們開始上大學或是和一群志同道合的朋友展開下一階段的人生。然而我們不只希望孩子上大學，還希望他們能在大學裡成長。而想在大學裡成功，代表你的青少年必須做好他的準備，而不是看他或她同年齡的人都準備好了。

在美國，只有五十八%的大一新鮮人在第二年回到同一個學校繼續升上大二就讀。倘若父母們想要確認孩子能否在大學裡蓬勃發展，首先必須確認他們準備好了沒。有些家長或許擔心從高中直接上大學這條路，可能不適合自己的孩子。所以我們蒐集了家長可能會考慮的幾個問題前去請教專家。

我們之前曾訪問過麗莎．達摩爾博士，從擔任心理學家並與青少年一起共度多年的經驗中，她提出我們不應該將大學錄取和準備好進大學這兩件事混在一起。她指出，「當學生因為第一學期搞得一團糟而出現在她的辦公室門口時，其實這些孩子通常從十二年級開始，或是更早之前，就表現出他們不適合大學生活的線索。」

父母們該如何分辨哪些高中生屬於一般學生，哪些高中生遇到麻煩，或者陷入了更深的困境，讓他們猶如一艘搖搖欲墜的太空船降落在大學校園裡？發現自己的孩子不適合上大學後，父母又應該做些什麼呢？以下這九個問題能幫助你瞭解孩子是否做好上大學的準備，也幫助你仔細思考一些能幫助他或她成功的關鍵點。

1. 誰是申請大學的人？（你是幫孩子從頭準備到尾的那個人嗎？）

知名大學顧問及許多本大學指南的作者霍華・葛林奈（Howard Greene）特別提醒父母注意自己是否過度關心，以至於在申請大學的整個過程中不停地催促孩子。當父母代替被動、拖延或甚至抗拒的孩子準備大學申請資料時，他們必須仔細想想這樣的孩子即使上了大學能夠心生熱忱，熱愛學習嗎？

2. 你的青少年能夠面對生活中的「困難」嗎？

青少年的情緒充滿起伏變化，他們在高中時通常需要面對學業、社交或是戀情上的挫折。他們也會有吹起勝利號角和意氣風發的時候，當然也有失望和猶疑。所有的這些都很正常，也是一種為成年生活做準備的方式。

達摩爾博士解釋，仔細觀察家中青少年面對挫折時的反應，能夠讓你稍微瞭解他們是否具備獨立生活的能力。當他們考試成績很糟時，會出去跑一跑還是用喝酒來發洩一下？被仰慕的人拒絕時，他們會用聽音樂還是吸毒來抒發情緒？遇到難題時，他們會向自己的父母傾訴並尋求幫助還是透過情緒爆發來解決問題？或甚至能夠不靠父母就能自己解決問題嗎？在高中時期無法獨立或有效解決挫折感的孩子，面對大學的環境可能讓他們更不堪負荷。

3. 你的青少年能夠照顧自己嗎？

自我照護是大學生活的基本必備能力之一，這項能力包含廣泛，從睡眠、飲食、體能到自我控制能力都是。達摩爾博士建議，父母們可以從生活當中衡量家中青少年在這些部分的自理能力。還需要被催促上床睡覺、對於身體需要的營養一無所知，或是對毒品、酒精毫無抗拒能力，甚至容易分心的高中生，到了大學一樣會有同樣的問題產生。想想看，你的孩子能夠自己預約掛號，並且照顧自己的身體健康嗎？或者主動向老師提出問題？如果他們現在仍無法在實際生活上自我管理，他們可能還需要更多的時間。

4. 你的青少年能夠做好時間管理嗎？

雖然理論上，我們應該給予高中生更多時間與學習上的自主管理，但在現實中，他們的生活還是很制式化。進入大學之後，他們會有很多自由時間，能夠自己彈性安排活動，這對他們而言也是一項新的重大挑戰。

這些方面的成熟度，有部分取決於發展中的青少年大腦，所以那些在高中時經常遲交作業，同時有許多功課時不知道該先做哪件好，或是面對比較長期性的作業手足無措的學生，上大學之後的壓力會更大。如果父母需要不斷地提醒家中青少年交作業或其他生活上的責任，就必須瞭解自己的孩子可能還沒辦法做到自我管理的責任。

5. 你的青少年知道何時該求助，也知道如何求助嗎？

孩子仍住在家裡時，父母很容易看出孩子需要去醫院，或是建議他們向老師求助。不過孩子進入大學之後，他們必須自己決定什麼時候該看醫生或尋求心理諮商，或是學業上的協助。因此尚未學會評估問題並尋求正確幫助的青少年，可能會讓自己陷入困境。

史基德摩爾學院（Skidmore College）的學生事務與健康中心副院長茱莉亞・羅伯特（Julia Routbort）博士強調，大一新鮮人需要在高中時期顯現出他們能夠從失敗中學習，並且重新振作，遇到挫折時也不會崩潰的能力。她指出，進了大學之後，學生能夠發現自己遇上了（學業、情緒或其他）麻煩，評估嚴重性，有能力在校園中尋求幫助，這是非常重要的一點。

6. 你的青少年能不能為自己的錯誤決定負責，並從中學習？

青少年會犯錯，他們的大腦對於判斷能力仍在發展當中，對衝動的控制能力也是。達摩爾博士提出判斷青少年是否準備離家獨立生活的其中一個徵兆，不在於他不會犯錯，或是偶爾失誤（這個標準太高了），而是當他們做出不當行為或是錯誤判斷後，是否能夠負起責任，並在未來做出改進。

青少年比成年人更有能力做出快速的轉變，達摩爾博士強調。所以如果你發現自己威脅家中青少年說：「如果你再那麼做，明年就別想回去念大學！」不要感到絕望，因為許多青少年會因此而收斂自己，並學習改變自己的行為。然而即便你說出如此威脅的話，但是他們的行為還是沒有改變，這才是值得注意與擔憂的時候。

7. 你的青少年沒和家人在一起時也能做好自我管理嗎？

不是每一個青少年都有機會和家人分離，但是如果你的孩子參加營隊、旅行或是在打工的場所能夠管好自己的行為，這就是一個令人振奮的徵兆，代表他已經準備好了。

8. 你的青少年能夠評估危險嗎？大學是危險行為的高風險時期。青少年和年輕人需要經常評估自己行為的危險性，當青少年做出和性行為、毒品或酒精相關的決定時，他們能夠思考這些行為的連帶影響嗎？達摩爾博士建議如果青少年能有這種成熟度，就會從問：「我被逮到的機會有多大？」到更重要的問題：「如果我這麼做會出什麼問題？」

9.上大學是一份無可比擬的（珍貴）禮物，你的青少年能夠把握住這份禮物嗎？你真的會讓他們自己做決定嗎？

羅伯特發現有些剛上大學的孩子，本身幾乎就已經有些問題。但是大學沒有立場去質疑或是提出疑慮。因為做出決定的人是學生的父母，所以後果也就得由父母而非學生來承擔。

雖然高中畢業之後花點時間工作、旅行和成長，仍然不是主流，但許多專家建議讓高中生畢業之後先花一年的時間做點其他事情，能夠讓青少年的成熟度產生顯著的影響。羅伯特認為一年的「自主學習」能讓孩子學習自己做計畫、實現計劃，並學會照顧自己，這樣的經驗絕對比大學一年來得更有價值。

葛林奈也指出，大部分的大學會讓學生選擇延後一年就學，讓他們花點時間讓自己做好準備。他發現父母們非常擔心孩子想延遲一年入學的想法，憂慮孩子可能就此不會再回到校園。在他的經驗裡，結果並非如此。經過在真實世界工作過幾年之後，大多數青少年比之前更渴望回到大學就讀，而且也做好了準備。

就算專家也可能覺得自己像個生手

潔西卡・雷西（Jessica Lahey）是《每一次挫折，都是成功的練習》的作者，這本書旨在引導父母放手，讓孩子遭遇失敗，好讓他們從中學習獨立，並邁向成功。她向全國各地的家長與老師宣導她的理念，並談到過度教養的危機。這本書成為暢銷書時，正是她的兒子升上高三，也是雷西發現真實世界與研究之間的落差的時候。請閱讀她的故事，然後讓自己放輕鬆一點：

我的教養法則一直都是冷靜、冷酷、記取教訓的路線，我是那種提醒讀者要讓孩子失敗的教養作家，教養不是一時的，必須能夠持續，而中學時的失敗將會讓孩子成功進入醫學院。我的教養法則造就了一本暢銷書和一連串馬不停蹄的演講邀約，我撰寫的文章更獲得各界的好評，因為冷靜、冷酷、讓孩子得到教訓的教養方式，聽起來非常吸引人，也很合理。

然後就在這一年，我的兒子開始搜尋大學資料，我的教養法則似乎派上了用場。

幾年前就有些年紀比我大一點，比我更有智慧一點的家長們警告過我，他們的孩子成功地成長並離家開始大學生活。他們生動描述申請大學的過程，那些焦慮、截止日期、花費、恐慌以及壓力。我都聽進去了，也以為自己很理解。

但是當大學申請開始如火如荼地展開之後，我變得缺乏理性思考能力，更忘了自己給其他父母的忠告。

我的大兒子班，是我的第一個小孩，我的寶貝，現在十八歲，算是法律上的成年人。他可以參戰、選舉、如果愚蠢至極的話還可以買菸呢！有位護理師對我說，因為他已經十八歲了，所以我不必再替他簽任何醫療協議，拔智齒的時候也不必陪他一起去。不過他有時候總會需要一個人幫忙開車，所以我成了他的指定駕駛。除此之外，班是一個鎮定又順從的小孩，我每天都很享受跟他在一起的時光。

我的重點是，班不再需要我，包括申請大學這件事。他根據自己的興趣和能力研究各個學校，然後列出選擇。他自己做計畫、考了該考的試，然後準備參觀和面試的流程。我的工作是當他的啦啦隊，跟著去參觀旅行，還有試著不讓他覺得尷尬。

就這麼簡單，但我還是徹頭徹尾地搞砸了。我挑剔他看起來一般般的自我介紹，即使我知道他其實寫得不錯。我挑剔不是因為我覺得這麼做會對他有幫助，而是因為這麼做讓我覺得好過一點。我不斷逼班申請他不喜歡的學校，不是因為他們適合他，而是適合我。所以當參觀學校的行程開始時，我發誓自己一定要表現得更好。

第一間大學：天啊！我做了什麼？

我們先到招生辦公室拿資料，然後在一個美麗的春天早晨開始遊覽參觀，當時是才剛融雪的天氣。

由於是第一間大學，我們都顯得緊張兮兮，也各有各的原因。班迫不及待地想要上大學，想像自己的大學生活；我則是個情緒包，為了即將失去我的寶貝而傷感，揣想著他會成為什麼樣的男人。但我沒告訴班，這第一所大學是我以前夢想的學校。

那天早晨，我試著壓抑想透過自己的孩子來彌補過去懊悔的衝動，手握著咖啡，安靜地坐在招生辦公室後面的座椅上。

在那一個小時裡，我出奇地安靜，但是當學生代表介紹我們的導覽人員時，我發現他是我以前的學生，是一個我很喜歡的孩子。

我試著保持鎮定，真的！但是看到以前的學生長這麼大了，而且還能一邊背對著路走一邊導覽，實在覺得很驕傲。我一路上不停地問問題，還刻意指出他和班的共同點。

我向班發誓，下一次我會改進。

第二間大學：有完沒完？

實際上，我的確表現得比參觀第一所大學時還要好。不過班不讓我把這間學校算在內，因為我們沒聽完整個導覽行程。

當導覽的學生說完她許許多多的學術成就以及個人的成功例子，還有更多更多申請可能被錄取的幸運原因之後，班和我極有默契地想偷偷逃走。班不想讓導覽的學生發現我們跑掉了，所以我們故意走在隊伍的最後面，就在整個隊伍轉彎參觀宿舍時才找到個好機會。

我們一直等到導覽員的聲音離得很遠之後，才繞到另一座建築後面，還得穿過一個垃圾集中站才能走到我們的車子旁邊。我很確定沒人發現我們不見了。

第三間大學：太糟糕了！

我認為自己只是不想讓班受到干擾。

遺憾的是我所謂讓他不受干擾的方式，是透過現場發推特來娛樂自己。我覺得好玩極了，但是班說我顯然應該在參觀新圖書館時發出「哇啊！」的讚嘆聲時，刻意玩起手機來，他認為這樣實在「太糟糕了！」

由於班的下一個面試在兩個星期以後，所以讓我有一點時間檢討自己的行為，試著找出讓自己不要製造兒子麻煩的方法。

我可能在參觀時漏東落西的，但是每一分鐘我都很享受。我當然得眼睜睜看著兒子被學校拒絕、懷疑自己、甚至飽受壓力，但是我也看著他重新找到自信、自我認同以及自我的價值。當一大疊大學簡介在他的書桌上堆得高高的時候，也代表著一切的可能性、冒險以及選擇。

這一段段漫長的車程，以及在路邊小店用餐的時光，讓我彷彿回到我一直懷念曾經與他為伴的童年：漫無目的的聊天，說說平常忙碌生活中不會提及的一些小事。我在班開車時，偷偷凝視著他的臉，想要找出從前那個孩子的模樣，也驚嘆他即將成為什麼樣的男人。

在下一次的路途上，我會有很多事情需要思考，足夠讓我在整段旅途中有事可做，免得惹麻煩。當班在這個世界上尋找自己的一席之地時，我感覺到自己在他生命中扮演的角色有了另一個新的轉折，這對我們來說都是一個未知，但是我很感謝我們兩個能夠一起展開探索。

關於大學申請的兩件事，第一：考慮所有的選項，不要受限於你可能會喜歡，或是簡介上看起來最棒的學校。第二：慶祝所有被錄取的每一個片刻。我在打工時收到目前就讀學校的錄取通知，然後打電話回家宣布這個消息。當時我們，包括我自己在內，都不是非常興奮，因為我還在等首選學校的通知。這件事讓我覺得有點遺憾，因為我沒有「慶祝」那個片刻。當我決定來到這間學校時，比較像是「好吧，就是這間」，而不是「我等不及要實現夢想！」然而，從另一個角度來看，經過所有的苦苦等待和焦慮，我覺得自己在這個學校獲得的經驗，可能到其他學校也差不多。你的成功來自於如何適應一個新環境，並讓自己在其中受到滋養與成長。你能從找到相互支持的同伴以及累積與挑戰的經驗讓自己發光發熱，無論你在任何地方。喔，對了，記得去上課！

——阿曼達，19歲

當結果不是太好時

被拒絕的感覺糟透了！如果被家中青少年喜愛也期待加入的大學拒絕，更是難受。大學輔導老師、父母或朋友們，一定都會勸人不必太在意。他們會說招生辦公室收到的入學申請太多了，以至於許多合乎資格的學生也會被淘汰。但是那種痛苦還是存在，被大學拒絕的感覺是非常個人的痛。

我們詢問幾位專家，如何讓青少年盡快從失望中振作起來，以下是他們的建議：

感受痛苦。專家們建議青少年（我們認為包括父母也是）花一點時間來感受悲傷，我們全都失望過，我們知道這份痛苦會隨著時間慢慢淡化、消失。准許青少年和你自己在一段短時間內感到難過，哀悼青少年失去的，也不可能得到的，然後準備繼續向前。

試著找出這當中有多少是你（父母）的情緒。令人難以置信的是，我們經常比孩子們更失望，因為我們對孩子的生活存有一份夢想。然而現實生活卻即將帶著你的青少年走向另一條你不曾預想的路，不過我們都夠成熟地知道，這或許是一條更好的路。

當拒絕信寄到時，不要質疑你或孩子的決定。不要折磨自己。父母都希望自己的孩子得到最好的，現在當然也一樣，只不過父母也該明白，我們很難知道哪一所大學才是「最好的」。最好的大學是能讓孩子悠遊其中，發現自己的才能，能夠交到醫生的知己好友，並探索每一個機會，很多學校都具備這些條件。如果父母能夠盡快接受事實，他們的青少年也就能愈快重新振作。說的的確比實際去做得還容易，但是青少年如何看待自己即將進入的大學，會和他們父母的接受程度有關。

知道很多人也有相同的結局。安慰孩子不要太在意被學校拒絕，聽起來像是句陳腔濫調，但事實確實如此。大多數的招生委員會並不認識你的小孩，他或她對他們來說只是一連串的事實、幾百個自我介紹的字和一些推薦。代表你的孩子的只是一張紙，即便大多數招生人員皆盡全力做到最好，但還是很難做到十全十美。

許多大學拒絕五十%、六十%、七十%、八十%、甚至九十%以上的入學申請，任何被自己喜歡的學校拒絕的青少年，其實有很多很多。《華爾街日報》曾經寫道：「曾被大學拒絕的包括諾貝爾獎得主、億萬富翁慈善家、大學校長、憲政學者、暢銷書作家和其他業界領袖，更包括音樂家和藝術家。」令人痛苦的是，你也可能有機會成為其中之一。

幫助孩子（不要火上加油）。傳奇的股神華倫·巴菲特曾經形容自己被哈佛商業學院拒於門外，是他人生中的關鍵時刻。他後來就讀哥倫比亞商學院，並和教授合作，也造就他成為投資家，建立了非凡的人生。當哈佛送出這個壞消息時，巴菲特當時最恐懼的是什麼呢？讓他的父親失望。被拒絕很受傷，但是被自己的父母拒絕或讓他們失望，會讓這個傷更痛、更深。巴菲特形容自己鬆了一口氣，是因為父親對他展現「無條件的愛……無條件的信任我。」

被大學拒絕或許是孩子最好的「學習」時刻。以成人的角度來看，孩子可能會覺得自己遭遇了挫折，但是父母們知道，青少年或許在這個時刻覺得從今以後只要永遠不冒險、不嘗試，就不會遇到挫折、失望甚至失敗。所以父母們可以幫助他們學習重新振作。

搜尋其他的選項。收到被拒絕的消息之後，我們該回過頭來仔細看看那些錄取青少年的學校。重新考慮之後，或許你們會發現另一個選擇也許更具吸引力。你可以透過參觀學校、和該校的教授或招生辦公室人員交流或問問題，如果可能的話甚至在當地過一夜，也可以問問該校學生的感覺。雖然你的孩子可能覺得自己非常確定如果進了「那間別再提」學校想要念的科系，也深信他和那間學校會是個完美的組合，但事實上，80％以上的學生後來都有過想要轉系的考慮。你的孩子或許必須接受另一間不同學校、讀不同的科系，但或許對他來說，也可能會是最適合的。

讓孩子享受被喜愛的感覺。許多錄取你的孩子的學校，會想盡辦法希望他或她來就讀。他們會透過電子郵件或以信件的方式寄很多資料，甚至特別在週末舉辦校園開放日，希望錄取的學生能來校園裡逛一逛，甚至決定來報到。被接受是一件很美好的事，或許當孩子認真思考或參觀錄取他的學校之後，可能會發現自己深受吸引呢！

避開社群媒體。現在該是遠離社群媒體的時候，別看臉書、關閉Snapchat。社群媒體永遠都在，但是在此刻這個可能被學校錄取／拒絕／備取的時候，或許遠離社群媒體會是個明智之舉。社群媒體是讓人炫耀的地方，很少人會在此宣布自己被拒絕。等到你的孩子做出決定，找到新的愛校之後，才能安全地重回捨群媒體。

記得有轉校這個選項。提醒自己，很少有什麼是一成不變的。假使青少年最後就讀到自己第二順位的學校，但還是希望進另一間學校，大多數學校都會收轉學生。但是請記住一點。有些學校收轉學生的門檻更高，所以基本上孩子需要準備更具說服力的表現。

詢問目前就讀該校的學長和他們父母的意見。有時候大學招生的過程就像是個人的地域，但實際上，很多人都跟著你在這個地獄裡面。所以當你和家中青少年受到被拒絕的痛苦折磨時，不妨找之前也有過同樣經驗但目前生活多采多姿的學生聊聊。沒有什麼比親耳聽到大學生說自己也曾被心目中的學校拒絕，但現在一點也不想離開正在就讀的大學更鼓舞人心了。

不知道接下來會發生什麼事也沒關係。我們可以無止盡地猜測為什麼有些人進了某間學校，有些人被拒絕。為什麼看起來表現幾乎一樣的學生（或者被拒絕的學生比錄取的看起來更符合資格），只有其中一個被錄取呢？這真是個無解的問題，即便你花好幾個小時猜測、分析，也永遠得不到答案。被二流學校拒絕，卻被菁英學校錄取的故事比比皆是，這是宇宙的奧妙之一，所以最好就是搖搖頭，然後放下執念。一再鑽牛角尖，只會讓你和青少年被禁錮在原地，無法向前邁進。

瞭解到這就是成年的一部分。對許多父母來說，被大學拒絕是孩子第一次真正感受到成人世界的失望，而我們也都知道接下來還有更多類似的事。但是如果你的孩子能夠好好處理，容許自己短暫地沮喪，然後重新振作，回過頭看看自己還有哪些選擇，把握那些其他的機會，我們大可鬆一口氣，因為我們知道自己已經為孩子做好了準備。

正如同《如何養出一個成年人》的作者，同時也是史丹佛大學新生部門主任的茱莉・李斯寇特－漢姆斯（Julie Lythcott-Haims）所說：「無論你喜不喜歡，不被需要、失望、痛苦的事都會從孩提時候開始出現在生活當中。父母的心裡都希望保護孩子，但事實上我們做不到。我們需要做的，是幫助他們學習如何面對困難、勇往直前，換句話說，就是幫他們儲存挫折忍受力。挫折忍受力是一生的能力，也是讓孩子在生命中繼續前進的禮物。挫折忍受力愈好的孩子，就愈能面對與處理接下來發生的難題（沒錯，接下來還會遇到很多的困難）。」

◆◆◆

這個章節以如此沮喪的結論結束，我們深感歉意，不過在現實生活當中，帶學申請的結局大多不錯。大部分的孩子會很快地喜歡上自己的學校，即使不是他們原本夢想的那一間。

讓我們再次提醒：父母們會聽到許多像是「這是孩子的選擇，不是你的」這樣的話，因為他們認為即將成年的孩子應該自己負責管理自己的事，父母應該選擇放手。然而大學的入學申請並非一兩天或一個星期的事，而是延續一整年；而且是發生在青少年最驚人的大腦發展階段。你的十六歲孩子可能無法有效地做計劃、或是提早參觀學校；但是你的十八歲孩子可能一點問題都沒有。

我（麗莎）認為教養孩子是一段長期的過程，我們把孩子的人生責任一點一點放回到他們的手中。父母一開始掌控了所有的權力，然後在十多年之後把這個權力還回去。你的孩子通常在申請大學時只有一次的機會，而且在接下來的六到十二個月之間可能會學到受用一生的技能。我不介意幫孩子做一些簡單的文書處理，因為有些事情孩子們可以做得很好，有些事情則給我機會教他們之前還用不上的生活技能。

我想說的是，**幫助孩子通常就僅僅意味著協助，就像我們也會幫助其他我們在乎的人一樣。**所以不要害怕在你們的關係會在這個過程中失衡，只需要確定是孩子自己選擇要進大學，並在申請過程中保持主動積極。身為父母的我們，當然可以在孩子壓力爆鍋時伸出援手。

Chapter 7

分離與放手

兒子出生一星期後的星期天早晨，我（麗莎）的先生轉頭看著我說：「真不敢相信再五十一個星期以後，他就要過兩歲生日了！」

經過一連串的情緒漩渦——對新生兒著了迷又筋疲力竭，我不禁懷疑這究竟是怎麼一回事。然後我突然意識到他話裡的意思：我的兒子不過才七天大，我們就已經感到時光飛逝。即使在那時候，我也應該知道：養兒育女永遠都是要放手的，我們要為孩子做好沒有父母們同行時的準備。而且就從第一天開始。

有時候我們會自欺欺人地陷入育兒的迷霧森林裡，以為我們永遠都會在一起。但是沒有人如此。當我們度過如蝸牛爬行般漫長的國中時期之後，顯然我們和孩子待在同一個屋簷下——我每天煩你、你每天煩我的日子，已經屈指可數。然後，有一天我們突然驚覺只剩下幾個月，接著又突然變成幾個星期。

我們成立「成長與放飛」的原因是因為我們很難放手，有些父母可以做得很好，他們知道下一步該怎麼做，大學、接著是工作或從軍，對孩子來說都是美好的階段，他們對孩子的成長感到驕傲。他們知道單單讓孩子進入下一個人生階段，就表示父母一定做對了很多事。他們為了能放手而感到喜悅，認為人生就是一段段自然生成的美妙節奏，而孩子們正一段段地經歷著。但有些父母對於分離充滿焦慮，他們在送孩子進宿舍的回程中，忍不住把車停在路邊，哭紅了雙眼。即使經過好幾個星期的哀傷過後，還是無法走入孩子的房間。他們非常想念孩子，所以常常盯著手機，希望能收到孩子傳來的任何訊息。這並非是在針對任何人。

倘若我們能夠瞭解傷痛背後的原因，是不是就能好好處理這些情緒？就能夠盡快走出家人四處分散的傷感？送孩子進宿舍顯然只是分離場景的其中之一，因為我們以前就經歷過第一天送孩子上幼兒園後接著去上班的時候，我們在孩子的成長過程中也一直經歷分離，但是這一次卻意外地那麼令人痛苦。

沒有什麼比我參加小兒子高中畢業典禮之後，開車回家時更能感受到即將離別的傷痛。就像每位在典禮現場的家長一樣，我為孩子感到無比的驕傲，同時也參雜了一些悔恨。雖然距離他離家還有幾個月或好幾個禮拜的時間，但是經驗告訴我，一旦他跨過了那個階段，一旦他拿到了高中畢業證書，就會開始漸漸離我們而去。我家大兒子讓我經歷了第一次，當時的我很懷疑自己該如何繼續過正常的生活。輪到二兒子時，我試著自我安撫，也明白接下來會有多痛苦——事實上也是如此。現在是第三次，也是最後一次了，我已經可以控制自己的情緒，完完全全明白孩子往人生道路前進時的感覺。然而，那種痛依然如此劇烈。

因為與孩子分離而感到痛苦的父母經常受到斥責，大家認為這些父母應該為孩子的成就感到驕傲，難道他們不知道緊黏著青少年不放，不但沒有益處，反而有害嗎？

我為自己的脆弱感到愧疚不已，我竟然是那種孩子一離家就流淚，每天都在想著他的母親。我曾經嚴厲譴責自己太依附著兒子，也告訴自己上百遍這是關於他們、不是關於我的事，我甚至認為如果說再見如此之難，那麼一定是我的生活哪裡出了錯，或是缺少了什麼。

總而言之，我不斷地揣想——為什麼他們的離家會讓我這麼痛苦。

如同養兒育女的許多方面一樣，這件事的答案其實很簡單。為什麼孩子離開家——上幼兒園、中學、大學或是開始過他們自己的生活，會讓我們如此難過的原因，是因為我們會對他們的瞭解愈來愈少。

我永遠不會愛任何人像愛我的兒子那麼深，所以他們的事我當然要知道得愈多愈好，不是嗎？如果他們在我的生活中消失，我的生活當然也會跟著變得黯淡。這些愛從他們第一次呼吸到新鮮空氣之前就已經開始累積，他們讓我的世界更開闊——我的身材也是。成為母親，讓我得以用非常不同的眼光看待人性，讓我成為一個更好的人。

倘若你問這個世界上我最瞭解的人是誰，我的兒子們一定排第一名。我從他們還是小嬰兒時就知道他們的生活作息，我知道吃什麼能讓他們的身體更健康，什麼能滋養他們的思想與心靈。儘管兒子們可能不以為然，但是有時候我覺得自己這個當媽的比他們自己還要更瞭解他們。當他們還小的時候，無論說什麼都幾乎逃不過我的耳朵。但是到了中學時，他們開始變得謹慎小心，開始變得不願意分享他們的世界和想法。到了高中呢？我不確定有哪個高中生願意或覺得應該告訴父母每一件事。所以，親子間的高牆就這麼自然築起，我們也預期到自己對孩子的瞭解會愈來愈少。然後有一天，他們就離開了家。那天早上他們像過去幾千個早晨一樣醒來，但到了夜晚，他們已經走了。

「這就像參加營隊一樣。」我如此告訴自己（我顯然有無限的自欺能力）。然而幾個月之後，我無法再繼續假裝了，我不得不面對現實，與孩子上大學就代表他們離開家的事實搏鬥。

空巢期的痛苦，在某種程度上是渴望著孩子們在家時的喜悅，那種充滿著我們對孩子的愛的幸福感。但還是有真正的痛苦，這種痛苦來自於明白孩子和我們分開生活後，無論我們有多親密，無論我們多麼常保持連繫，我們對孩子的瞭解只會愈少。他們的經歷會一年比一年多，但是我們只能從照片或話語中得知，而他們每一年也都會有我們未曾聽聞的經歷。

雖然我對孩子們知道得愈來愈少，但是我對他們愛絲毫未減。儘管我想知道的也不是什麼大事，只不過像是他們吃過西班牙海鮮飯嗎？昨天晚上和誰一起用功？是感冒了或者只是過敏？今天下午有沒有運動還是不管身材去吃了起士漢堡？他們的一些教授和朋友我從來沒見過也不認識。我試著從他們寄來的零星片段中得到滿足：一張他們覺得有趣或奇妙的照片，隨意發來的簡訊，或是偶爾打來告知近況的電話。他們生活現在都是屬於他們自己的了。

但是有件事還是一樣：每一件和他們有關的事我都想知道。我發現自己對他們從來不覺得無聊，仍然對他們的幸福健康感到擔憂。他們或許不再像從前那樣每件事都對我說，但是我從來不厭倦聽他們說。

所以我為什麼那麼難放手？不是我還想抓著他們不放，想扮演像從前一樣的角色，不是我需要他們需要我。只因為我毫無理由地深愛著這三個人，比我自己知道的愛得更多、更深刻，我只是不想從此變得愈來愈陌生。

我們想對你說

大一即將展開前的那一個暑假，也是我們準備送孩子上大學的那一個夏天，我們忙得團團轉，一下子畢業典禮、一下子買住宿需要的東西，然後是打包、搬家。家裡的青少年也試著在離家前，抓緊時間和朋友聚聚。即使他們依然住在家中，但感覺上他們早已經搬出去了，可能是暑假打工必須早早出門，或是和朋友出去很晚才回家。然而身為父母的職責永遠都必須展望未來，為孩子進入人生的下一個階段做好準備。所以上大學前的這個暑假，也是展開對話、談論人生真正重要事情的時候。我們指的不是教孩子自己洗衣服或選課，而是幫助他們面對即將到來的挑戰。

談談上大學的重要性

雖然我們都預期孩子會上大學，但那並未減少這個階段的重要性。所以我們應該提醒青少年他們有多幸運，能有這麼好的機會。因為如果不是現在這個時間點、這個地方，他們很可能必須去工作或甚至上戰場。這時候也該讓孩子知道大學裡提供了演講、音樂會、田徑運動和許多課程，真的是一個很棒的地方。倘若他們把四年的時間浪費在玩電動遊戲、喝個爛醉或上網購物，將會是很可悲的一件事。

談談不當性行為

無論孩子的性別或性向，和他們談談何謂不當性行為，為什麼會發生，以及發生之後該怎麼做。談談如何做對的事，如何成為一個真正的朋友，在對方需要的時候提供幫助，以及漫不經心的行為可能帶來的情感、身體以及法律上的後果。告訴他們真正的親密關係是建立在對彼此的感覺上，以及我們為什麼會如此珍惜與重視。讓他們明白所謂同意的意思，以及如何確保雙方都同意。這個對話需要嚴肅以待，而且不能簡短帶過，或是用隱喻的方式。這個對話會涉及一些非常不舒服的話題，或許不是一個晚上就能講清楚，也許需要一段時間。如果需要的話，請先做好心理準備，然後再和孩子坐下來談。

談談心理健康

我們需要告訴孩子家族裡是否有任何身心健康上的病史，他們需要知道精神疾病的徵兆來衡量自己的健康狀況。大學階段是壓力爆表的時候，也是情緒和精神症狀可能顯現的時候。大一新鮮人需要知道自己或朋友何時需要求助，以及如何得到幫助。

談談畢業之後的計畫。才十八歲的青少年可能很難想像自己二十二歲時的狀況，不過還是問問無妨。在大學即將畢業之前，他們希望自己完成了什麼事？後悔錯過了什麼？或許可以請他們列出大學的願望清單，倒著順序看，可能會讓他們更清楚自己的未來。

談談你的期望

大學是人生的一個新階段，因此可能也會有新的期望。不要等到你誤解了孩子的期望，等到你覺得失望，或他們覺得自己陷入困境時才明白彼此的期待。假若你對孩子的成績、認真程度或其他方面的大學生活有所期待，請說清楚、講明白。例如麗莎對孩子的期望之一，就是希望他們能夠多參與校內活動，所以整個下午待在宿舍裡追劇並不符合她替孩子繳學費的目的。她的期待一定都會實現嗎？不至於。但是當衝突產生時，孩子就沒藉口說他們不知道。

談談照顧其他人

大學裡總會有壞事發生，希望這些不幸事件不外乎是電腦壞了、上課遲到或是喝醉酒之類的。但是無論這些壞消息是否事關重大，大學也是我們學習如何當一個真正的朋友。在上大學之前，為我們伸出援手的是家人；上了大學之後，我們的好朋友感覺就像家人一樣。現在是告訴孩子當朋友需要的時候陪在他或她的身邊，並對朋友寬容的重要性。

談談睡眠習慣

麗莎的孩子上大學前，她每天晚上都得催著他們上床睡覺。儘管這個方式不是太好，但至少無論孩子願不願意，他們每天都能睡滿八個小時。由於這個方式並非長期的可行之計，所以在孩子上大學前讓他們知道睡眠不足會造成大腦、身體以及情緒上的影響，就變得非常重要。她甚至可以舉幾個孩子完全把她的話當耳邊風，然後得到教訓的例子……不過至少當情況開始變得更糟糕之前，這些孩子能夠知道事出的原因。睡眠就像是靈丹妙藥，它可以減輕許多疾病（這句話我們的孩子應該聽過很多次了），但是睡眠問題的討論其實事關自我照顧以及個人責任的更大議題，即使父母應該很早就教孩子這些，但是等他們離家之後，才是真正的考驗。

放手的重要

學習如何放手會受到許多因素的影響，就從我們自己的經驗開始。離開父母獨立生活既興奮又有一點恐懼，現在輪到我們自己當父母候，才更清楚看出當時該做了什麼，沒做了什麼。當我們帶著孩子入學，心裡也湧現自己第一天上大學的樣子。我們認識的人之中，沒有人比艾利森・史萊德・泰特（Allison Slater Tate）更喜歡大學生活，她是位作家、新聞記者以及四個孩子的媽。當她的兒子開始準備申請大學時，她當然也希望兒子能有一樣的經驗。但是這一次對她和兒子來說會有不同的感受，她也摘下充滿美好回憶的有色眼光，體會離別真正的感覺：

黑暗的旅館房間裡，熨燙得硬挺的棉質床單刮著我的皮膚，我感到一陣涼意。安裝在窗戶下的冷氣機引擎聲，蓋過了街道上偶爾傳來的喧鬧。我媽蜷縮在雙人房裡的另一張床上，我看不到她的臉。她明天早晨就要回到離這裡好幾千英哩遠的佛羅里達家中，而我將走回有著六〇年代棕色磚牆的宿舍，和我才剛認識的室友住在同一個房間裡，並和來自世界各地的陌生人共用一間盥洗室。宿舍裡沒有空調，所以也別奢望有涼風來緩和九月紐澤西州像羊毛毯般燜熱的氣候。

我和我媽最後一天都在開箱，確認該寄到的東西都已安全抵達。我父母幫我在銀行開了一個帳戶，我的錢包裡現在除了一張嶄新的橘色學生證之外，還有一張信用卡。我的雙人加大床墊包裹著宜家家居買來的藍綠色被單，書桌上還有一張去年和高中同學合拍的照片。知道我對這裡的冬天會有多冷完全沒概念的爸爸，特別在他離家之前替我買了一件法蘭絨格子外套和一雙棕色的靴子。我懷疑他之後應該還會寄來一直掛在我衣櫃裡的那件海軍藍風衣外套。

我把所有的家當都塞進床底下的幾個塑膠收納箱裡，除此之外，我還有一個木製衣櫥。室友和我有一張大三生做的木頭製上下舖，但這床做得實在太糟糕，只要她一打噴嚏，我的床就會搖來擺去。我還有一個三餐的用餐計畫，也知道醫務室在哪裡，到大賣場也不會迷路。基本上，我已經做好了準備。

我連想都不用想就決定和我媽在旅館共度一夜，畢竟這裡和我那幾公尺遠的悶熱宿舍比起來，簡直像是奢華的皇宮。我穿著超大T恤和格子四角褲躺在床上——別問我為什麼這麼穿，九〇年代的年輕人都穿這樣，腦子裡卻轉個不停。此時感覺上就像一個重要的片刻。我知道一到早上，我和我媽不會有太多時間說再見或交談，我還有別的事，也要去找負責大一新鮮人的助教。所以這時候，就像是我真正當我媽孩子的最後一個片刻。

現在的我也成為了母親，我知道我媽為了那天晚上，已經準備了十八年。我在那昏暗的旅館房間裡，突然感到呼吸不過來的恐慌，因為我發現明天一早我們在鋪著翠綠色地毯和有著木頭雕花的旅館大廳擁抱說再見之後，我和她還有我爸就此分隔兩地，我必須一個人勇敢起來，找到自己未來的人生方向。我會睡在她幫我鋪的床單上，穿上我爸幫我買的格子外套，但是我永遠都不再屬於他們了。

在我們筋疲力竭地睡著之前，我想問我媽其他我需要知道的事……所有的事。我想告訴她住在隔壁的曲棍球球員長得很可愛，住校的那些人只跟他們自己那一堆人聊天，我就像個鄉下土包子。我想跟她說我想了一下，或許上大學之後我會想喝酒。我很少喝酒，所以一想到自己可能喝醉就怕得要死。但是現在似乎必須要會喝酒，就像需要我的哲學課本一樣。

「媽？」我還沒想清楚就脫口而出。「這裡的每個人都喝酒，我大概也會跟著喝一點，免得無法融入。」我摒住呼吸。

我媽（嚴正地）對我說，我不需要喝酒。她說我可以手上拿著一杯啤酒，別人不會發現我沒喝。我可以從她的聲音裡感受到一點點擔憂，彷彿她試著說服的不只是我，還有她自己。她其實並未說服我，但我沒讓她知道。接下來我們什麼也沒再說，當我們漸漸入睡時，兩張床之間的距離似乎又離得更遠一點了。

前幾個月的大學生活並不容易，我的室友有個比我們年長幾歲，既聰明又受歡迎的姊姊，比我不知道酷上多少倍。面對她讓我有種被威脅的感覺，同時還帶著困惑與敬畏，不過我覺得室友對我的感覺應該剛好相反。我們兩個得花好幾個月的時間來互相瞭解和變熟。我也被校園裡的男孩（真的很不成熟的那種）和男人迷住了，我根本沒什麼約會的經驗，也對自己談情說愛的能力毫無自信，我覺得自己突然就像是每個人身邊的那個小跟班妹妹，穿著過高的高跟鞋，努力地試著走好。

我決定在第一個學期選修法文課——顯然是個糟糕的點子。當天氣漸漸變冷後，我這個在佛羅里達土生土長的人在雪地上跌了好幾次跤。少了爸媽告訴我該吃什麼或什麼時候該上床睡覺，我整天幾乎都以美式沙其馬加上香草優格冰淇淋以及學校在休息時間提供的貝果果腹。我每天經常凌晨四、五點才睡，只因為沒人管。

到了一月時我生病了——非常嚴重，因為我沒及時去醫院看病，所以後來在醫院裡待了一個星期，甚至在病床上寫基礎心理學的期末考卷，也獨自在醫院的躺椅上看比爾．柯林頓的就職典禮。身後的哥德式玻璃窗外堆了一層厚厚的積雪，我的父母則在離我一千英哩外。

我暗戀過好幾次，然後心碎了不只一次。我曾經照我媽說的，手握著啤酒好幾十次，但最後，我喝了！我隨著肉捲（Meat Loaf）、說謊專家（Spin Doctors）、和金髮美女（Blondie）的旋律在昏暗的小酒館裡起舞。

我坐在圖書館裡，兩眼瞪著在書頁中游移的文字，壓力大到快撐不住，我當然什麼事都做不好。我學會了怎麼寫藝術報告，還為法文課在宿舍烤箱烤了一個不像聖誕木頭蛋糕的蛋糕。

我從沒洗過床單，每天都睡在棉被上。寂寞的時候，我覺得自己被孤立，感覺很受傷。我有時候會說錯話，或是自私得讓其他人感到受傷。

實際上，大學四年裡充滿了第一次和最後一次，做過正確的決定和判斷力，但有時候也會做出非常糟糕的事。我在大學裡，經歷人生中的第一次考試不及格；第一次喝了太多酒之後，從屋簷上跳到一堆我以為是雪結果卻是冰的地上。或許我媽說服我不要喝酒是對的。我和男孩發生性行為，在新年除夕夜冒著大雨到時代廣場。我通宵未睡，和朋友吵架，寫了幾篇從沒看書的讀書報告，還翹課。好幾次第二天宿醉到痛苦得宣布：「我再也不喝酒了！」

不過，我也在這四年中認識了一生的好朋友，他們會扛著我——有時候就像字面上的意思，愛我，永遠信任我。這些好友在我的結婚典禮上站在我的身旁，握著我第一個孩子的手，說他是最美的嬰兒。其中和我發生過關係的一個男孩，最後成為我的靈魂伴侶，我的男朋友，我的丈夫，也是我四個孩子的父親。他理解我、懂我，無論如何都會愛著我。

我知道了該怎麼照顧自己，如何為自己發聲，如何在錯誤中糾正自己。也學習如何勇敢地面對挫折。我學會問自己：「為什麼不是我？」

而當這一切發生的時候，我的父母都不在我身邊。他們會幫我買沙發床和電話卡，替我付停車費和法文家教的費用，還有將近一百萬杯上面灑滿巧克力碎片的優格冰淇淋。我每個星期打好幾次電話給我媽，傾訴我對任何事情和幾乎每一個人的沮喪。不過除了少數幾次搬家和學校活動他們來看我之外，他們都耐心地讓我自己想清楚。

有好幾次機會他們擁有充分的理由衝過來解救我，就像有天晚上我不小心開車撞到前一輛車，必須自己打電話找保險公司，然後把車開到修車場；或是我被開超速罰單，還必須上法庭；還曾經有一次在半夜三點醒來，因為失戀哭得死去活來，連話都說不出來，那次一定把他們嚇壞了。我知道，因為如果我的孩子做同樣的事，我一定很難過。但是他們一點也沒抱怨我半夜三點打去的電話，或是第二天馬上來接我回家。他們只是讓我哭，直到我不再哭為止，而這正是我需要他們做的一切。

我上大學是為了精進學業，然後順利拿到學位。但是大學實際上不只是為了讀書，不只是瞭解自我和取得學位。大學是我需要自己經歷的階段，雖然我會告訴爸媽所有的事，但是一切都靠我自己。大學四年是我一生中的重要時光。

現在的我瞭解到，我和母親在旅館的那一晚，她大概也感到惶恐不安。在我真的離家上大學之前，我們有好幾個月都在聊這件事，但是我們都沒想到，最後是她要離開我。她的處境比我更辛苦。

現在輪到我做這件事。我很快就要讓孩子離家到遠地的大學，走進屬於他的家（宿舍）。他的父母（我）認為他夠獨立，所以我預期他離開家之後應該也不會常回來。他將會嘗到心碎的滋味，也會讓某個人傷心，去嘗試然後失敗，也會實現未曾奢望的夢想，並在抵達成人期之前，經歷一陣摸索與踉蹌。我也等不及想聽他從千里之外捎來的消息。

分離：從一千個分離後得到的十個真相

放手讓孩子獨立幾乎是一個備受爭議的問題，從思考角度的兩端來看，有一派父母認為緊黏著青少年孩子不放，是一種自私的行為，會阻礙青少年的成長。另一派父母則堅持我們對孩子的愛永遠不會過度，而知道父母永遠會支持、陪伴他們的青少年，擁有更堅定的信心來面對成人的現實世界。

如果我說兩派父母說得都沒錯，大家應該也不意外吧！就像許多事情一樣，最明智的做法應該是兩者的中庸之道。我們跟著網路社群裡將近幾千位父母，在現實中準備將孩子送進大學之際，整理出以下十個真理：

1. 大多數的父母都不想成為孩子的阻礙，也不想黏著孩子不放，他們只是希望繼續維持親子間獨特的親密感。他們想緊握住的並不是孩子本身，而是生命中最重要的親子關係。

2. 家庭滋養我們的心靈，更是人生最大的喜樂之一。我們怕孩子離開家後，家人間的親密往來將逐漸減少。這不僅與青少年和父母之間有關，也包括了手足、祖孫和其他阿姨、叔叔、表親等。父母想念青少年的部分，當然還是討論的重點，然而事實上也包含了整個家族。

3. 大部分的父母對於孩子已經計畫好自己的下一步，準備上大學、工作或從軍，都感到驕傲和感恩，也為孩子即將邁向人生正面的下一個階段感到興奮。但同樣的，就像我們為孩子斷奶、送他們上幼兒園或國中時的感受，在開心與驕傲的同時，還帶有一些留戀。然而這是養兒育女的一連串經歷之一，我們不應該覺得驚訝或沮喪。

4. 通常父母感到情緒低落，是因為覺得自己不再被需要。覺得自己被孩子所需要，是一種禮物。但是想要覺得被需要和你覺得孩子有需要，是兩件不一樣的事。

5. 我們覺得傷心，是因為他們的離開似乎也帶走了我們生命中的某個部分。雖然父母平常最喜歡做的，莫過於抱怨孩子的日常，但這並不表示我們不懷念那樣的日子。然而，當孩子繼續向人生道路前行時，我們也必須往前走。所以如果在這個轉捩點上感到害怕、混亂與一點複雜，那是因為從很多方面對我們來說，也是一個新的開始。

6. 青少年離家之後，我們平常的生活路線和與他人的關係也會跟著改變。例如我們從前經常在孩子身邊遇到的其他父母和社區的人，那些我們曾經互相分享很多事的人，都將慢慢疏遠。還有那些曾經因為彼此的孩子都參加同一個球隊、樂團或表演班的父母們，你們曾經因為替孩子們喝采加油而產生的深厚感情，也將逐漸淡去。當孩子結束了高中階段，也是我們的任務終止的時刻。感到傷心或不捨，都是正常的反應。

7. 有些孩子對於邁入下一個階段，其實會覺得焦慮和懼怕，不是每一個孩子都充滿期待地開心去上大學，馬上交到朋友，立刻參加不同的活動，然後愉快地上課。這是一個重大的人生轉折，對一些青少年來說，是一個充滿恐懼與焦慮的過渡期。有些孩子會遇到社交或課業上的問題，而且大多數孩子都會想家。在一項由加州大學洛杉磯分校高等教育研究中心所做的二〇一六年的年度「你的第一年大學生活」調查顯示，幾乎四分之三（七十一．四%）的大一新鮮人認為自己「有時候」或「經常」感到孤單或想家，而幾乎一半以上（五十六．七%）說他們

「有時候」或「經常」覺得和校園格格不入。

8. 父母也會覺得害怕。有些孩子從來不曾獨自生活過——說實話，有些甚至沒有照顧自己的能力。當然他們總有一天會做到，你也可以指責這些孩子的爸媽沒為他們做好準備。但事實上在孩子準備上大學前的那個暑假，沒有人為我們敲響警鐘。我們之中有些人就這麼把還沒做好萬全準備的孩子送進大學獨立生活，所以我們當然有充分的理由擔心。而根據大一新鮮人的調查數據，父母的擔憂似乎也不算過頭，而是事實；這是一條佈滿荊棘的路。我們可能對孩子有信心，知道他們能夠適應，但還是會有所顧慮。

9. 有些父母會整日淚流滿面，感到心酸酸的，好像被什麼撕裂似地。但是如果孩子們適應得好，他們也會沒事。不過他們還是會數著日子，等待感恩節孩子們回家團聚，然後到了離別時刻，那種悲傷的感覺又重新上演。儘管痛苦指數會一次次地降低一些，但是倘若孩子一切順利，大多數的父母都能從悲傷的情緒中走出來。

10. 在孩子們的大學生活裡，甚至在感恩節第一次回到家時，他們會稱學校為「家」。你聽到了他們說出口，然後覺得心裡像被打了一記重拳，你想大叫、想要爭辯，甚至忍著淚水離開客廳。你不敢相信他們怎麼能把那間床墊硬得要命、食物又難吃的地方叫做家。但是，你會冷靜下來，覺得自己非常幸運。因為經歷了壓力、喜悅、努力和漫長的求學之路之後，你的青少年擁有一個自己喜愛的地方，而且感覺就像在家裡一樣。他們結交了互相關心的室友、朋友或教授，也找到了對他們而言重要的目標。他們找到了覺得自己心之所屬的地方，這個字讓你知道一切都會愈來愈好。

有了這麼多原因，你應該可以看出當你為了和在同一個屋簷下共同生活十八年的人道別而情緒化時，我們為什麼不認為你是個直升機父母，或更糟的剷雪機父母。這只不過代表著當他或她不在身邊時，你會有多思念你深愛的這個人。

不過，每一個分離都不盡相同，即使是在同一個家庭中。暢銷書作家與三位孩子的母親黛博拉・科帕肯（Deborah Copake）解釋：

在我把所有行李都塞進休旅車裡（其中很多東西現在都可以裝進手機），第二天準備開車前往大學時，我基本上就脫離了父母。長途電話的費用很高，電子產品尚未問世，暑假的實習地點也離家很遠。印象中那個時候的我好像沒想家過，或者至少沒深刻到在我心中留下印象。我的心情很好，和朋友見面、寫論文、參加聚會、打工、學習、創造一個新的我，當然還包括了談戀愛，生活比我想像的還要忙碌。

現在，我那在大學裡的二十一歲女兒跟我以前一樣忙，實際上可能比我還忙。因為她每個星期得工作十個小時才能符合申請助學貸款的要求，而且她還是醫學院的預科生。但是她每天至少會在我上班時跟我用 FaceTime 聊天一次，這還不包括傳簡訊告訴我她的生活或上課情形、有可愛小狗的影片、好笑的網路迷因，和偶爾的「我壓力好大啊！」當她沒主動打電話或是傳簡訊時，我會上 IG 看她上傳的照片，從中得知她看到了什麼，或是看她在 Snapchat 上傳參加舞蹈馬拉松的舞姿，或者上臉書看看她被朋友標註的照片。她甚至讓我看她在 IG 另一個匿名帳號上的照片，和一些你絕對不希望應徵工作時被看到的爆笑照片和影片。當她在大二秋季到馬德里遊學時，自己製作了一小段週末拜訪歐洲各地的音樂影片，並上傳到網路，我也藉此感受到自己好像跟她一起同遊。

女兒上傳的這些數位照片和影音持續讓我感到驚奇，也讓我逐漸懂得感謝她二十二歲哥哥的大學生活——像地獄一樣。我和他們的父親在他離家的那天離婚了，所以我有正當理由感到受傷、悲哀以及憤怒，但是他卻從此之後如同消失了一樣。他不傳簡訊也不上傳照片，不打電話更不分享。我只能從學校舉辦的父母週，或者他的室友和阿卡貝拉合唱團同伴放假到家裡吃晚餐時，才能得知一點他的大學生活近況。這樣的情況會讓我覺得很沮喪嗎？我自己的婚姻狀況應該也有影響吧？當然如此。一則登在《紐約客》的漫畫上，畫著兩個女人站在一座墓碑前，墓碑刻著「願你安息，詹姆斯，一九六九—二〇一四年，我所愛的兒子。」詹姆斯的母親手裡捧著一束花，臉龐滿是哀戚；另一個女人充滿同情地摟著她的肩膀。漫畫的標題則是：他終於稍來訊息，也死了。我把這則漫畫給兒子看，兩個人都忍不住哈哈大笑。每個玩笑背後，都有它痛苦的地方。

我的兒子現在已經走出校園，有了第一份工作，我們也再次愈來愈親密。感謝大城市裡昂貴的房租讓大多數剛畢業的學生租不起，所以我得以在許多早餐時間看到他。他幫我照顧年齡小很多的弟弟，甚至偶爾加入我和男朋友一起吃晚餐。

我想說的是，親子間的分開有很多不同的樣貌，沒有哪一種比較好，你的孩子最終還是會以他們各自的方式，回到你的身邊。我甚至想說父母的工作，就是跟隨孩子的帶領，接受他們選擇的分離方式，而非我們自己的想望。這個分離對孩子成年後的成熟與成長不僅是必要的，更是成長期情緒健康與幸福的關鍵。

我剛好在童年的臥室裡寫這篇文章，此刻是凌晨時分，我是為了參加摯愛叔叔的葬禮才回到家。叔叔在我的父親因為胰腺癌英年早逝後，一肩挑起照顧整個家族的責任。死亡，當然是最終的分離。每個人的一生都不斷被提醒著，也不斷練習，我們知道自己必須和父母分開走自己的路，然後成年之後再選擇在某一天回到家來，不是因為父母要我們回來。倘若我們在一段關係中注入足夠的愛，即使分隔兩地，這份愛會永遠都在。

女兒睡在我的身邊，她明天將缺席一場重要的生物實驗，我告訴她可以不必從學校搭飛機過來參加葬禮，但是她堅持要來。她從前每年夏天都和我的叔叔聚在一起，愛他就像孫子愛著爺爺一樣，所以也想在這裡緬懷他。她的哥哥睡在我爸藝術工作室裡的空氣床墊上，工作室裡的畫布和顏料早已清空，但是父親的精神、容貌、好奇和藝術氣質仍然在這裡。我的三個姊姊也在房子裡，悲傷的情緒全寫在臉上。然而昨天晚上我們在廚房裡，三代同堂攜手慶祝我雙胞胎姊妹的生日。我和家人暫時收起哀傷，一起親密地享受家庭的溫馨與喜悅。但是這種親密感不可能每天持續，這也是為什麼分離，無論在什麼情況下都是無可避免的——就像需要被撕下的OK繃，或是慢慢癒合的傷口，是一種讓我們再次凝聚在一起的方法，而且只有我們心甘情願的才算數。

幾個小時之後，我們將埋葬叔叔。明天，我們將各自往自己稱為家的城市而去，雖然分離，但只要我們仍能呼吸，就會永遠心繫彼此。

被嫌棄的家

就像標題寫的意思，形容的是青少年離家上大學、從軍、或工作前幾個星期（好吧，也可能是前幾個月），所做的悲慘、對立、甚至故意激怒我們的行為。並不是每個孩子都讓父母歷經這些，但是做出這些行為的孩子都各有自己的方式。

你怎麼知道孩子嫌棄這個家？倘若你和另一半說出：「你／妳該離開家的時候到了」，你大概可以預期他們的反應。每個青少年有自己的方式，不過其中比較常見的包括：想和高中朋友共度最後的時光，儘管家人也想和他或她在一起；拒絕為申請大學做準備，好像他們的父母能神奇地做好每一件事（幫他們填表格、購買住宿用品、註冊等等）；表現得像個不負責任的青少年，卻還希望被當個大人看待；每件事情都很難溝通；鄙視自己的兄弟姊妹，只留時間和家裡的狗相處。這些事很嚴重嗎？當然不是，但是每一件都像是一把插進父母心臟的小刀，而他們只不過覺得時間不多，想和自己的高中畢業生在最這幾個星期盡量相處而已。

他們為什麼這麼做？我們又該如何對待讓人又愛又恨的青少年？

心理學家告訴我們，青少年之所以表現出這些行為，是因為對自己下一個階段的生活感到不安。他們或許感到興奮，等不及想上大學；但同時也害怕離開所有自己熟悉的人事物，更不知道自己的新生活將會是什麼樣子。儘管離開我們、離開手足、離開這個家並不容易，但是他們試著用把我們推開和提醒自己這個家有多糟糕的想法，來讓自己輕易釋懷。因為如果能激怒支持他們、愛他們的家人，就會引起爭吵，就能讓他們更容易走出家門。

「就像讓他們離開家還不夠痛苦似地，他們有時候還試圖把事情搞得更糟，表現得像是很恨我們一樣。」肯尼斯．金斯堡博士向我們解釋：「你想，他們為什麼想要離開溫暖又舒服的家？因為如果他們想要展開翅膀飛（本能所致），那麼就一定要覺得這個巢不適合他們，甚至有傷害性。」

倘若青少年在離家上大學前的幾個星期，都表現出負面的行為時，我們可以怎麼做？認清楚真正的核心問題是什麼。你可能覺得自己不可能放任青少年孩子鬧情緒（所以你要他們這個星期不准再和朋友見第十次面，必須去看爺爺奶奶），但是父母需要退後一步，提醒自己這只是一個短暫的階段性過程，到了寒假或感恩節前、甚至無論是哪一個階段性的里程碑，我們就會再次和他們相見。你和孩子的親子關係不見得在幾個月內就會撥雲見日，但是他們需要證明自己能夠獨立生活（即使他們現在還住在家裡），這很快就會成為爭論的焦點。即將離家上大學、從軍或工作的青少年其實正在設置一個陷阱，試圖誘使我們用最不愉快的方式跟他們互動，好讓他們可以提醒自己我們有多可怖。倘若我們能夠理解並慈愛以對，或許就能讓他們知道父母會永遠陪伴在他或她的身邊。我們可能沒辦法讓說再見變得更輕而易舉一些，但是我們可以在即將分離之前的幾個星期裡，留下美好的回憶。

推土機父母

許多父母在放手讓孩子離家之前，試圖尋找那條「界線」——找出哪一條線不能跨越；學著在與所愛的孩子保持親密關係和支持他們成為完全獨立的成年人之間找到平衡點。以父母的角度來說是如此，那麼若從每天和大學生相處的教授們來說，會有什麼不同呢？身為杜肯大學醫藥學系腫瘤學教授及兩個孩子母親的凱倫．范徹（Karen Fancher），分享了她八年來看著父母將孩子成功送入大學的感想：

雖然我是個大學教授，來校園內參觀的人卻常常誤以為我是系所秘書；我的辦公室就在電梯對面，而我維持為學生敞開大門的原則，所以從來不會關門。因此每年春季都會目睹很多戲劇性的畫面。

我正專注於某件事，但是眼角突然看見電梯門打開，一位青少女和中年婦女，我想應該是她的媽媽。中年婦女走進我的辦公室，女孩像綿羊似地乖乖跟著。媽媽開口對我說：「我女兒今年秋季會開始來這裡上大學，我們想改其中一門選修課。」

我試著用眼神向女孩示意學生事務辦公室在走廊盡頭，不過接著向我道歉說打擾了的人卻是她的媽媽。她們離開我的辦公室，媽媽走在前面，手裡還拿著課表。

你看出問題了嗎？這孩子被一間還算著名的大學錄取，而且還有幾個星期就要開學，就要投入辛苦的學習，但是她的問題完全都還要靠父母來幫她發言和解決。在大學這個階段，父母可能無法再像直升機父母般在孩子身旁盤旋，所以我們現在觀察到另一種教養模式：「割草機父母」（lawn-mower parents）。這些父母趕在前頭幫孩子解決所有潛在的不方便、問題或是可能讓孩子覺得不舒服的事。

其他教養模式還包括：剷雪機父母、推土機父母，還有我個人的最愛——冰壺父母，這個名稱的由來源自於奧林匹克運動會的「冰壺」比賽項目，參賽者拿著類似長把刷子的工具，在冰上瘋狂地刷，好讓一塊像石頭的東西向前滑到指定的位置。

撇開刻薄的教養標籤不談，這類型父母的行為可能對孩子造成持續的傷害性影響。包括：

- 讓孩子無法適應常規並缺乏學習經驗。像是問路、和惹人厭的室友相處、和上司溝通、為了想要的東西談判以及面對失望。
- 如果被割草機父母養成習慣、遵循別人準備好的路，青少年就會被剝奪自主的能力。
- 如果沒有人在一旁下指導棋，無論大小決定對這些年輕人來說都很困難。
- 孩子會受到割草機父母的影響，在意負面的事；也很難相信自己能夠獨立完成任何事。

現代的過度教養模式也迫使大學行政人員必須設定明確的限制：

- 在某些家長公然侮辱行為的無理取鬧下，許多大學都制定了一項政策，將所有的家長聯繫全轉介到行政辦公室。如果父母要求「這個對話只能你知我知」或是「別告訴我女兒我打電話給你」，都不會被接受，反而會讓你的孩子被請到行政部門，這可不是我誇大其辭喔。

• 由於涉及到隱私權，所以學校會禁止行政人員或老師們將成年學生的特定訊息告知父母。有時候甚至連成績都不准洩漏，不管付學費的是誰。教授們在公布學生個人的任何消息之前，也需要事先獲得學校行政單位的許可。

• 假使學生家長的行為涉及威脅、古怪、糾纏不休或是其他不恰當的行為，通常這類消息會在助教或老師間流傳，所以很可能立刻影響學生的聲譽，這和當初父母希望的正好相反。

• 教職人員通常在謀職、推薦、引薦上有著重大的決定權，倘若某個學生的父母要求我「通融」他們的孩子，我日後怎麼可能會對這個學生的溝通能力、主動性、和成熟度方面給予好的評價，甚至推薦給雇主呢？

請父母們訓練自己，擺脫「割草機」模式。

對於國小國中的孩子：盡量讓孩子表達，像是在餐廳自己點餐、問路或是打電話給同學約定一起玩的時間，而不是靠你用簡訊幫他們搞定。

對於高中的孩子：雖然這個年紀仍然有父母參與的空間，但請堅持讓孩子先嘗試自己溝通，如果她錯過小考需要補考，讓她自己和老師協調，唯有在她先試過之後，家長才介入。例如她的田徑練習時間和鋼琴課剛好衝堂，盡可能讓她自己與兩方協調時間，這麼做不但可以讓她自己做決定，也連帶學習接受可能的後果。

對於所有年齡層的孩子：相信孩子能做得好。讓他或她知道，你相信他們自己能做出正確的決定。允許孩子犯錯——即使有時候事關重大，並和他們一起學習。

身為父母，我們難道無法避免眼睜睜看著孩子掙扎、感到不舒服、甚至受苦嗎？當然沒問題，只是代替孩子解決他們應該自己體驗的生活難題或問題，並不會有任何的幫助；反而應該讓他們有機會去鍛鍊自己，讓自己變得更堅強、更有自信。這些能力將讓他或她未來遇到挑戰時，能夠從容面對。

流下的眼淚

儘管我們告訴自己不能哭，也沒有理由哭，在我們這種年紀崩潰痛哭是一件丟臉的事，眼淚不知怎麼的還是會流下來。「成長與放飛」的責任編輯海倫．溫格斯在親自養大三個孩子之前是一位執業律師，她重返職場後成為一名作家。在接下來短短幾百字的字裡行間中，她捕捉到我們面對放手時為何流淚的原因：

這個週末，我們載二兒子上大學。這不是我的第一次，所以我已經有心理準備，不讓自己在整個過程裡太過情緒化。雖然我從上或上上個星期開始就覺得忍不住淚，但分開的過程實際上還挺順利的，儘管我還是在看他愈走愈遠時，喉頭一陣緊縮。

事後回想起來，我總結出六個合理的結論，說明父母在和孩子分離時，為什麼會不受控制地崩潰落淚：

• 我的心裡充滿了對孩子的愛，那份愛在孩子離開之後變成了痛，讓我忍不住紅了眼眶。

• 我會想念我們在一起的時光，現在我們之間會有很多事情改變了。雖然我們永遠都會是母子，但是我對你來說，會變得愈來愈不重要——雖然本就該如此。

• 我會想念幾乎每一件關於你的事，你的幽默感、你又臭又長的抱怨、甚至你緊緊關上的房門。然而我失去的不只是你這個人而已，還有你為這個家帶來的光亮與生命力，就像你的好朋友經過幾年之後，也像是我的朋友一樣。

• 我會擔心你，因為我絲毫不願意你感到迷失或孤獨。然而我知道你總有一天會經歷這些「迷失」與「孤獨」，每一個人都會。想想以前你覺得不開心（而我也沒辦法讓你變得開心）的時候，我也會感到非常難過。

• 我不擔心你不會成功。其實正好相反，我一點也不懷疑你一定會成功，而你的成功將讓你離我愈來愈遠。同樣地，本就應該如此，只是仍會令人難過而已。

• 當你離開我們走向校園的那一刻，我們分道而行，你有你的方向，我們也有我們的方向。你走向人生的嶄新旅程，過程中幾乎擁有無限的可能。而我把我心裡的某一部分留了下來，希望那一個部分不會從此永遠離我而去。

我知道我們很快就能調整並適應，讓我看清楚這個片刻的意義在於：這是一個開始而非結束。對我們來說都是如此。當我們開車離開時，我回過頭看你，希望你在大多數時候都能做出正確（或夠正確）的事，希望你能做出明智的選擇，幸運也隨時都跟著你。

Chapter 8

進大學

當時的我腎上腺素飆高，忙著探索我的新大學，所以直到幾天之後才驚覺。哇！我發現自己需要父母的程度比想像中還要多很多。當父母不在身邊時，你會開始思念他們。更令我難過的是，自己已經不再和他們待在同一個郵遞區號的地方了。

——安娜，21歲

我們成立「成長與放飛」，是因為麗莎和我各自送大兒子進大學的那一天，都歷經了一段情緒低潮期。

我們之前閱讀的育兒書裡從沒提到，和其他人的交談中也不曾讓我們準備去承接這個猶如撕下情緒OK繃的裂心劇痛。沒有人告訴我們這種失去的感覺會如此龐大；沒有人說過送青少年入學的驕傲之後，會歷經從灰燼中復活的浴火鳳凰那般痛苦。我們覺得應該要有人提出警告，或至少在發生時讓我們有一個肩膀可以依靠。我們多希望有人告訴我們，把孩子送進宿舍後再開車回家並不安全，因為沒有人在哭得那麼慘的情況下還可以手握方向盤。

即使現在離那天已經過了許多年，我們光想起當時就不禁紅了眼眶。一位加入我們臉書社群的媽媽說的最精準，她說：「如果你在四十八小時裡哭得很慘的，請舉手。」另一位媽媽回覆：「誰能告訴我把孩子送進六百哩遠的大學後的這種可怕的空虛感，要多久才會消失？這是我做過最困難的事！我從來不知道自己有這麼多眼淚。」

有些父母則充滿鼓舞：「你會一天比一天好，全新的日常也可以更棒！只要想著你的孩子將經歷的人生探索和令他們激動的時刻……那是他們應該去經歷的——成長和自己的人生，也是當他們和你聊天時會告訴你的一切。雖然這一刻非常非常難也非常讓人感傷，但是如果你能將其視為這是和孩子擁有一段新『成年』關係的開展，你會稍微得到一點安慰，也讓一切變得容易一些。」

許多父母甚至說家裡的寵物似乎也顯得沮喪。

但是看看周遭，並不是每一個父母都彷彿四肢被砍斷似的。有些父母開心分享孩子興奮的新鮮人生活，也很高興終於擺脫一些養兒育女的責任（不需要開車接送了唷）。也有些父母分享青少年的喜悅，他們知道自己的育兒之路只不過是換了另一個舞臺，就像之前的十八年的許多次一樣——離下臺一鞠躬還早得很。他們明白養兒育女這件事永遠不會有結束的一天，而他們的孩子正邁向自己該走的路上。

有位母親說：「我是唯一一個送（三個）孩子上大學之後沒有哭得唏哩嘩啦的媽媽嗎？我看著大家的留言，有人戴著深色墨鏡，有人別過頭去不讓孩子看到自己掉眼淚，還有人第二天就忍不住打電話……我其實覺得孩子上了大學，代表身為家長的我們做得還不錯，看著他們展翅高飛更是一種榮耀。這是養育他們、希望他們能去做的事，也知道這個特別的日子將會到來。我們和每個孩子一起慶祝，幫助他們安置好宿舍，每一個我都留下一封為他們『感到驕傲』的小紙條，裡頭還藏了一些錢，然後說：『再見囉！』」

另一位說：「所有這些關於看孩子回到學校多麼悲傷的留言，讓我覺得自己像個糟糕的母親。自從我的孩子在秋天離開家之後，我還沒掉過一滴眼淚。我為他感到開心，也喜歡看著他享受大學生活並隨之成長。我並不覺得傷心有什麼不對，只是好奇是否有人跟我一樣？」

雖然很多書以及數百萬個網站，都寫過或討論過孩子降臨到我們的生活中以及童年時期的一切，但是卻很少人談及孩子成長之後即將與父母分離的轉折。身為父母，這個改變就像我們把孩子從醫院帶回家的第一天，但是從來沒有人真正談論這件事。

把孩子送入大學的過程從十二年級的夏天開始展開，那年夏天是往後日子的起跑點。在那三百六十五個日子裡，我們的孩子和日曆上的每一天都不斷提醒著，這是我們最後一次「＿＿」（請自行填空），我們的心裡也開始著手準備讓孩子進入他們人生的下一個階段。

我們開始想像他們住在其他地方，儘管他們根本都還沒送出任何的大學申請表，我們也不知道那個「其他地方」會是哪裡。在這一年裡，每到一個家庭紀念日或傳統節日，我們都會意識到在不到十二個月之後，他們將不會和我們一起慶祝這些日子。當孩子知道自己將上哪一所大學之後，我們開始想像他們會在自己的新「家」生活。然後真正的跡象從暑假開始陸續出現，大學的專屬運動衫，一堆新床單、毛巾，還有一個新的洗衣籃。然後某天，一個個被打包好的箱子堆在一起。這一天真的就要來臨。

無論你有什麼感覺，都是正常的。即使是開心的父母們，也會想念他們的孩子。那些因為感到無助而流淚的父母，也會很快地痊癒。

在這個章節中，我們將討論孩子搬離開家的策略、新鮮人的過渡期，並和德州大學奧斯汀分校自由藝術系的系主任，談談一些大學新鮮人如何在展開大學生活時有一個好的開始。但是，我們必須先討論如何說「再見」。

過來人的明智提醒

送孩子上大學之後，請記住以下這幾件事：

- 這種痛苦不會一直存在。
- 你的孩子已經很成功了，他或她學會了努力和先苦後樂，兩者都能造就未來的成功。
- 為自己感到驕傲。你被賦予的那個小嬰兒，現在已經成人了，還是一個大學生，這可不是什麼小事，而是一項壯舉。
- 你的孩子是一個好人，你應該感到開心，這也證明了你是一個好父母。
- 他們只是上大學，不是上戰場或進監獄。
- 我們一直都在向青少年學習，現在他們世界將更開闊，我們的也會。
- 現在是二十一世紀，你可以透過很多方式聽到孩子的消息——或許比你想知道的更多。
- 替孩子開心，這是人生中值得歡呼的片刻。

- 大學的一學期過得很快，事實上你可能會對孩子這麼常在家感到意外。
- 相對來說，養兒育女的工作永遠不會結束，這只是我們和孩子——兩個成年人之間，建立長期關係的第一步。

剛搬進宿舍時我感到很害怕，雖然我從高三時就迫不及待夢想著有一天能住大學宿舍。我媽把車停在停車場，幫我把東西搬進宿舍裡，那時候我才突然驚覺自己真的只是一個人了，而我的家人都在遙遠的另一座城市。直到我和室友見面之後，我們很快就成為超級好朋友，我才感到鬆了一口氣，並相信自己已經準備好迎接這個過渡期。

——瑪雅，21歲

一封永遠被珍藏的信

孩子知道我們為他們感到驕傲，他們也在我們的愛裡被保護了十八年，但是沒有人不想知道自己是如何地被珍惜著。

麗莎回憶道：「我的孩子離家上大學時，我沒寫那一封他們可能會保存一輩子的道別信，我倒是一連傳了好幾封可能早就被刪除或是留在被換掉的舊手機裡的簡訊。這一刻，當你把孩子送到宿舍，是你與他們傾心相談，分享你對他們的愛從醫院把襁褓裡的他或她帶回家時就延續至今的時刻；這一刻，是你告訴他們自己從來不相信可以如此愛著一個人，然後自豪地看著他們離開；這一刻，是我們最後一次留下一些啟示性的智慧話語，然後提醒他們只要有需要，我們就會永遠都在。」

在孩子終於抵達下一個階段的終點前，離開的過程可能興奮，也可能令人生畏。對任何人來說，特別是青少年，離開他們熟識並深愛的人，包括父母、手足甚至寵物，都會是一件有點令人恐懼的事。他們可能會擔心自己是否能交到好朋友，或者能否勝任課業上的要求，或是能不能成為團隊的一份子、獲選加入社團。他們可能會對自己第一次獨自生活感到憂慮，而且真的要變成大人了。

如果他們還不是青少年，可能就會花很多時間和我們相處，告訴我們他或她有多愛和感謝我們，更會想念我們。但是因為他們是青少年，所以很少表達出自己的感激之情（謝謝媽花好幾千塊幫我買宿舍裡的東西），然後在剩下的時間裡讓自己變得很難相處。因為如果他們變得難搞，如果他們能在家裡引起爭端，就能讓離開變得容易。如同麗莎・達摩爾解釋：「家庭生活一旦變得難以忍受，那些曾經害怕畢業之後就要離家的青少年，就會忍不住急著打包行李。這種摩擦有一種隱藏的功能，那就是：離開我們難以忍受的人會比較容易。」

其中最痛苦的部分之一，是他們寧願與朋友度過離家前的最後時光，卻放棄與家人相處。

儘管我們為他擁有如此深厚的友情感到欣喜，或者是浪漫的戀愛關係導致離別更加憂傷，但這都會讓父母深感沮喪。達摩爾鼓勵父母們不要陷入其中，她建議：「大人們不需要把孩子的社交生活當成對父母拒於門外的原因。類似這樣與朋友的密切聯繫。常常來自於即將和父母分離的心理壓力。許多把心思都放在和朋友道別的青少年，其實都是為了減輕和家人告別時的更大壓力。」對我們不好或是覺得我們很煩人（不讓他們每天晚歸、堅持他們打包做好準備、要他們和爺爺奶奶一起吃飯），這樣離開我們會比較容易。

也難怪我們終於到達校園放他們下車之後，心裡五味雜陳。對父母而言，這次的分離特別難受也特別放不了手，即使這已經不是我們的第一次。所以我們特別邀請到有十多年經驗的老手，幫助我們如何把這些複雜的情緒化作言語。

為什麼這一次的分離會如此令人難以釋懷？如果我們整個夏天都在為這一天做準備，我們應該都準備好了才對，那為什麼我們的情緒會如此起伏不定呢？根據埃墨里大學（Emory University）的馬歇爾・杜克（Marshall Duke）教授指出，答案就在於人生中有些日子和其他的特別不一樣，那些淒美的日子會永遠封印在我們的記憶裡，我們不能也不可以小看它們所帶來的衝擊。杜克博士目睹了許多世代在這過程中的經歷，並給予如下說明：

在小說《白噪音》的一開頭，令人讚嘆的作者唐・德里羅（Don DeLillo）描述了美國各大學的學生返回或第一次抵達校園的場景：「我每年九月都目睹這個奇觀，至今已經二十一年了。這無疑是件了不起的事。學生們笑鬧著互相呼喊彼此的名字……父母們頂著大太陽站在孩子身旁，從各個方向看自己的倒影……他們覺得自己和以前不同，得到某一種認可……這個集會……就像接下來一年他們會參加的一樣，比任何教會或法律會議更值得，因為它們成了這個團體中的一份子，無論是精神上還是個人，甚至是一個國家。」

就像德里羅小說中所描述的，我也在服務了四十二年的埃墨里大學裡，親身參與這種奇觀，而且確實是一個「輝煌時刻」。新鮮人的到來不僅讓我激動不已，也很榮幸能有機會和帶孩子來到埃墨里大學的家長們交談。

在我擔任埃墨里大學學生心理諮詢中心主任時，我成立了年度「與父母交談」活動，用意在幫助父母和孩子一起度過這段過渡期。雖然我已經不再是諮詢中心的主任，但是三十多年來我持續和大一新鮮人的父母保持交流與對話。

在父母們和我並肩而坐且情緒激動的這一天，有幾件主要的事情是我想告訴他們，也希望他們能夠理解的：

1. 這是父母生命中最情緒化的時刻，特別是如果他們是帶最大或最小的孩子入學。如果帶來的是第一個孩子，代表他們的家庭即將展開另一個新階段，原本穩定的生活也將有所轉變，因為他們的孩子即將步入成年。對於家中有不只一個孩子的父母而言，第一個「登陸」的孩子就像是開了第一槍，警告妳空巢期的來臨。而對於家中只有一個孩子或是帶最小的孩子入學，代表父母回家之後即面臨空巢。我通常會告訴孩子剛上大學的父母，他們需要好幾個月的時間來調整全然不同的家庭生活；但對於面臨空巢期的父母，則需要好幾年的時間才會慢慢適應。但這並不是全部，也不全然都是負面的，這其實也是一個令人興奮的時刻。

2. 我會告訴父母，只因為你的孩子進了大學，並不表示他們就是個「大學生」，我發現最好的形容用語應該說他們是「在大學裡的高中生」。因為這些孩子還需要一段時間學習如何當個大學生——知道如何用功、如何吃得健康、如何洗衣服、怎麼玩，還有如何管理金錢等等。我估計這至少需要一個學期的時間來調適，到時候他們就知道該怎麼學習來準備大考、寫論文、交課堂報告、搞砸某些事或是做得還不錯、抵抗「體重增加十五磅」的魔咒、猛灌咖啡或其他刺激性飲料、吃一堆披薩，然後參加各種活動，有些值得注意，有些令人難忘。我強烈建議父母們要秉持著耐心，等待孩子們開竅。這就是我將在第三項談及的。

3. 耐心等待「大學生」脫穎而出，對現代父母而言似乎並非天性使然，因為他們習慣了替孩子解決問題，他們是所謂的行動派，也有能力應對。他們想要孩子成功，也想盡其所能地幫助孩子達到這個目標。我會這麼告訴這些父母：在正常的大學生活中，你的孩子會遇到需要解決的難題，包括和室友的相處問題、社交問題、註冊上的問題、特定學科或教授的問題，這些問題有兩種解決的方式：

第一，父母打電話到學校來和系主任或宿舍管理人員、甚至校長交談。然後呢？問題獲得了解決，不過另一件事會發生——孩子的能力會被減弱，不僅僅因為他們被剝奪了學習解決問題的機會並從中增長自信，他們也被父母的介入得知自己的爸媽不相信他們可以照顧自己，也因此讓孩子持續依賴父母替他們解決問題，導致父母繼續干涉孩子的生活，使得孩子覺得無法自立……你應該明白我想說的了。

第二，你的孩子自己找到解決的方式。雖然問題同樣獲得解決，但是如果解決問題的是父母，孩子的能力會被減弱，甚至阻礙到他們的成長。如果由孩子自己解決問題，問題不但解決了，他們的內心也會變得更強壯，同時也為獨立生活做好準備。

我希望父母送完孩子之後，盡快開車回家，剩下的問題就留給孩子自己去解決，因為這些孩子有一天會變成大人，而他們的父母（你和妳）會變成需要被照顧的老人。到時候你會希望由哪一種人來照顧你？猶豫不決、不知道自己是否能做出正確決定的人？還是有信心能做好的人？或是擁有能力和智慧，並能夠衡量怎麼照顧你才是最好的選擇的成年人？

4. 如同我說的，無論父母是親自把孩子送進大學，或是讓他們自己單獨啟程，這一天都會是父母和孩子人生中情緒最激動的日子之一，也會是一輩子的記憶。每個孩子的大學第一天只有一次，如此獨特的一天與結婚日、特殊紀念日甚至失去某個家庭成員的那一天同樣都是個大日子，都會在我們的人生中留下不可抹滅的記憶。有些片刻非常珍貴，它們擁有一種力量，它給予父母僅有一次的機會向孩子說出令他們永遠難以忘懷的話。**重要的不只是說了什麼，而是說這些話的時間點。**

想想當你最後真的要和孩子道別，當他們即將走回宿舍，開始人生的新階段時，你想對孩子說些什麼。你希望他們永遠記住什麼感覺、想法和忠告？「每天都要摺棉被」？「不要梳那種髮型」？當然不是。這是告訴孩子重大事項的時刻，說說你對他們還是小孩時的感覺，現在是大人了又有什麼不同感覺。告訴他們明智的事，那些在人生中引導你的智慧。說出你希望他們將來的生活方式，他們能實現的願望與人生。

我已經錯過了這個機會，因為當時的我情緒過於激動，哭到無法說出想說的話。如果你也跟我一樣，還是有機會彌補。你可以回到家後，拿出筆和紙，親手寫一封信給孩子。第一個句子可以這樣寫：「我今天在學校（或機場）和你說再見時，無法告訴你我想說的話，所以我現在寫這封信給你……」把這封信寄出去，這樣就不會像傳電子郵件一樣不小心被刪除。這封信不會被亂丟，它會被好好保存起來，上面的字句也會永遠留在孩子心中。

最後我想告訴父母的是，我可以向他們保證招生委員會不會犯錯，他們的孩子確實是屬於大學的一份子。我希望家長們能夠放心地讓這些才華洋溢的年輕人開始成長。我會告訴他們身為大學生的家長是最值得驕傲的事與經驗，我也要謝謝家長們的努力，得以讓像我一樣的大學教授們享受和你們用心栽培的孩子一起共同成長。然後我會告訴父母們，回家吧，你們的孩子會很好的。

這位教授是對的：孩子們都會很好，他們之中也有許多人知道這一刻的意義。倘若你的孩子沒說出任何意義深遠的話，或者只是對你說：「你為什麼買這個，我永遠都不會用到」這樣的話，請不要寒心。儘管我們希望這是一個感人的時刻，但是大部分的孩子不會在這一刻選擇感謝父母的愛與養育之恩。他們只是十幾歲的青少年，正為下一個人生里程碑感到興奮與緊張，事實上也應該是如此。然而，如果你的孩子是一個會深度思考的人，他們或許能夠在這個幸運的一刻想到父母的付出，那麼他們可能會像馬克・史戴勒斯（Mac Stiles）想說的一樣：

隔兩天我就要搬進大學宿舍了，現在的我放鬆地躺在床上，即將進入夢鄉，然而先前那種快要離家上大學的模糊感受突然消失了。我的腦海裡充滿著即將成為大學新鮮人所帶來的人生轉變，以及我將離開的人。沒有人警告過我會有如此強烈的失落感，那種感覺就像被大浪襲捲而來，把我淹沒在回憶與思緒之中。我發現如果能把這些感覺化為文字，對我來說會容易些。

親愛的爸爸媽媽：

今天一定是你們人生中最艱難的一天，我答應你們一切都會好好的。你們用了十七年十個月又二十九天所賦予我的價值觀將永遠深植在我的心中，你們一遍又一遍不厭其煩地教導，終於得到了回報。我會帶著你們所教我的一切進入大學，讓自己成為更好的人，成為你們教養我成為的人。

現在，是我將獨自飛翔的時候。

你們必須相信我能做得到，就像學走路或學騎腳踏車一樣，你們牽著我的手，然後教我該怎麼做。剛開始那幾次，我可能跌得鼻青臉腫，甚至流血，或許還哭了，但是我最後還是學會了。現在也是一樣。你們送我上了大學，知道我在這四年裡一定會遇到困難，也可能面臨似乎無法承受的挫折。我偶爾還是會需要你們教我該怎麼做，即使是在電話中或簡訊裡。最後，就像學走路或騎腳踏車，我都能夠學會，然後找出自己的方式。

沒有任何言語能形容我對你們的愛，我永遠感激你們在身體、心理以及情感上給我的一切。我的所有成就都來自於你們，即使我沒有及時表達出來，但我真的非常感謝你們。我或許搬離開了這個家，但是我會永遠在你們的心裡。

珠兒和瑞德：

我會比想像中更想念你們，你們是我在這個世界上最要好的兩個朋友，我永遠忘不了我們一起成長的點點滴滴，只要我們三個在一起，絕對沒有無聊的時候，而我也珍惜著每一刻。無論是一起在街上散步，或是一邊開車一邊把音樂開到最大聲，或者一邊打電動遊戲一邊笑鬧，每一次都好玩極了。

希望你們能認真看待高中的課業，但也不要忘了留點時間做有趣的事。你們兩個擁有極佳的天分，也會很快地發現那些天分是什麼，然後好好運用它們。請試著不要過於擔憂，擔心其實很浪費時間，因為如果事情真的發生了，你也改變不了什麼，你只能忘了它，然後從錯誤中學習與成長。你們知道我最喜歡說的那句話：「讓過去成為現在的動力。」

希望你們凡事小心並互相照顧彼此，我希望你們能夠知道身為你們的哥哥讓我有多驕傲，無論給我這世界上的任何東西我都不願意交換。或許我們有時候會拌嘴或吵架，但是最後都能夠一笑置之，然後回復正常。你們做的每一件事都令我感到喜出望外，沒有什麼比你們兩個更讓我開心。我非常非常愛你們，我離開之後也等不及聽到你們之後的探險。

莫菲：

我想你應該是最難以接受的一個，其他人都明白我即將離開這個家，因為我們可以交談。但是你只會看到車子裡塞滿我的東西，之後每個人都回到家，除了我以外。我不知道今後少了你跑進房來跟我窩在床上會怎麼樣，我一直覺得你最瞭解我，甚至覺得我們兩個很像，即使你是一隻狗，而我是人類。

奧罕．帕慕克（Orhan Pamuk）曾說過：「狗確實會說話，但只對那些聽得懂的人說。」我發現這句話是真的，我會一直聽你說話的，夥伴。我很快就會回來，更等不及看你趴在我床上，不停地搖著尾巴，就像我離開時那樣。

愛你們的馬克

我們為什麼要一起去採買

即將上大學的孩子和父母一起做的儀式之一，就是買東西。我們以為這麼做是因為孩子需要父母幫他們安置新生活。其實他們根本不需要。這些孩子大部分都已經十八歲，可能有現金卡也有駕照，他們可以做好自己該做的事。他們是網路世代，只要從房間裡的電腦網路上就可以買到任何東西。

然而我們有不一樣而且更重要的理由幫孩子打點一切，詢問其他父母的意見，然後在熱得要命的夏天和孩子一起在商店裡跑進跑出，買一些我們甚至不知道他們到底用不用得到的東西。誠如身兼作家與母親的凱蒂．柯林斯（Katie Collins）所說：

很少有什麼比縝密規劃的行程更令我感到滿足。幾個星期以來，我家的地下室儼然成為「為那女孩做好上大學的準備」行動中心，原本放置芭比娃娃、波莉口袋娃娃家、單張樂譜和好幾個學期累積的筆記本和檔案夾的塑膠箱，已經裝滿了大學生活所需的基本用品。

一瓶洗衣精和幾罐清潔用品、一瓶瓶沐浴用品、一盒急救藥箱、感冒藥和喉糖、還有以防被蚊子咬會讓女兒過敏的防蚊液。另一個盒子裡裝了原子筆、螢光筆、白板，最後是一個兼具吊掛衣架和掛鉤的洗衣籃，然後我最近又新買了一支吹風機。我看著這一堆東西，心裡滿是得意。我們真的準備得很齊全！然而，我還是得小心翼翼的避免去想這些東西最後代表女兒終將離去的事實。

這些購物行程觸動了我心裡從不知道的某個部分。誰知道我會對一個能夠用 USB 充電的檯燈感到如此驚奇？興奮的程度簡直愚蠢到家，而每一次當我步出大賣場的大門時，總忍不住想哭。最近我發現學校宿舍的冰箱上還附有微波爐時（現在的孩子也太幸福了吧），我決定至少需要幫女兒多買一個碗、一個馬克杯和盤子還有一些餐具，讓她晚上吃宵夜用。天知道要找到既可愛又能微波的餐具，竟讓我產生比印第安納瓊斯尋找神聖的約櫃還要困難的念頭。

在最近一次的採購時，女兒轉過頭面帶微笑半消遣的問我：「妳為什麼要這麼堅持買這些盤子、碗和馬克杯？」我一句話也回答不出來，尤其在大賣場裡。那是因為唯有如此，我才能感覺自己仍然是她的母親。所有那些上大學的準備、選課、還有助學貸款（唉）、健康調查表，都是些官方形式，也都已經完成了。唯有關心和餵養這個女孩完全是屬於我的工作——但很快地也將從我的指縫中溜走。

最近，一位長期在媽媽網路上交流的朋友開玩笑地嘲笑我那又臭又長的「宿舍採買清單」。她以「青少年的懶散媽」自居，她說自己只為兒子準備了去漬劑和抗菌擦拭巾。我其實很了解，我們當中有些人透過一長串的採購清單來面對迫在眉睫的分離，有些人則試圖讓自己保持距離。但無論以何種方式，都無法掩蓋我們的孩子即將就要很快、很快地展翅離巢。

女兒第一次拿到不好的成績時，我將不在她身邊；她第一次和室友或朋友吵架，第一次參加校外派對，或必須第一次進醫務室時，我都不會在。甚至連第一次在校內打工或參加大學表演試鏡，或是第一次熬夜。當她第一次談戀愛，第一次坐在教授辦公室外等著被約談，或是凌晨兩點外出吃宵夜時，我也不會、也不應該陪在她身邊。

這段人生旅程無論好與壞，都只能由她自己走過。所以我把焦點放在我能做的，和她一起坐在沙發上翻看宜家家居目錄，找出最舒適的棉被，提醒她需要買一些衣架吊掛洋裝，還要記得別把所有的衣服都丟進烘衣機裡，並同意她買黑色的檯燈最好看。然後趁她不注意的時候把止痛藥塞進籃子裡……畢竟她最後還是很可能經歷宿醉這件事。

我們這些大一新鮮人的媽媽很容易被開玩笑，因為我知道我們有時候的確擔心過了頭。我們知道他們的離開不全然是一件壞事，也知道他們終究會「回家」，我們知道四年很快就會過去。但是，我們也清楚這是分別的開始，我們不只是跟孩子說再見，也跟我們以往身為父母的角色告別。這對我們而言是非常重大的一件事，所以請給我們一點空間，別再問我們是否為了成為空巢期父母而感到興奮。

採購宿舍物品的五十個問題

房間

1. 是否有不同的房型？是否做好如何利用室內空間的規劃？
2. 房間裡有衣櫃或衣櫥嗎？是否有放衣架的地方？
3. 衣櫃的空間有多大？有放鞋架的地方嗎？
4. 床是高架床？上下鋪？還是普通的床？
5. 有書桌和椅子嗎？
6. 有梳妝台嗎？
7. 有燈、垃圾桶或資源回收桶嗎？天花板有燈嗎？除了書桌的燈之外，床邊的櫃子上也有燈嗎？
8. 有書架或是書桌上有可以放置書的空間嗎？
9. 有室友嗎？幾位？
10. 房間裡會冷嗎？通不通風？冬天時需要額外的冬被嗎？
11. 房間裡有空調嗎？如果沒有會不會太熱？要買哪一種電風扇最適合？
12. 床底下有多大的空間可以放儲藏箱？哪一種尺寸的塑膠收納盒比較適合？
13. 有地方可以放行李箱嗎？或者需要把行李箱搬回家？如果要把東西塞進床底下，用真空收納袋還是直接用黑色垃圾袋比較方便？

14. 你的孩子一向都睡得很沉嗎？需要用鬧鐘才叫得醒嗎？還是用手機上的鬧鈴就可以？
15. 你家的青少年會帶貴重物品（護照、珠寶、現金、信用卡、處方藥）嗎？如果會的話需要用到保險箱嗎？
16. 你的孩子有過敏症嗎？是否需要特別使用防過敏的床單和枕頭套？
17. 宿舍裡的床墊是否薄得跟紙一樣？或者看起來（或睡起來）硬得像磚頭？你的孩子換個床墊會不會睡得比較好？
18. 牆壁有多少空間可以讓孩子裝飾？
19. 校方允許學生在牆壁上釘釘子嗎？或是只能黏貼？有什麼東西是禁止掛在牆面的嗎？
20. 窗戶有窗簾嗎？或者需要自行裝設？
21. 房間內有多少個插座？用的是哪一種電源線？可以使用普通的延長線嗎？
22. 九月份的天氣就會開始變冷了嗎？或者更晚才需要換下短袖改換長袖長褲？
23. 你的孩子希望把家裡的什麼東西帶到宿舍裡？
24. 房間裡就有浴室嗎？還是整層樓共用？
25. 為了保持禮貌，你的孩子從浴室走回房間時，需要穿浴袍或圍著浴巾嗎？
26. 沐浴用品可以擺在浴室裡嗎？或者需要帶回房間？
27. 有沒有可以掛濕毛巾的地方？

28. 你的孩子已經有可以穿進浴室的拖鞋了嗎？
29. 你會從家裡寄浴巾給他們？還是買新的？
30. 需要在新毛巾上繡名字以防遺失嗎？

公共空間

31. 學校是否禁止使用任何可能會引起火災或其他危險的電器用品？
32. 地板上會鋪地毯嗎？或是准許在什麼地方鋪地墊？
33. 多大的地毯尺寸最適合？
34. 公共區域有家具嗎？或是學生需要自己準備？
35. 你的孩子會有兄弟姊妹或朋友來訪嗎？需要額外準備一套床單和毯子嗎？
36. 學校會提供微波爐、迷你冰箱、或是飲水機的租用服務嗎？
37. 宿舍裡有廚房嗎？或是需要自行帶鍋碗瓢盆等等。

洗衣和打掃

38. 你的孩子會把衣服拿到洗衣店送洗嗎？他們會給他洗衣袋裝嗎？
39. 如果他或她決定自己洗衣服，自助洗衣店會離住宿的地方很遠嗎？這樣的話用袋子裝還是提籃會比較好拿？
40. 有什麼地方能偶爾借用吸塵器嗎？

41. 他們會用到哪些清潔用品來打掃房間、浴室、廚房、或公共區域，這些東西需要自己準備嗎？

採購

42. 附近的商店什麼時候會舉辦開學大拍賣？
43. 是否有網路商店可以一次採買，然後開學後再到附近的商家店取？
44. 店到店或直接寄送到的運費會是多少錢？
45. 從宿舍到藥妝店或校內商店會很遠嗎？或者乾脆多準備一些沐浴用品？
46. 宿舍離郵局或便利商店近嗎？你的孩子能提重物一路走回宿舍嗎？
47. 搬進宿舍之後，你的孩子會有其他交通工具或可以搭乘大眾運輸系統去買其他東西嗎？
48. 你的孩子需要購買電器產品嗎？如果透過學校購買是否有任何折扣？

搬家

49. 宿舍裡有電梯嗎？還是只有樓梯？
50. 你會開車載孩子去學校嗎？

如何打包

讓我們直言不諱，現在和以前有了很大的改變。我們幾乎可以透過網路寄送任何東西（衣物、電子產品）給大學裡的孩子。雖然替孩子買東西有一種儀式感，尤其現在網路上標榜隔天送達、兩天免運的促銷方案到處都是，校園裡的商店也有琳瑯滿目的商品，但我們還是建議家長不要替孩子樣樣買齊。這個要求很難，真的很難，因為你的購買欲望不是源於滿足自我的過度消費，而是希望能夠最後一次照顧孩子的需求並緩解他們的負擔。這是出於對你賦予生命的這個人所給的關懷與愛，和買不買東西無關。一旦你想通了這一點，就會變得簡單多了。因為你的孩子知道你愛他們，他們不需要商店收據來證明這一點。

那麼，大學生到底「需要」什麼呢？答案可以濃縮成一句話——比你想像的少。然而有一個龐大的商業圍繞在上大學的孩子身邊茁壯，在「成長與放飛」裡最受歡迎的留言是「住宿清單的十二大錯誤」，我們直覺上都明白自己買的那一堆東西遠遠超過孩子所需要的量，所以事不宜遲，以下是孩子真正需要的：

- 床單和棉被
- 毛巾
- 床墊（大部分的宿舍床墊都像水泥一樣硬）
- 床罩（直接睡墊子上太噁心）
- 多孔安全插座延長線（宿舍的插座通常不多，也常禁用延長線）

- 洗衣籃（雖然他們可能直接把衣服丟在地上）
- 幾個塑膠收納盒
- 枕頭（多個，他們大概會把床當書桌用）
- 衣架
- 洗臉或保養用品
- 基本急救用品／藥品／或處方藥
- 夾腳拖（共用浴室很噁心）

以上這些東西再加上他們可以自行購買的物品，應該就足夠了。我們並不是覺得他們不該使用壁掛架、鞋架或是小冰箱，但他們的宿舍房間裡還會有衣服、背包、處方用藥、電話和筆記型電腦。大學的花費是很昂貴的，所以先不要什麼都買，暫時等等看是否還有真正需要用到的東西。家長告訴我們他們常犯的第一個錯誤就是買過頭，尤其是學期過後搬回孩子從沒用過且上頭布滿灰塵的物品時最令人沮喪。

除了你幫孩子打包的物品之外，你可能需要在孩子搬進宿舍那天，額外帶一些讓搬東西更容易的工具：

1. 四輪摺疊小推車或一般推車，如果搬運的路途遙遠，或是需要搬冰箱和家具等重物會很實用。

2. 點心零食。你會覺得又餓又渴，甚至想暫時休息一下吃個飯，這時候你會需要喝點冰水和吃個小點心來暫時解渴止飢。我們建議你帶一個裝滿飲料的小冰桶和一些零食點心。

3. 一台電風扇。開學時是八或九月，許多宿舍並沒有空調喔！

4. 工具箱。有螺絲起子、橡膠頭槌子、捲尺、榔頭、剪刀以及大力膠帶。之後把工具箱留給孩子，他們在接下來四年不管是搬出宿舍或搬到外面住都會用得上。

5. 門檔。一到房間之後，先用門檔把門打開，這樣搬東西的時候進出更方便，房間內也會比較通風涼爽一些。更重要的是其他也正在搬家的人，可能會停下來跟你們打聲招呼。

6. 無痕掛勾。有很多尺寸和款式可以選擇，可以把東西吊掛在牆面上，撕下來也很容易且不留痕跡（端看宿舍規定和牆壁的材質，有些會禁止在宿舍裡釘釘子或打洞）。

7. 清潔用品。在桶子裡放一些清潔用品，像是抗菌濕紙巾、垃圾袋、和廚房紙巾，可以用來擦任何東西，不過這個房間大概也不會再這麼乾淨。儘管我們希望孩子保持整潔，但是大學生的宿舍大都亂七八糟，也幾乎很少打掃，所以這些東西可能也只是擺著。

8. 一捲衛生紙。

最後，當我們問到孩子最需要的是什麼，目前最受歡迎的答案是帶著微笑、幽默感以及耐心的父母。事實上，你需要帶著非常足夠的幽默感，因為你絕對用得到。然後跟隨孩子的喜好——畢竟這是他們的房間，不是你的。你只是去幫忙，不是負責指揮。這一天會很漫長、很熱，也會很艱難。但同樣地，也會是讓人特別興奮的一天。如同馬歇爾教授提醒我們的，這是「那些」我們會一輩子記得的日子之一。

我非常非常感謝爸媽幫我搬進大學宿舍。我媽對我需要什麼東西比我還有概念，有很多東西我都沒想到，甚至一點頭緒也沒有。

不過我倒是希望他們能讓我和室友自己布置房間，因為他們離開之後，我們兩個人又重新移動了不少東西的位置。我明白爸媽為什麼想幫忙，因為我是他們的大女兒，我知道他們希望自己仍然是我生活中的一部分，他們依然覺得我是他們的小女孩。

我想給大一新鮮人的建議是，你們會迫不及待地想搬進宿舍、認識新室友，但是也請多一點耐心，別急著要父母趕快離開。這是你們第一次搬離開家，所以無論對孩子或父母來說都不會是一件容易的事。

老實說，對許多父母而言，這應該是一個值得慶賀的日子。當個好父母是一件辛苦的工作，而經過了十八年的育兒路，終於要把孩子送進大學，理當感到開心。這些父母滿心歡喜地期待下一個生活階段，因為他們知道最好的時刻尚未來到。

——安娜，21歲

搬家日：父母的智慧小語

我們和悶悶不樂、大部分時間都不在家的青少年和睦相處了好幾天，該買的東西也都買了，現在終於要到搬家日了！大學寄來了各種資料（你可能看得到或沒看到），上面提供各種說明，但似乎又衍生出更多疑問。當你問孩子細節時，他們可能只是聳聳肩——或者你覺得這樣會更加重他們的焦慮感，所以也不太敢問。一切到底該從何準備起？以下是我們集結許多父母的經驗談，深入討論並分享他們曾經犯過的錯，好讓你能安心做好準備。

你們如何抵達校園？

- 開車到得了嗎？所有的東西都能放進車子裡嗎？或者你需要來回開幾趟才搬得完？有些大型的東西可以用寄送的嗎？
- 你們計畫搭飛機嗎？是否先計算行李是否會過重？或是用貨運的比較划算？
- 如果還有東西需要購買，許多商家可能提供免運費服務，或是可以到距離學校最近的店取貨，你可以在網路上選擇取貨地點。等東西都搬進宿舍之後，你和孩子可能會對缺了什麼東西有更具體的想法，到時候可以再去附近買。

事先勘查或準備

- 你的孩子是否已經領好了宿舍鑰匙、學生證等，請先做這件事，免得等東西都搬下車之後，才發現根本進不了宿舍大門，然後得穿過整個校園到另一棟大樓拿鑰匙，逼得你只好再把所有的東西搬上車，開車去取。現在聽起來好像很有趣，當時可是火冒三丈啊！尤其是八月份的下午，每個人都心煩氣躁得很。

- 有人會幫你搬東西嗎？有些學校會有一些學長自動幫忙。
- 宿舍裡有電梯嗎？還是你得爬（似乎永無止盡）的樓梯上下樓？
- 最近的停車場在哪裡？有停車的時間限制嗎？學校通常會限制搬運東西的停車時間，更別期待車子可以停得很近。
- 上網查看當週週末是否有為父母舉辦任何活動？如果有的話是在何時舉行？
- 上網查看學校是否有租借小冰箱和微波爐的服務，價錢是多少？可以比較看看自己買還是租用比較划算。
- 搬進（或搬出）宿舍時有小推車會比較方便嗎？你的孩子在未來四年裡搬家的次數會比你想像的還多，這次絕對不會是最後一次。
- 確認你的青少年已經詳細閱讀不能帶進宿舍裡的物品（通常是會引發火災的東西），還有能不能在牆壁上吊掛東西。
- 不要把所有的行李箱搬回家，他們在假日或寒假回家時可能會用到。
- 搬進宿舍的那天可能會需要很長的時間，所以請先照顧好自己。
- 雖然手裡拿著咖啡、甜甜圈、貝果的父母可能幫不上什麼忙，但是絕對能贏得人心。
- 穿著舒適而且可以弄髒的衣服，千萬別穿可愛的白色牛仔褲！宿舍絕對乾淨不到哪裡去，特別是搬家日。

・家庭日可能比搬進宿舍這天更適合呼朋引伴。宿舍房間通常都不大，又熱，而且到處都是雜物，應該沒什麼地方可以讓家人坐，況且你的孩子對學校或室友都還不熟悉，等到了十月之後，他們會有更多可以說給爺爺奶奶或兄弟姊妹聽的故事。

建議孩子把最先需要用到的東西放到最後才打包

因為搬進宿舍的那一天，到處都會很擠，走廊上也會堆滿空箱子，房間裡也會有室友的東西，所以如果他們能夠事先規劃好如何打包，到時候拆箱時也會比較容易。

・把需要掛在衣架的衣物連同衣架一起放進大袋子裡，這樣只要打開袋子直接掛上衣櫥就行，也不怕弄縐，更不必另外打包衣架，也不佔行李箱的空間。

・把所有的床具都放在同一個地方（行李袋、真空壓縮袋或宜家家居的藍色大塑膠袋），裝袋之前最好都先在家清洗一次。

・盡可能先在家把外包裝都拆掉，因為到時候宿舍裡的空箱子、氣泡袋和各式垃圾一定會大爆滿。

・先把厚重的毛衣、備用的床單和毛巾等還暫時用不到的東西，放進準備塞進床底下的儲物箱裡。再準備一個儲物抽屜當作「藥櫃」，放額外的沐浴用品和非處方藥。記得先用膠帶把抽屜封好喔！

事先規劃如何按部就班地把房間安頓好

- 先整理床鋪。這是父母的天性使然，就跟你的孩子還在媽媽肚子裡時，你就開始裝嬰兒床的道理一樣。
- 告訴他們為什麼要把內衣褲放在上面的櫃子，T恤放在下面的櫃子。然後退後一步，告訴自己：「這不是我的房間，我不是住在這裡的人。這不是我的房間，我不是住在這裡的人。」視情況需要重複多次。
- 濕紙巾很好用，雖然大學生們常用它，但不一定就能保持乾淨。
- 帶走孩子覺得他們用不到的東西。冬衣或厚重的棉被通常要到秋天過後才用得上。

準備說再見

- 在你不會幫忙打開的紙箱裡，留一張字條，告訴孩子你愛他，並祝他一切好運。
- 即使不捨也要離開，讓孩子展開他們的新生活。就像撕下貼在傷口上的OK繃，道別時可能需要迅速簡短。
- 在真的要道別前，先在腦海中演練一下，即使你已經流了好幾個星期的眼淚，真正說再見的時候還是會忍不住，所以先想好你想怎麼說再見。
- 在抵達校園之前，先計劃好最後的相處時間，就算只是一起吃頓飯或是在旅館一起吃早餐。因為一旦孩子找到他們的宿舍房間，認識新室友，或是在走廊碰到同學……他們的新生活就開始了。

- 儘管喉頭緊緊的，眼眶紅紅的，請試著記住，雖然你還感覺不到，但這是我們身為父母最棒的時刻。

最後，我們想請你閱讀以下這篇我們最愛的故事。就像我們人生裡的任何重要日子，這一天絕對不會如你計畫的那樣。不過亞莉珊卓・羅莎絲（Alexandra Rosas），作家與三個孩子的媽，以為自己都安排好了：

我在前一天晚上把想說的話都記牢了，明天會是完美的一天。現在是凌晨兩點十九分，我知道明天當我們開車送大兒子到學校之後，我要對他說什麼。

我會站在他面前，伸出溫柔的雙臂，緊緊地擁抱他。伸手摸摸他的頭髮，他也會看著我的雙眼。我會克制自己的心情，微笑地對他說：「我的寶貝兒子，我們以你為榮，你將會有很棒的一年，我們愛你。」

然後我們給彼此一個深具意義的簡短擁抱，這個擁抱將足以永遠深印在我們心裡。他的雙臂環繞著我，我會輕聲在他耳邊說：「再見了，兒子！」然後轉身，頭也不回地，堅定而非顫抖著走進車裡。最後，一切就結束了。我會像柴契爾夫人般昂首前行。

哈！

星期三搬進宿舍日的結果是這樣的：我兒子陪著我們走到車子前，我們都知道是該說再見的時候。我本來是想冷靜地告訴他我們愛他，但是脫口而出的卻是：「別用雙層衛生紙，單層的比較不會讓馬桶阻塞。人家看你的時候要記得微笑，這樣才會讓你看起來很開心來到這裡。別把杯子倒扣放在桌面上，這樣會沾到桌子上的細菌。你要好好睡覺，不然會心情不好。要勤洗手，因為和你握手的人可能上廁所從來不洗手，我看過這種人。」

兒子試著後退一步，但我像救生員般纏著他的脖子不放。

我停止給意見了嗎？並沒有！我滔滔不絕繼續說下去，就像將近二十年前我們第一次把他交到保母手上。

我緊抓著他的襯衫，繼續說：「不要借錢給別人。多吃蛋白質才不會覺得憂鬱。每天都要洗澡，精神才會好。如過需要新襯衫就告訴我，我會幫你寄來。晚上獨自一個人走路回家時要小心，也不要戴著耳機，這樣你才能知道是不是有人跟蹤你。良好的姿勢和整潔的頭髮很重要，要好好保持。」

然後我整個臉貼近他的臉。就像他四個月大時想要從塑膠浴缸爬向我，緊緊抓住我的手臂那樣。

我的聲音在他的胸口低沉了起來，卻沒辦法停下來：「你的白色櫃子裡有三罐維他命和鈣片，記得每天吃。牙刷的刷毛開了就要換新的。記得多喝水，背包裡隨時帶著帽子和雨傘，因為威斯康辛州老是下雨又很冷。吃東西前要看一下成分。每坐一個小時就要起來動個五分鐘。如果覺得不舒服需要去診所，就要馬上去。」

我壓抑住喉頭湧起的哽咽，不知道自己到底在做什麼，但其實我知道，我還是哭了，但繼續說：「隨時準備乾洗手液，濕襪子對身體不好，每天都要看看藍色和綠色的景物，還有壞血病是真實存在。」

我知道如果現在不說，就永遠沒機會好好說再見。所以我挺起肩膀向後退一步，我張開嘴巴，想說出前一天準備好的充滿愛與智慧的言語，但是聲音聽起來卻沙啞無比。我一直講一直講的那些都不是最重要的，我前一天練習了好幾次的美好說詞，我決定要說出來的肺腑之言根本還沒說出口。突然間，我的眼淚像溪流般，不，是像小河和瀑布般狂瀉而下，我整個人貼在兒子身上，淚水浸濕了他的襯衫，像鐘擺般在他的身上抖動。我試著從他身上移開，但卻辦不到，我哭得像隻青蛙在叫。

「媽，」兒子疑惑地問我：「妳為什麼哭得這麼傷心？」

他問得如此直白，好像答案應該很簡單似地。我用力眨眼，把頭埋進他的脖子裡。

我再也不能跟在他身邊確認他做的每一件事，所以我需要他自己做好，需要他聽我的指令學會照顧自己，因為這樣他才能保護好自己，健健康康，安全快樂。

我摟著他的肩膀，想讓他知道我只是希望他做到我剛剛像五分鐘之內吹爆五十顆氣球所說的那些話。

打從他出生以來就一直是我照顧著他，而現在我不能再陪伴著他。他必須是那個確認自己每一晚都能平安回到家的人，而且不能戴耳機走在路上。

因為眼前的這個寶貝讓我們感到驕傲，我們是如此地愛著他，也相信他會做得很好。

如果 Google 翻譯能做得到，那麼他就能夠知道我說的「要勤洗手，因為和你握手的人可能上廁所從來不洗手」的正確翻譯會是「你媽太愛你，愛到都變笨了！」

當你開車離開之後

我們詢問了好幾百位父母，他們送孩子進大學宿舍之後如何調適自己的情緒。其中最多人回覆的，是把思緒專注於孩子在新環境裡會有多快樂。第二名是把注意力放在仍住在家裡的孩子身上。接著是讓自己忙於工作和其他活動，或是嘗試新活動（像是加入健身俱樂部，定期和朋友聚餐，重新關注在既有的工作或創業。）

其他的建議還包括：

- **假使你的預算和時間上都允許，離家度假個幾天。**在完成這一個關鍵性階段任務之後，能夠有新的心情轉換再回到日常應該很不錯。
- **規劃下一次和孩子見面的時間。**可能是中秋節或是連續假日，知道自己會在哪一天和孩子見面，能讓你有所期待。
- **決定平常用什麼方式和孩子聯繫。**我們有很多方式可以和孩子交流，但那並不表示我們會常常聽到他們的消息。擬定一個適合彼此的方式，有些孩子很愛用電話聊天，有些比較喜歡傳簡訊，找出你們喜歡的方式。或是說服他們使用視訊？問他們想不想跟家裡的狗打招呼……這一招應該很管用。

- **對自己好一點。**倘若你覺得失落，允許自己有一小段哀傷的時間。大多數的父母會說服自己沒什麼好覺得傷心的，因為孩子上大學是一件好事。但是……如果需要的話，你還是可以傷心一陣子。一位有四個孩子的媽媽提醒我們，坦承自己內心的感受並說出來是一件很重要的事，她說：「分享我的感覺能夠幫助我誠實面對孩子離開後帶來的感傷和焦慮，儘管之後我們可能都很享受分開後的自由。」許多父母發現，感到心痛的時間其實比他們預期的短。
- **即使你的孩子有了新的收件地址，並不表示你的育兒之路已經抵達終點。**你只是把孩子送往更寬廣的世界，他們可以在那裡學到更多，在他們尚未全然成為成人之前，你依然扮演著最專注的聆聽者與給予忠告的重要角色。
- **尋找和你有共同感覺的人。**當孩子漸漸長大之後，我們也和從前圍繞著他們的社群慢慢失聯。我們再也不像孩子小時候那樣和其他父母成為一個小團體。所以，找一個能夠理解你正經歷這件事的朋友，這種改變如此之大，你需要一個同伴。
- **和孩子談談你們未來的關係。**他們需要什麼？你們該如何保持緊密的親子關係？明確告訴他們即使分隔兩地，你還是非常重視家庭的親密感，並瞭解孩子希望你們的關係接下來會是什麼樣的狀況。

我們希望早點說的事

我們喜歡看條列式的清單，甚至有些研究顯示當訊息經過整理之後，會讓人更容易理解並記得更清楚。因為我們不需要花力氣抓出重點，只需要記住。所以以下這三十五條精簡但非常必要的事情，是我們希望和即將飛出家門的孩子說的。有些我們可能曾經說過，有些我們可能期望即使不說孩子也能知道，還有些是在他們大一時用簡訊含糊帶過的。

1. 你知道的，我一直是你生命中的頭號粉絲，我身上的每一個細胞都確定你已經準備好了。
2. 我離開你時留下的眼淚，是喜悅的淚水，是生命為我們帶來禮物時的喜極而泣。你就是上天給我們的禮物。
3. 在需要的時候尋求幫助。無論是學業、心理或醫療方面，你更無須因為自己需要幫助而感到羞愧。
4. 沒有其他經驗像大學第一個星期的經歷，所以請好好把握這個機會。
5. 你會想家。如果不會，過去十八年來的回憶會變得很悲哀。想家的時候請打電話回來，我們會提醒你很快就能再見。
6. 當你傷心的時候請儘管打電話給我們，但是請不要只有在悲傷的時候才打喔！
7. 大學的課業並不容易，加上社交生活、體育賽事和其他活動等等，可能會讓你不堪負荷。但是千萬不要輕易放棄你喜歡做的事，像是跑步、聽音樂、看電影等，這些事能讓你保持正常。

8. 懷孕、性傳染病……所以請記得用保險套，之所以稱為保險套是有原因的。
9. 如果可以的話，每個學期至少選一堂小班授課的課。
10. 我在，我永遠都會在。
11. 和教授熟識，倘若你不能或不想這麼做，至少和助教熟一點。
12. 當你對學習真正感到興奮和有興趣，那就對了，這正是你上大學的目的。
13. 至少選一門與電腦科學相關的課，這是現代生活中一定要會的一項技能。
14. 想要結交好朋友的唯一方式，就是自己先當個好朋友。
15. 假使你的某個兄弟姊妹就是你最好的朋友，那麼你的生活會過得更好，所以別只因為搬離開家就忽略他們。
16. 節儉是一種習慣，請從現在開始養成。
17. 假使你不好好愛惜自己的身體，它會展開反擊。吃營養的食物、常運動，然後好好睡覺。
18. 時間管理是你在大學裡最重要的學習之一。
19. 不過你將學到最重要的事項，將會是思辨能力與深度思考。不要白白浪費了大學四年所帶給你的智力發展，盡可能深入瞭解與思考。
20. 你不需要學會如何正確摺床單，永遠不用。

21. 發生在你眼前的事永遠會比在電話裡聽到的更重要、更真實也更記憶深刻，所以不要當個低頭族。

22. 倘若有某件事在你清醒的時候看起來不是個好主意，可是幾杯酒下肚後卻突然覺得似乎還不錯，那麼它肯定不是個好主意。

23. 除非你主修餐飲藝術，否則就別再拍食物照了，沒人在意你吃些什麼。

24. 學習一些你從來不知道的事。

25. 知道最近的急診醫院在哪裡，因為你可能會在半夜兩點突然需要掛急診，但是電話可能壞了或打不通，學生服務中心也關門了。

26. 參加些什麼，什麼都好。

27. 有時候你可能覺得害怕、焦慮甚至擔心會失敗，每個人都會，重要的是你會如何面對。

28. 你正在人生旅程中的獨特階段，你可以往前行，感覺自己是個大人，但是換個方向又覺得自己還是個小孩。請享受此刻，因為人生只有一次這樣的機會。

29. 開架式藥品依然是一種藥，請仔細閱讀使用方式，或是打電話問我。

30. 在你還有兩件乾淨內褲的時候就趕緊去洗衣服，不要等到沒內褲穿了才洗。

31. 隨時帶五百元在身上，因為有些地方不能使用信用卡。

32. 還記得你的高中生活好像永遠沒有結束的一天嗎？大學可不一樣。

33. 禮貌很重要，永遠都是，而且到哪裡都一樣。

34. 你的爺爺奶奶和兄弟姊妹都很愛你，記得打個電話給他們，讓他們知道你的大學生活過得如何。

35. 你的狗陪你度過了童年時光，我們開車載你去上大學時，牠也會在家裡，離開前請好好抱抱牠吧！

孩子成長的這幾年，我們應該都快變成購物專家了。蠟筆、安全剪刀、不同顏色的檔案夾、筆記型電腦，買這買那的，為青少年孩子上大學做準備，思考如何打包並幫他們搬進宿舍，是校園採購的最終戰（但還不算是最後一次幫他們搬進搬出）。從許多方面而言，這件事是讓我們分心的完美方法——因為把心思放在似乎永無止盡的購物清單上，比擔心家裡即將發生大變動容易許多。我們希望這些實際的準備事項，能夠幫助你和青少年產生互動，除了為他們的離去做準備，也能照顧到情緒面的波動，或至少能讓你暫時分心。

Chapter 9

大學生活

一直不斷聯繫大概最容易把孩子推得更遠。如果能給我們一些空間，你們打來的電話對我們才會更有意義。因為我會更興奮地告訴你我正在做的事，告訴你發生在朋友身上的好笑事，或者抱怨某個狠心的教授。我父母今年讓我自己決定什麼時候打電話回家，這樣我就可以挪出時間，專心地和他們說說話，才不會在上課之間或一整天忙得筋疲力竭之後無心交談。這麼做對我和爸媽都很開心，我發現自己每兩、三天就會打電話回家，比去年的次數還頻繁呢！

——卡莉，大二生

我們花很多時間在大學的入學申請，以及孩子上大學之後的過渡期，反而遺漏了最重要的事：他們在大學裡的時光。雖然搬進宿舍那天就像搭一趟情緒雲霄飛車（對父母和孩子都是），但實際上剛進大學那幾天或幾個星期，對青少年而言是既興奮又害怕。讓我們誠實一點說，也可能是一段傷心或失望的日子。

如同前面所說，由加州大學洛杉磯分校所做的大規模與長期調查顯示，超過七十%以上的大一新生發現自己很想家或覺得孤單。很多學生對此感到意外，他們這麼努力地升上大學，也和家人道別展開新生活，更從所有的社群媒體上看到他們的高中同學過得有多開心。麗莎的其中一個兒子愛極了他的大學生活，形容他在大學裡的生活是「人生中最棒的三年半」。離開父母、家人、和每一個你認識和所愛的人，然後到一個新的學校，並不是一個最容易或最快樂的時刻，但很多父母和孩子都不願意承認。

成人對青少年的期望，也會影響孩子的大學生活。當我們分享自己大學時的那些美好回憶——堅稱他們接下來的四年也會有著理想生活時，我們會造成孩子的錯誤期待與傷害，因為現實的大學生活，可能會和青少年從接到入學通知時就開始想像的截然不同。

我們請教臨床心理學家雪倫・賈克斯（Sharon Jacques）博士點出其中的一些迷思，引導大一新鮮人理解可能遇到的狀況。賈克斯博士提出六項大學中常出現的迷思，並提供解答。她建議家長們在孩子進大學前，先跟他們談談這幾個想法，這麼做能夠大大降低新鮮人的挫折感。

關於大學的迷思

「每個人對上大學都感到興奮無比。」

要上大學了孩子們當然一定都很興奮，但是緊張不安、焦慮、或是悲傷的感覺也同樣遽升。或許你已經感覺到孩子的這些情緒，或者你可能察覺到一些具體的現象，像是感覺不適、心跳加速、頭暈、噁心、有睡眠上的困擾，或是頭痛等。

這些都可能是不安和焦慮的徵兆，不過在面對人生的重大改變時，這些情況都是一種正常的反應。你的孩子可能對自己有這些感覺或焦躁覺得丟臉，但事實上大多數即將上大學的孩子不會互相分享自己有這些反應，因為連自己都很難承認了，更何況讓別人知道。然而即使無法改變現實狀況，但是如果能與信任的人分享這些顧慮，將能夠大大減輕孩子的壓力。

其他有幫助的方式，包括提醒自己過去遇到難題、面對新的狀況或壓力時都能調適得很好，並希望能從中獲得成長。沈浸在憂慮之中的孩子，現在可能難以注意到自己擁有的挫折忍受力，所以請找出能幫助自己在壓力下依然覺得堅定與強大的某件事，然後謹記在心，並在之後需要的時候使用。

「大學裡的每個人都會到處參加派對，所以我也應該這麼做，不然會沒辦法融入。」

有時候青少年會用一連串的活動來讓自己分心，暫時避免緊張、想家或悲傷的感覺，以致於參加太多派對。在許多大學中，大一新鮮人參加派對的次數比其他學生多很多，通常想家是其中一個原因，另一個原因則是他們（第一次）感受到真正的能夠自由去做自己想做的事，而不必考慮到父母，他們可以不受限制地喝酒，也不必擔心門禁時間。其實很多新生並不是真的那麼想參加派對，他們只是希望多認識一些朋友。

想認識朋友，可以在週末參加不包括酒在內的活動。即使參加派對，也可以在人群中找出只喝一點酒甚至都不喝酒的人，真有這種人。有時候你只要簡單地選擇參加哪一類型的派對，就能知道自己能否融入。

「每個人都會很快地適應大學生活。」

讓我再說一次，表面上看起來永遠都不一定是真的。大多數的大學生對校園生活還不是很適應，但他們不會想要說出口。通常天性外向的人在交朋友、和不熟的室友相處、適應新場所以及在人群眾多的地方，壓力相對比較小。但即使再怎麼外向，離開老朋友和家人，還是會讓人感到不自在。所以你遇到的每一個新同學，也會有不同程度的類似感受。這和下一個迷思有相關性……

「在校園裡幾乎立刻就能交到朋友。」

這絕對是錯的。許多孩子花了整整一年或兩年才真正交到好朋友。你可能在校園內有幾個熟識的人，但我們都清楚一起在課外時間聊天和真正的好朋友之間的差別。

從本質上而言，能夠與另一個人建立深厚的連結，是一種很特別的情感。即使你已經是一個外向的人，還是需要花一些時間找到一群真正的閨蜜。

如果你是一個內向的人，請提醒自己還是有能力與他人建立深厚的友誼，只不過你需要強迫自己走出房門（籌備活動是一個很好的社交「藉口」）。

「大多數人都不會想家。」

一開始有多想家和你之後會多喜歡這個學校、或者能有多少個好朋友，沒有任何的連帶關係。想家是很正常的反應，特別是在最脆弱的時刻：當你晚上準備睡覺時、早上走路去上課時、或是心情不好的時候。那也是為什麼很多人寧願多參加一些活動，好讓自己轉移想家的感覺和心情，甚至焦慮狀態。參加活動還有另一項好處，它能讓你和其他人產生連結，更快地和大家打成一片。雖然常打電話回家不能算是一件壞事，不過若能在校園裡交到好友，也能幫助孩子與此地產生連結關係。

「如果無法很快決定主修科目，我未來的職業生涯可能會受到影響。」

除非你進入的是特定大學（例如：工業科技或藝術大學），否則大多數學生對自己將來的職業選項或主修科目，都還不是很確定——這當中或許也會有所改變。所以，請先放輕鬆，你已經進入大學了，目前不需要證明什麼。不過可以提早和教授或是助教聊聊，藉由他們更寬闊的眼光與經驗，指引你找出整個決策的關鍵點。

即使你已經成功克服以上這六個迷思，想要適應大學生活可能仍然並不容易。每個大學都設有諮商中心，所以如果發現自己有情緒變動、焦慮、悲傷、或讓你擔心的事，請尋求諮商人員的協助，最好也讓父母知道。目的是讓大人能夠即時幫助你。

忠於自我，並善用身邊的資源。大學裡充滿了各式各樣的資源，愈早知道對自己愈有利。如果這些都沒有幫助，媽媽會最瞭解。若有什麼煩心事，我會毫不猶豫地打電話給我媽。父母通常比我們認為的還要能夠理解狀況，所以不要害怕向他們求助。我認為

這麼做反而會讓他們感到開心。

——馬克，21歲

你家大一生晚上打回家的電話

當大學生活的經驗不如孩子預期時，父母通常是第一個知道的。假使你的大學新鮮人打電話抱怨學校生活，請不要因此感到失望或沮喪。首先，他們把父母當成「情緒垃圾桶」是很正常的事，心理學家麗莎・達摩爾如此解釋，向與他們日常保持一段距離且最安全的人吐露自己面對的挑戰，也許只是想得到一點安慰而已。其次，這是一個好徵兆，表示他們正專注於任何可能正在進行的事（而不是忽略問題），也覺得和你夠親近所以能夠坦誠一切並不完美。最後，有時候你的青少年只是單純地想確認自己的問題並不罕見，或許只要一起討論，就能找出之後可以實際去做的解決方法。

前哈佛大學神學院院長與大學退休校長，也是一位父親的羅傑・馬丁（Roger Martin）博士，有多年和大學生相處的經驗。他提供一些在深夜接到大一生兒女打電話回家時的典型問題，以及家長的處理建議：

「媽和爸，我真的受不了我的室友。」

根據加州大學洛杉磯分校高等教育研究機構指出，幾乎一半以上的學生都和室友產生問題。但是成長的一大部分就是學習如何和原本可能相處不來的人共處。這是他們一輩子都需要也會用得上的技能。不過，還是有些室友的狀況的確令人無法忍受。愛荷華州蘇市（Sioux City）晨邊學院（Morningside College）的學生獎助中心副主任雪莉・海曼（Sheri Hineman）指出，你的孩子——不是你，應該向學生事務中心求助，來解決這個問題（根據海曼說，這些問題幾乎都有能夠解決的方法）。假使這個層級的行政人員無法做出妥善的處理，可以請孩子向更高層求援，或許是院長。只有在問題非常嚴重（例如：室友吸毒），並且該負責的人沒有適當或適時解決時，父母才應該介入

「教練都不讓我上場。」

每一個運動員幾乎都是從坐冷板凳開始，大一生也不該預期自己馬上就能成為先發。不過如果在練習時，也毫無明顯理由地一直坐冷板凳的話，瓦薩學院（Vassar College）的足球教練安迪・詹寧斯（Andy Jennings）建議大一新鮮人先與隊長聊聊，然後再找教練討論。雖然教練決定誰可以上場必然有其理由，但是在討論的過程當中或許能提供一些不同的觀點。父母也可以和孩子討論其他的運動選項，許多人覺得單純當個觀眾或是參加俱樂部也很有成就感。

「學校裡沒什麼事，我週末可以回家嗎？」

如果你的孩子每個週末都回家，這樣似乎不太正常。他們的理由通常都是學校裡沒什麼事。晨邊學院的宿舍管理主任莎莉．班森（Shari Benson）認為校園裡其實每個周末都有很多活動，倘若大一生經常回家，將很難從中和他人建立友誼。

「我沒錢了。」

大一生的生活費好像一直都不夠用，有時候是有正當理由。大學的花費並不便宜，許多父母也盡其所能地負擔學費、住宿費、甚至遊學的費用，再加上買演唱會門票和星冰樂或手搖飲料的錢。所以倒不如鼓勵孩子找一個校內工讀的工作來賺一點零用錢，甚至幫忙負擔部分學費。在馬里蘭州切斯特鎮的華盛頓學院（Washington College）擔任學生獎助中心副主任的娜塔莉．史朵睿（Natalie Story）指出，兼職的大一生不僅更有可能完成大學教育，研究也顯示每個星期工作二十個小時或少於二十個小時，在課業成績上都比完全沒工作的學生表現得好。在大學的工作經歷，也能對畢業之後找工作有所幫助。

「我沒辦法準時交作業。」

這個問題的原因很多，很可能是時間管理出狀況，或者這是他們升上大學之後遇到的最大挑戰。塔夫茨大學（Tufts University）職涯服務中心副主任妮可．安德森（Nicole Anderson）建議無法及時繳交作業的大一生，不妨考慮到校園寫作中心或課業服務中心求助。中心的人能夠提供一些有用的點子，幫助學生做更好的時間管理並善盡自己的責任。

無可比擬的日子

任職並指導耶魯大學人類實驗室的尼可拉斯．克里斯塔基（Nicholas A. Christakis）博士是一位臨床醫師與社會學家，他認為學生們有足夠的時間找出自己想要研究的主修科目，並在學術表現上有所發展，但是第一年的大學生活是一個與眾不同的時光，他形容這一年為「機會之窗」。

雖然在第一個學期，走上前開口和同學聊天似乎還是怪怪的，或是覺得尷尬，但這在最初的幾個星期都很正常。克里斯塔基解釋：「當一群陌生人一起進入新的環境時，社會障礙往往會消失。試想一群搭郵輪的旅客，參加暑期營隊的青少年，或一群英國詩人傑弗里．喬叟（Geoffrey Chaucer）的崇拜者不斷在團體中聊著和自己有關的內容。面對共同的困難，像是新生説明會的無聊，或是考試的壓力下，會讓彼此間的聯繫更為堅固。若是錯過了關鍵的交流機會，社交的帷幕就會慢慢下降。根據我自己的經驗，包括曾在哈佛與耶魯大學擔任宿舍主任，這段關鍵期大致上約三個星期的時間，大家的態度會逐漸穩固，友誼也開始成形，但是剛開始看似開放與慷慨的行為，在這之後可能會令人覺得被迫，甚至有一點古怪。」

這並不表示如果學生們沒在大一就與他人產生重要並有意義的連結，以後就會失去機會，只是這段時期的所有社交活動最多，遇見同學也比較容易。

上大學不是唯一選項

很多人都提到進入大學就讀並在四年內畢業，其實是一個不簡單的挑戰。臉書上到處都是驕傲的父母們宣佈自己的孩子將在何處就學，這是他們多年來努力與奉獻的累積，也值得被按讚。但是梅麗莎・芬頓指出，對許多青少年來說，上大學並不在他們的選項之列。

由於多方面的原因以及家庭狀況，許多學生在開學後並不會住進某間大學宿舍裡，而是前往地方大學就讀。但是我們幾乎看不到父母們為此誇耀自己的孩子，為什麼呢？或者，為什麼不？無論你的孩子選擇休學在家一年，或是就讀地方大學，都絕對不需要感到羞赧。

不信嗎？那麼猜猜看下面這些成功名人有哪一個共通性？作家譚恩美（Amy Tan）、導演喬治・盧卡斯，美國太空總署的太空人艾琳・柯林斯（Eileen Collins）、美國首位拉丁裔女性議員伊莉雅納・羅斯－萊蒂奈（Ileana Ros-Lehtinen）、美國公共電視台新聞節目主持人吉姆・萊瑞爾（Jim Lehrer）、好市多首席執行長詹姆斯・辛尼格（James Sinegal）、還有普立茲獎得主奧斯卡・伊胡洛斯（Oscar Hijuelos），他們都是地方大學畢業的。

假使你最近有機會到地方大學參觀，可能會對這些學校的環境品質有所改觀。現在有許多的地方大學校園寬闊，整體的規劃與發展也比從前進步很多。那麼地方大學可以為孩子提供什麼？為什麼它們如今對許多學生而言也是一個很好的選擇呢？

費用較低：先在兩年制的地方大學取得學位之後，再轉學到須就學四年的大學，算起來的總費用會省好幾十萬。通常在地方大學就讀的學生學貸會比四年大學少很多，因為地方大學的學費比較低廉。假使之後決定轉學，若你在地方大學的成績優異，甚至可以獲得獎學金。

獎學金多：地方大學為了吸引優秀學生入學，常會提供入學獎學金，只要你的入學成績優良，機會就很高。而且地方大學的人數也比一般大學少，獲得獎學金的機率也因此比較高。

職業、建教合作、專業證照課程：地方大學也經常提供實習與考取專業證照的課程，而且非常多元，像是緊急醫療人員、消防員、警察、專業醫療助理、軟體開發、物理治療、美容師、芳療師、保育人員，以及許許多多各式各樣的工作職業培育，例如：園藝、焊接、水電、木工和汽車修繕技術。這些都是需求很高的工作，通常實習期間即可領取薪水補助，而且兩年內就可以受訓完成並具備考證照的資格。

體育方面：如果還不夠資格進入體育相關的頂級學校，許多運動員會先選擇就讀地方大學並參加校隊，累積經驗與成績，再從中努力找機會進入專業領域。

小班授課，關注更多：通常一般大學的大一基礎生物課的學生人數很多，可能有多達一百多個人擠在一間大講堂裡，但在地方大學的規模就小很多。人數少代表你會得到教授的關注更多，他會記住你的名字，也有更多時間協助學生，甚至提供一對一的指導。由於許多地方大學的學生都是白天有工作的專業人士，因此學校也會提供大量的線上課程，方便一邊就學、一邊就業，幫助學生在獲取學位的同時，也能兼顧工作。

多元的學生：大多數的大型大學都會宣稱校內學生多元，但是仔細調查後，大多數的學生年齡都在十八至二十四歲，生活經歷也比較少。而一般地方大學的課堂學生有各個年齡，無論是家庭背景、居住區域、或是生活經驗都比較豐富。剛踏出高中校門的十八歲青少年，與有二十多年工作經驗想轉職的中年人一起坐在課室中，能夠產生很多相互學習的火花，年輕人更能從已經在「真實世界」中打過滾，並清楚教育的重要性的「老」同學身上獲益很多。

豐富的社群：地方大學的校園內跟大型的四年制大學同樣充滿活力，也有很多具備不同特殊興趣的團體和社團，不同文化的學生組織、體育活動、實習機會以及職涯規畫中心和工作協尋的服務。

社區網絡資源：地方大學可以讓學生更有機會接觸當地的專業人士，其中有許多甚至是你的教授或同學。因此當有工作機會時，即將畢業的你可能就立刻有面試的機會。

過來人的真心話

為孩子提供建議或只是回答他們的問題，有時候會讓父母感到有點痛苦，因為我們的經驗早已過時。所以有些關於大學生活的相關建議不是來自於父母，而是近期的「過來人」。這些過來人提供了許多他們希望在大學時，有人能夠早點分享的智慧。

大一新鮮人

在這第一年裡讓自己多接觸各種活動，盡可能認識愈多同學。這是每個人都在同一條船上的獨特時間——沒有誰跟誰熟識，而且每個人都想交到朋友。從幾乎認識每個人的高中，到幾乎一個人也不認識的大學，對孩子來說也是一個挑戰，所以我們絕對不會刻意美化，因為一開始真的可能很難適應。假使你感到寂寞或想家，你不會是僅有的一個。你計劃上大學已經好幾年了，但是等你真的進入大學後，還是需要做大幅的調整與適應。你身邊所有的大一新鮮人也是如此，即使他們沒有表現出來。

別太在意高中同學在社群媒體上傳的內容，他們其實跟你一樣覺得迷惘。盡早加入某個團體，即使你可能很快就想退出，即使也不是你熱愛的。加入團隊或社團只是讓你能從一開始就參加一些活動，並創造交朋友的機會。愈早結交朋友並找到屬於自己的歸屬，就會讓你愈快享受校園生活。即使你覺得這件學校很討厭、有轉學的念頭，至少在寒假之前還是要盡己所能，一旦生活穩定下來，也找到一群好朋友之後，就會愈來愈好。

不要不好意思尋求課業上的協助（特別是你以前從不需要）。許多學校在這部分都會有充足的資源，所以請好好利用。不要靠自己單打獨鬥，小組合作、共同討論以及其他學術共享，都是大學很正常的方式，和高中時的個人學習非常不一樣。許多大學課程不但希望你能團體合作，這也是結交朋友的好方法。最好在期中考之前就能找到共同學習的小組（如果想要避免新鮮人狂增胖的魔咒，找一個一起健身的夥伴也不錯。）

當心中產生疑慮時，打開心房。有時候你只是需要強迫自己加入合唱團，或是參加擲飛盤大賽。或者打電話回家聽聽往常嫌媽媽嘮叨的聲音，然後聽聽她的意見。

大二生

如果你在第一年建立了一個朋友圈，那真是太棒了！現在是讓世界更寬廣的時候。強迫自己走出熟悉的團體，以開放的心態結交新朋友。你永遠都會和某些原來的朋友維持深厚的友情，但是你也會很開心認識更多人——特別是在新城市或另一個國家的某一天。而且你永遠也不會知道這群新朋友裡，將來也有可能成為你的好朋友。

現在的你已經熟悉了新環境，所以接下來試著保持日常的常態。在這個第二年中，你會持續遇到巨大的變動，請找出能讓你堅持下去的某樣事物，讓它幫助你適應新狀況、新的日程安排、一群新朋友以及新的期待。你的常態或許是一直持續在做的活動，像是新嗜好、睡前必讀可安撫你心靈的系列書籍、新的或經典電視節目、每個星期一次拜訪附近的咖啡店並喝杯咖啡，或其他事項。

無論你的常態是什麼，讓它成為一種如同每天都要刷牙的習慣，例如運動就是一項很好的常態性活動，因為這是另一種不同的投入——不需要被打成績或被評斷，但是你依然會為自己設立目標（此外，也會讓你維持健康並感覺良好）。

常態是生命給你的禮物，即使是從大學畢業之後，你也還是能持續投入。當你遇到讓你感到害怕的轉折，像是即將投入職場，你都能藉由常態安定自己的心。

大三生和大四生

身為資深學生，你可能已經認定了一群好朋友和熱愛的活動，也建立了日常的常態並生活得輕鬆自在。你或許想試著放輕鬆，但是大學最後這兩年應該是持續探索與成長的歲月，所以請繼續交新朋友，繼續尋求新的嘗試機會，與其讓自己沒壓力，不如好好利用時間找工作或實習的機會。假使你能在大四下學期時找到一份真正有機會的工作，這時候你才真正可以終於放鬆享受剩下的幾個月。不要害怕運用你擁有的資源，關係是現實世界中的關鍵成功要素之一，當然也別忘了善用學校提供的任何職涯諮詢的服務。

倘若你的第一份工作不是非常完美，請別太擔心，因為幾年之後你大概會為了另一個更有前景或有趣的工作而離開。此外，也別因為優柔寡斷而太猶豫不決，雖然決定任職某樣工作，可能會連帶失去一些機會，但也會打開其他新機會。辦一張信用卡，偶爾使用，但是務必每個月都把錢繳清，以累積良好的信用，等某一天你需要買車或租房子時，就會派上用場。有些公司在聘用員工時也會確認對方的信用，以評估是否負責任或值得信賴。

倘若你考慮繼續讀研究所，現在應該確認需要準備哪些考試，並趁你的大腦開啟用功模式時開始做準備。找一位一起用功的夥伴，然後互相勉勵與努力。即使你現在正處於寫論文的當下，但是比起日後擁有全職工作在身，現在反而有比較多的時間。而且大多數的考試成績都能夠保留一、兩年，讓你決定是否繼續讀書或是先工作。不妨利用剩下的學期時間，選一門你感興趣，但和你的職涯選擇完全不相關的課；如果能選一門讓你害怕的課更好。如果你的主修是數學，選一門藝術史的課來上（或正好相反）。選擇任何讓你覺得受到啟發的課，即使你必須很早就起床。

找一些你從未見過面的教授，透過喝咖啡的邀請詢問他們的研究領域。這可能是你人生中最後一次能如此幸運地享受學習你完全外行的東西。到了大四時，請至少和一位行政人員保持熟識，最好是即使已經畢業兩年了，他們還能叫得出你的名字，也樂意幫你寫工作上或申請研究所的推薦信。你需要對這個人有足夠的瞭解，並在畢業後樂於互通電子郵件。

在大學的每一年並非都得為了下一年做準備，但是到了大四時，你可以考慮自己在畢業之前還想做些什麼。有哪些表演和演講是你想看、想聽的？是否還有你想做的研究？或者只想靜靜地在不曾走過的校園一角漫步？大四這一年會比其他三年過得都快，所以請確保在你穿上大學服和戴上畢業帽之前，把清單上想做的事都完成。

參觀校園

父母第一次到學校看新入學的兒女，可能會有點尷尬。其中大家都有共鳴的一項，就是孩子可能不如預期地那麼想花時間和我們在一起。雖然他們在家庭聚會的時候偶爾回家，也會說想家之類的話；雖然他們在電話中似乎非常興奮的提出邀請，但是當我們真正到了學校之後，那種興奮的期待好像降低了很多。我們參觀的同時，他們也有朋友聚會、運動、一些活動和課業上的事要做。他們當然很開心跟我們見面，但是當他們在派對中或是合唱練習時，父母會有自己好像被丟下的感覺——即使我們知道這完全是必然的事。以下是這個經驗教我們的幾件事：

請帶著禮物參加，沒有比和室友或同棟宿舍的新朋友分享父母帶來的家鄉食物、自製甜點或有趣的東西更棒的事了。

不要進入孩子的寢室，或是急於想要整理、清潔、物歸原位地想要把一切都重新安置好。假使你真的愚昧地參觀他們的宿舍，請遠離浴室，就聽我這一句。請利用這次面對面的機會，告訴幾乎算成人的孩子你有多為他或她的主動和這次的拜訪感到而驕傲，孩子們對來自父母的稱讚永遠聽不煩。這也是一個好機會對孩子說出幾個月前你想說的話，以及曾經流過的眼淚。不要預設所有的一切都會很完美的想法。大學生活的並不輕鬆，就像我們其中一個孩子說的：「這是一段有高低起伏的旅程。」大學生也常常會受到社群媒體的影響，以為其他的每一個人都能做好生活規劃，享受大學生活。

需要的話請儘早訂房間，有時候旅館的房間有限，所以最好提早計劃。可以邀請孩子的室友或朋友一起吃個飯，即使只是簡單地吃個漢堡、披薩。沒有什麼比透過孩子的朋友，更能讓你瞭解他們的生活。如果你的青少年孩子想跟你一起在旅館裡過夜，不要感到訝異。他們雖然很習慣又擠又吵又亂的宿舍（有時候還會有室友的朋友或兄弟姊妹借住一晚），但是相比較之下，當然是在旅館和你一起睡比較舒服。

盡量讓孩子說，不要打斷他們，讓他們抒發課業挑戰和社交生活上的壓力。家裡常會有很多事情的干擾，趁這個機會好好聽聽大學孩子的實際生活情況。不要只是說「一切都會變好」、「每個人都需要一段適應期」這種毫無幫助的話。提供建設性的建議、同理與支持。我們在這裡不是為了幫助他們解決問題，而是幫助他們思考解決的方法。

不要毫無計畫地來到校園，這樣孩子會以為你們只是想在校園裡閒逛，我們來這裡絕對不是為了在宿舍閒逛。安排一些一家人喜歡做的事，提醒每個人你們共享的興趣和感情。可以是一起看電影、逛博物館、吃特別的食物、看運動比賽、或是和文化宗教信仰有關等。不要安排太多活動，最好在孩子露出疲態前就離開，讓他們期待下一次的到來。離開時一定要留下一點什麼，像是簡單的字條、一張現金禮物卡（用來買洋芋片或冰淇淋和室友分享），或是一條新圍巾，提醒孩子你回家之後都還是會愛著他們。

參加校內活動、表演或是遊戲，這麼做能讓你更瞭解校園的氛圍。不要讓孩子表現得好像還是個國中生，不要讓他們因為父母的行為感到尷尬。如果他們想要被當個成年人看待，就必須表現得像個成年人。請明白這次的離別，還是會讓人有一點難過，雖然不像首次開車載他們到宿舍時那樣痛，但是要離開我們愛的人從來就不是一件容易的事。不要在這時候嘮叨他們都不打電話回家或是錢花太兇，這些事可以之後找時間再說，而且最好在電話裡說。

一起來個自拍，好啦！或是簡單拍個照就好。雖然這麼做會讓你覺得像個遊客，但離開之後，這些照片都會成為日後快樂的回憶片刻。請孩子不要在拍照時作怪，提醒他或她，你們花了許多時間和金錢終於等到這一刻，只要求好好拍一張照片。

我們不想刻意美化，所以或許在這期間你會問自己，這次的探訪真的值得嗎？因為你的孩子似乎沒做任何規畫，而且整天都盯著手機。或許她等不及離開餐廳（這可是你花了好幾個小時搜尋，確認會讓等待好幾個月終於實現的家庭聚餐更完美的地點），趕著參加音樂會。或許你們經過校園時孩子和好幾個人打招呼，卻都沒向對方介紹你們是誰。而你們花了錢、舟車勞頓地來到這裡，為了付孩子的學費省吃儉用，卻感受不到他任何的感激之情。

真的是這樣。然而或許當說再見的那一刻，當熟悉的感覺又哽在你喉嚨的時候，那種離別的感覺又來了，當你們緊緊擁抱好似一分鐘之久並說再見那時候——已經無須任何的言語。

誰能在大學裡成長茁壯

儘管如何在大學中成長的建議已經很多，我們還是藉由研究上的結果，來談談哪些行為和習慣能夠讓孩子順利戴上學士帽。研究結果證實，能夠讓自己融入大學生活——無論是學業、社交、運動或其他建設性方面，都讓他們更可能成功完成大學的學業。

參與

哈佛大學教授理查・萊特（Richard J. Light）在《強化學院與大學：哈佛評估研討會》（*Strengthening Colleges and Universities: The Harvard Assessment Seminars*）中寫道：「平均來說，每個學期至少選擇一門小規模課程的學生，整體來說會表現得比沒有這麼做的人更好。」萊特發現學生選擇一堂人數少於十六人的課，能夠有更高的課室參與度，也會更努力用功，因此比較少有輟學的結果。他解釋：「根據學生自己的評論，他們認為自己比在大班上課的課堂上更積極參與。這有兩種可能，因為小班制需要學生投入的時間更多，或者學生選擇花更多時間。」

歸屬感

不是每一個學生都有機會或負擔得起住在學校宿舍裡，不過許多研究顯示，大一新鮮人住在宿舍裡能夠增加社交參與，並產生歸屬感。住在宿舍裡的學生，也更有可能加入學習小組，參加課外活動，兩者都是未來成功的助力。一項大規模的大學成功數據調查發現，有所發展與成長的學生覺得自己屬於這個學校，他們非常融入校園生活，也有很好的社交連結。八十五％的這些調查證明了歸屬感也對學生的成績有正面的影響。

合作

高中時期所強調的個人努力——到了大學面臨需要課業合作時，就明顯缺乏經驗與訓練。在大學環境中蓬勃發展的孩子，通常是那些能夠主動尋找學習小組，讓自己與其他人在學術上有所交流的學生。事實上，這樣的小組不但會表現得更好，自我感覺也更佳。萊特觀察到：「參加課外學習小組的學生，會投入更多的學習時間，也覺得更具挑戰性，更對課程顯現出高度的個人興趣。他們會較不猶豫地尋求幫助，關鍵點在於他們建立的同儕關係不僅僅是社交上的，而是一起完成某項工作，像是一種探索，就像學生形容的『伸展』出自己的觸角。因此也毫不意外地，那些尚未感覺到發現自己，或邁開步伐的學生，會認為自己還沒建立這種關係。」

連結感

和教職員形成連結，像是助教、教練或課業顧問，能在你畢業之後獲得很大的幫助。一項由蓋洛普在二〇一四年針對普渡大學畢業生的調查顯示，學生回想有一位教授「對自己付出關心，讓自己對學習感到興趣，並鼓勵他們追求夢想，使得他們在工作上的成就更勝一籌。」這種關係不見得必須在正式的課程內，也可以在研究項目、委員會、或只是對話上。事實證明這樣的關係能夠增進大學體驗，並帶來持續性的好處。然而這樣的關係並不容易建立，我們發現學生經常需要被鼓勵或甚至嘮叨，才會勉為其難地接近教授。這些學生在高中時對於和容易接近並有趣的老師交談，似乎一點也不害羞，但是到了大學後卻變得有點畏懼。

任職於加州大學聖塔芭芭拉分校資訊工程學系的趙本（Ben Y. Zhao）教授說：「身為教授，我真的非常享受和學生們在課後或辦公室時間裡一對一的交流，但是我發現學生們常常以為教授們一點也不想和他們有任何關係。有些學生認為教授們『太忙了，最好不要打擾他們』，另外一些學生則覺得教授們通常離群索居或是具有反社會性格。他們害怕在課後進到教授們的辦公室，即使有疑問也常常因為怕被指責或忽視而不敢提出。大學裡有很多突顯自己的機會，然而學生們卻經常選擇隱藏自己。」趙教授繼續提到：「他們有時候只是需要一點主動性，無論是課後和教授討論課堂上的相關問題，本科研究職缺，或是兼職工作，學生們都應該更積極主動地提出自己的需求。」

動機

在大學裡表現得最好的學生，通常是那些受到啟發而產生學習慾望的一群。重要的是他們認為自己的能力並非僅止於此，而是具備提升與擴展的力量。卓越教學中心主任暨范德比大學退休歷史教授肯・貝恩（Ken Bain），在他所著的《如何訂做一個好學生：好學生深度學習指南及未來生涯規劃》提到，一個好學生「知道學習並不容易，成長需要付出努力。為了學習去除那些根深蒂固的思想習慣，所有人都必須啟動源於內在的學習動機，而非為了獎勵（成績和榮耀）才去努力。『成績並不重要』，每一個學習都必須發自於內在的想望，去學、去創造，然後成長。」

支持力量

最後兩個課業成功的要素，毫無意外的就是朋友與家人。兩者都持續給予學生正面影響，即使在青少年離家上大學之後，都能有助於增進大學的生活經驗。同儕之間的互動極具關鍵，其中一項研究顯示「校內學生的社交互動愈高，他們的教育啟發程度也會跟著提升。」最後，我們想說的是，即使孩子步上了自己的生活，父母對他們的影響顯然仍具高度關聯。與高中相比，大學之路更艱鉅也更具挑戰。研究顯示，大學生從大一到大四，都能從知道我們對他們一直存有信心，也一直會給予支持中獲得力量。

如何順利畢業

孩子順利進入大學之後，我們很難想像事情不如預期。因為他們會被錄取，表示有這個資格，所以在我們為孩子感到興奮時，幾乎不會想到之後會出什麼差錯。然而想要順利從大學畢業需要做好計畫，想要按時畢業更是要有一個周全的規劃。接下來，我們將探討為什麼有些學生無法畢業，並和德州奧斯汀分校自由藝術學院的院長藍迪・狄爾博士（Randy Diehl）一起找出父母可以協助之處。

讓我們先從以下幾個數據開始：

- 在美國非頂尖公立大學中，只有十九%的學生在四年間完成學業並順利畢業。
- 在美國的頂尖大學中，只有三十六%的學生，在四年內完成學業並順利畢業。
- 在美國每多讀一年，（本州學生）費用就會多增加七十萬美金以上，如果加上住宿和其他費用等等，更可能高達一百二十萬美金，若再加上本來應該在這一年賺取的薪資，全部總額將近兩百萬美金。
- 全美五百八十所公立大學裡，只有五十所公布大多數的學生都在四年內畢業。

無法在時間內畢業，會對學生的學業和專業發展產生阻礙，並造成巨大的財物缺口和感情障礙。對於這些面臨掙扎的學生而言，他們的個人挑戰也同時導致了全國性的社會問題。

美國的學生貸款目前高達一點五萬億美金，這簡直就是一個天文數字，且多是由延畢一至兩年的學生所導致。也難怪美國州政府特別針對低畢業率的學校進行管理，並視其為人民教育與福祉的重大威脅。德州系統大學的退休校長威廉．麥克拉文（William H. McRaven），對此特別強調：「對我來說，降低學生貸款負擔最有效的方式，就是增加四年畢業生的比例。我們由常識中可知，如果讀了五年大學才畢業，將會讓學生的花費比只讀四年多出二十五％。倘若哪所大學膽敢提高二十五％的學費，一定會被大力抵制，但這兩者是同樣的道理。」

那麼，為什麼有些孩子需要拖比較久才畢業呢？父母們可以做些什麼呢？我們將在以下分兩個部分來回答這個問題，讓我們先從為什麼需要四年以上才能畢業的原因開始。

缺乏計劃：你最近看過大學的課表單嗎？這麼多單獨的課程和必修、選修課，有時候難免讓孩子眼花撩亂。如果缺乏主修項目的規劃，或是完成畢業學分數的完整計畫，就很容易不小心多修了多餘的課，或缺了一門必修的學分課。事實上，大學畢業生一般平均修了一百三十四個學分，但其實只要修滿一百二十個學分就可以畢業了。

缺乏建議：註冊之前先與課程顧問見面，或許能幫學生全盤理解他們的應盡要求以及選擇。選課的競爭有時非常激烈，剛進校門的新鮮人很容易從一開始就遇上選不到課的窘境，或許可能導致最後無法在時間內順利完成應修課程。

關鍵課程的門檻人數：在一些大學裡，有些教授的課特別受歡迎，但是招收的學生人數有限，以至於無法滿足想選這門課的眾多人數需求。而有些學生如果無法順利選到這門課，就可能影響他們在四年內完成學業的計畫。

兼職工作或減輕壓力的影響：為了在四年後畢業，學生每個學期必須拿到十五個學分，以完成四年一百二十個學分才能畢業的規定。有些學生因為工作或家庭關係，無法達到修課的標準，或是必須兼職打工，如此一來他們勢必不可能在四年內準時畢業。

轉學與無法核抵的學分：不幸的是即使經過漫長的努力進入大學之後，有的學生可能決定他們需要轉學。每間學校都各自有接受轉學生的規定，當學生轉到另一所大學時，某些原先的學分可能無法被計算在內。

補救性的非學分課程：有些學生尚未準備好應對大學課程的學術要求，所以他們可能會被安排上一些不納入正式學分計算的補救性課程。

◆◆◆

狄爾博士和我們分享了德州大學系統與其他公立大學的成功經驗，也提供家長幫助高中及大學生在四年內完成學業的重要建議。

Q：想要在四年裡從大學畢業，學生們最應該具備哪一些策略？

1. 最重要的，是定期與課業顧問面談，並制定計畫。尚未具備任何概念或中途改變想法都沒關係，但是你必須先做好計畫，確定自己在什麼時候必須做選擇，你需要挖掘出自己的興趣，並選修適合探索這些興趣的課程。如果學生覺得和教授對談壓力太大的話，大學裡有很多同儕或學長，都能提供一些很不錯的非正式性建議。

2. 如果學生在高中時就能選擇相對於大學學分班的課程，會讓他們一開始就贏在起跑點，因為他們一入學就已經累積了一些學分，這讓他們在選擇主修課程時多了許多彈性。這是一個不錯的方式，因為孩子可以提前感受並瞭解大學課程的要求與授課模式，更可以幫助他們先做好選擇主修科目的準備。

3. 如果你在大二時才決定主修科目，我會建議在大一先完成一些必修科目，這樣可以讓你在大二時趕上進度，因為你已經滿足了一些基本的學分數。

4. 每一間大學都有職涯服務中心，這是一間非常重要的辦公室，但是大多數學生都不知道好好利用它。你可以到這間辦公室裡參觀並認識裡頭的員工，瞭解這裡能提供哪些方面的資源與協助。請早點並常常過去喔！

Q：當家長和高三生選擇學校時，是否需要注意學校有沒有提供能夠幫助學生準時畢業的服務或課程？相對的，有哪些需要提高警覺的地方？

重要的是學生需要實際理解該大學對於畢業的要求。他們可以在參觀的時候，到招生辦公室和行政人員交流互動。如果四年即畢業的學生人數比例相對較低的話，大多數學校不會把數字公布在網站上，但是招生辦公室裡的人員會清楚這件事。所謂辦學成功對學生來說，當然不止大學四年畢業的人數比例，還有很多方面的考量，你可以查看一些指標性數字，像是學生每學期的修課學分數，如果並不高，表示這間學校可能有很多非全職生，這並不是一個好現象。

Q：父母能不能或應不應該參與並幫助學生保持正軌？

父母對孩子的大學教育感興趣並表現出興趣，是一件很棒的事。如果他們關心孩子的大學經歷，孩子們自己也會更加警覺。但我不提倡父母的過度行為，像是為孩子做他們自己應該做的事，因為大學教育的關鍵核心，就在於幫助學生成長並承擔責任。父母倒是可以在參觀校園時出現，並在參觀職涯發展服務中心時提出建議。也可以在孩子高中時，鼓勵他們額外選修大學同等學分班的課程，為進入大學立基。而父母對孩子的大學志向或職業的支持，能產生正面與強大的力量。

Q：學生能夠在一邊實習或參加海外遊學的狀況下，仍然在四年內成功畢業嗎？

是的！我們曾經針對德州大學系統與全國大學進行畢業率的調查，數據一致證實，如果學生出國遊學、實習、或是參與研究案，反而更有可能在四年內順利畢業。這些活動當然也與學生的能力有關聯性。除了四年畢業率更高之外，他們的平均成績也相對比較高，而有機會出國遊學的學生也會比之前表現得更好。原因在於學生愈覺得自己屬於這個團體或學校，就會在學術上表現得更優異。社交與學術上的交流，是預測成功與否的關鍵因素。

步上嶄新的長久關係

孩子展開大學生活之後，也意味著父母與孩子開始了持續時間最長的關係階段：兩個成人。從青少年孩子剛離家時的興奮感，並開始了他們的大學生活，父母與成年孩子將在這段關係裡度過數十年的旅程。我們和每天行走在這段旅程中的父母，與針對此議題做研究的專家們交流後，浮現出幾個議題。

你的青少年孩子剛進入大學，開始經歷最重要的人生體驗，所以請先讓自己做好準備，因為當你和孩子的關係轉變之後，可能會遇到一些讓你不太舒服的事。他們可能去刺青、在身上穿洞，或有自己的政治立場與觀點。長期在哈佛學院新生中心服務的主任湯姆．丁曼（Tom Dingman）向父母保證，這些都是好的與健康的，我們的大學生只是在「嘗試不同的觀念、不同的形象，這是發展個人特質與跳脫家庭之外後發現自我的一個階段性行為。」他也提醒，我們的青少年仍然「需要父母的支持，並知道我們對他們充滿信心。」

往後的每一年，你參與他們實際生活的時間會愈來愈少，但這並不代表你和他們的關聯性也會愈來愈少。這個改變剛開始似乎微不足道，幾乎沒什麼感覺，但是到了大四時，你會明顯感受到彼此在這段旅程上已經走了一大段。大一那年，我家孩子會傳簡訊告知他們感染疾病的身體狀況，並附上一張不知道該吃哪一種藥的藥品照片。四年之後，我們只聽說他生病了，還有他們如何照顧自己。在大一那一年，我們鼓勵他們參與校園活動；到了最後一年，我們只聽到他們參與活動的種種故事。

我們的十八歲孩子通常只用一個字來回話，父母還常常得想盡辦法才勉強得知一些他們的大一生活。但是我們的二十二歲孩子想要和我們討論找工作的每一個細節，並請我們幫忙看他的履歷表是否有錯字。我們的十八歲孩子對宿舍物品的採買嗤之以鼻，對我們的擔憂毫不在意，認為是做媽媽的過度擔心。我們的二十二歲孩子想要我們一起幫忙挑選傢俱（不只是因為我們的信用卡簽帳額度比較高的關係）。

我們的十八歲孩子從學校回家之後，把要洗的衣服丟進浴室，然後就和高中朋友出去。但是我們的二十二歲孩子跟著我們進廚房，幫忙準備晚餐。我們的十八歲孩子堅持希望能被當個大人看待，即使他們的行為表現仍然像個孩子。而我們的二十二歲孩子打電話來詢問報稅問題和選舉的事。

經過反思之後，我們驚訝地發現，孩子們踏上成年的這段旅程後。在許多方面只會改善我們之間的關係。事實證明我們其實沒什麼可擔心的，我們的孩子，還有你的孩子，都是喜歡自己的父母、想要花時間和我們在一起的一代。他們重視這段關係，並認為這是他們生命中擁有的持續支持與喜悅泉源。

這些年雖然是孩子建立獨立性、並選擇自己想要當什麼成年人的關鍵歲月，但這絕對不會和我們所珍惜的親密家庭關係相互抵觸。我們這些年來花了很多時間才瞭解到這一點，也希望這本書能讓你更清楚明白。

後記　最意外的事

我們互不相識，但是在這條曲折的育兒路上，我們都同樣在兩種截然不同的感覺上搖擺不定。一種是覺得不知道自己在做什麼，只能盲目地且戰且走；另一種是好像突然之間「開竅」，終於瞭解的感覺。有時候我們會在同一天歷經這兩種感覺，但是當孩子跨過二十歲大關後，我們好像應該好好回顧過去，想想自己覺得最意外的事是什麼。這些事是我們剛開始走上育兒之路時，從來不曾想過的：

- 教養的工作沒有完結的時候，只會不斷地改變。
- 我們和孩子雖然分隔兩地，但是永遠會相互關心聯繫。
- 他們無論何時都可以向我們求救，因為我們願意。
- 我們還是會嘮叨，舊習難改。
- 看著孩子找到他們自己的路永遠讓我們感到欣喜，無論是剛學會走路，還是有了第一份工作。
- 他們的每一次離開，都會讓我們備感煎熬。每一次都會。
- 我們從來不曾停止向孩子學習，這是養兒育女最令人快樂、滿足與意外的事。

- 父母需要支持團體，但是卻找不到太多資源能幫助我們度過這個充滿挑戰的教養階段。
- 孩子的快樂比我們自己的快樂帶來更大的喜悅，他們的失望與挫折同樣也是。
- 如果我們夠幸運，能與伴侶一起共度這段育兒之旅，這會是人生最棒的經驗分享。
- 這個世代的孩子還是想和父母在一起，他們和父母有許多共同的愛好，也希望父母參與他們的生活，他們不像以前的我們等不及拋下父母。
- 當周遭父母的孩子紛紛走上成功之路，而你的青少年卻仍裹足不前，沒有什麼比這種感覺更令人感到孤立無助。
- 看著孩子離家上大學是一種苦樂參半的滋味，它為這個家所帶來的改變就如同他們出生的那一天。
- 站在一旁看著孩子，可以就是你一生最大的喜悅。
- 我們從前青春期所經歷的那些經驗大都已經過時了，對我們正值青春期的孩子來說，毫無用處。
- 在情緒潰堤的當下（手抱半夜嚎哭的嬰兒或和青少年起爭執的當下），很難有任何正確的看法或觀點。
- 儘管我們認為自己不可能再像愛小寶寶那樣再去愛一個人，但是我們每天都又更愛兒子或女兒一點。他們或許一天比一天不「可愛」，卻還是讓我們感到無比驚奇。
- 我們想要保護他們的衝動永遠不會減弱，我們只是學會控制住這股衝動。
- 我們一生都會在給他們的幫助太多或太少之間掙扎。

在成立「成長與放飛」時，我們從未預料到後續的發展，或是這會成為我們人生裡重要的一部分。從我們的孩子進入高中到真的離家，養兒育女的代價似乎愈來愈高、也愈來愈明顯。我們的青少年已經有了自己的人生方向和未來的幸福指標，然而他們的問題和決定也變得更加重要。隨著他們離開童年期之後，育兒的教養問題也變得模糊不定。我們該給建議或幫助他們嗎？我們應該直接參與或是在一旁默默守候？在他們成為青少年之後的歲月，父母們都在什麼時候該進一步和什麼時候該退一步的問題之間，持續地掙扎和猶疑。

這是一個全新的育兒領域，我們也常常自省是否陷入任何模式——虎媽、剷雪機父母、割草機父母、直升機父母或是（我們最愛的）無人機父母。我們也常被媒體過度報導的育兒事件嚇得心驚膽跳，因為那些故事總是特別突顯偏差或異於常態的事件。根據《紐約時報》最近的一項調查顯示，約有四%到十六%的父母會幫助他們的年輕孩子找工作或實習機會，甚至幫孩子做學校作業，或打電話給公司的上司或大學院長。我們大可以開始貼標籤或指責，但是換個角度思考，這也表示接近九十%的父母都做對了，我們這一代並未因為過度投入或溺愛而毀了整個下一代。

然而，我們養育的孩子基本上和我們完全不一樣，因此也需要與過去不同的教養方式。我們過去的青少年和大學經驗，已經不再適用於他們身上。這一代的孩子並不想把父母遠遠推開，或是推翻家庭的價值，他們離開家之後也不會從此遠離。許多專門研究家庭動態的學者們發現，現代父母和他們的年長兒女有強烈的生活交流與互動，他們的相處時間也更多，彼此之間也有強烈的連結。當我們聆聽上千位父母，之後變成上萬位父母描述自己的育兒困境之後，我們看到了一種模式。父母們只是想盡辦法地竭力找出能夠引導孩子獨立，但又能維持親子間深厚感情與家庭親密關係的方式。

在尋找答案以及面對我們自己的育兒挑戰的同時，我們發現數以百萬的父母也跟我們走在同樣的道路上。當我們嘗試理解自己和家中青少年和年輕人之間的關係時，社群裡的許多故事為我們照亮了前方的路。許多父母告訴我們，青少年時期是育兒路上最孤獨與孤立的階段，他們感受不到任何的團體支持或社群關懷。他們在孩子小時候得到的忠告與父母間的支持力量，已然消逝，就在他們最需要的時候。

無論你的支持團體是真實生活中的兩個親密好友，或是網路社群上的數千個網友，或是任何形式，我們這些為人父母的人都需要安慰、聆聽不同的意見、分享智慧與其他人親身經歷而來的見解。沒有什麼比聽到某個父母提到你正面臨的教養問題，然後看到好幾百位其他父母參與討論，承認自己也有相同困擾，更令人感到安心了。找到這樣的團體是一種禮物，我們為此每天都懷抱著感謝。

致謝

對每一位協助這本書完成的人，任何言語或措辭都不足以表達我們的感謝。其中一些是知名的作家和各領域專家，大家對他們可能也已經很熟悉了；其他還有機智聰明的父母和教育學者們。許多人甚至成為我們珍惜的好朋友，而我們對所有的人更深表感謝。他們成就了《孩子長大了，我們該怎麼辦》一書，也讓它變得更好。

我們大量倚重麗莎・達摩爾的友誼和專業，並強烈建議任何教養青少女的人一定要仔細閱讀達摩爾的《少女心事解碼》與《我們的女兒怎麼了？》這兩本書。她的智慧協助我們解開了一些最困惑的育兒問題，沒有她，我們絕對做不到。

我們也要感謝在教育前線提供許多寶貴經驗與現場視角的教育學者們，他們本身也是青少年或大學生的父母。身為一流大學管理者的亞當・溫伯格博士，明白父母對孩子尋找大學的期待，也提供了貼心的建議。其他來自各學術領域的專家們也透過文章或訪談中，給予難能可貴的見解。對此，我們要感謝藍迪・狄爾（德州大學奧斯汀分校退休教授）、蜜雪兒・米勒・亞當斯博士與波利・狄文博士（大峽谷州立大學）、法蘭西斯・詹森博士（賓州大學醫學院）、艾倫・史萊特博士和丹尼爾・藍納博士（紐約大學）、凱倫・芬格曼博士（德州大學奧斯汀分校）、瑪西・費施耐德博士（哥倫比亞大學）、肯尼斯・金斯堡博士（賓州大學醫學院）、馬歇爾・杜克博士（埃墨里大學）、凱倫・范黴博士（杜肯大學教授與匹茲堡當地的母親）、羅傑・馬丁博士（藍道夫梅肯學院退休教授）、雪倫・賈克斯博士（退休心理學家），以及我們最愛的三位高中老師：艾蜜莉・詹森、蘿蕊・史卓頓、和潔西・伯恩奎斯特。

還有我們非常欽慕並感謝他們為本書增光的法蘭克・布魯尼（紐約時報專欄作家與《不讀名校，人生更好》作者）、潔西卡・雷西（教育學家與《每一次挫折，都是成功的練習》作者）、黛博拉・科帕肯（即將出版的 *Ladyparts* 作者）以及瑞秋・西蒙（《她這樣就夠好了》作者）。

阿迪納・凱勒博士與我們分享在照護青少年與年輕女性忙碌醫療工作中的經驗，對此，我們深表謝意。

在草創「成長與放飛」社群時，我們遇見許許多多優秀的作者，也很快成為好朋友。而這一切都是從莎朗・格林塔爾開始，她真的幫助我們許多。艾利森・史萊德・泰特是我們最大的支持者、宣傳者及好友。珍妮佛・布雷尼・華勒斯是我們最棒的寫作夥伴，以及無法取代的好朋友。她的報導為我們立下典範（許多文章來自於《華爾街日報》專欄文章）。

還有其他在「成長與放飛」中，和我們分享教養智慧與見解的朋友們，尤其感謝梅麗莎・芬頓、瑪莉貝絲・波克、崔西・哈金、克里斯汀・柏克、亞莉珊卓・羅莎絲、蘇珊・邦尼非特、凱蒂・柯林斯、瑪琳・費雪、瑪麗安・朗斯戴爾、伊莉莎白・史賓賽、卡里・歐德斯柯爾、羅芮・史密斯、葛瑞琴・尚凱維茲，以及兩位最年輕的作家蘇菲・伯頓與麥克・史提勒。

「成長與放飛」不僅僅只是我們努力的成果，我們每一天都充滿欣喜地與充滿才華又敬業的女性一起工作，她們為這個社群與網站帶來細膩的情感、體貼以及她們的智慧。蘇珊・達巴一直是為我們提供大學入學專業知識的夥伴，莫琳・史提勒（也是書中提及的作家）、麗莎・辛格林（Lisa Singelyn）、卡洛琳・布朗（Carolyn Brown）、迪迪・貝克爾（Dee Dee Becker）以及海倫・溫格斯，都是幫助我們每年每天二十四小時維護網站的團體。艾莉森・藍凱斯特（Allison Lancaster）是勇敢加入我們的第一個人，她也讓我們的每一天過得更加輕鬆愉快。蘿倫・勞德（Lauren Lodder）用她的神奇魔法，讓這個世界與我們出色的作家相遇，與她合作更是愉快。梅莉莎・密爾斯登（Melissa Milsten）帶領我們完成了這本書的宣傳，她的洞察力與判斷也迅速成為我們重視的一環。我們對以上所有的人心懷感謝。

泰瑞莎・基爾曼（Theresa Kilman）多年來負責「成長與放飛」的每一張照片，如果少了她的才能，我們的網站會很沉悶。

我們撰寫本文時，「成長與放飛」的父母社群已有十一萬個會員粉絲，這個數字讓我們深切體認到為了同一個信念而結合在一起相互關懷與支持的強大力量。這個父母社群團體也成為「成長與放飛」的核心，讓原本只是陌生人的大家，透過社群為彼此加油打氣，提供見解與引導方向。但願我們能對每一位會員粉絲說聲謝謝。我們感謝讓這一切開始的靈感——珍妮特・羅斯（Janet Ross）寄來的電子郵件，也很開心看到他們一家開啟了修復與成長的過程。

如果沒有海倫・溫格斯的細心與面面俱到，「成長與放飛」就不可能成為如今的模樣。身為執行編輯的她為「成長與放飛」定調，並與所有的作家們通力合作。實際上，她自己就是一位非常棒的寫手，然而她的貢獻不僅如此，她還是我們的夥伴、閨蜜與知己。

莫莉・費德里奇（Molly Friedrich）帶領我們前進出版業，她的豐富經驗引領我們一路前進。南西・崔普克（Nancy Trypuc）比我們更早看出這本書的潛力，我們將永遠感激她的眼光與鼓勵。感謝莎拉・墨菲（Sarah Murphy）在整個寫作過程的耐心指導，並對每個字詞的講究。每個人都希望自己的編輯不但知識淵博，還要洞察先機，莎拉兩項都具備了。更幸運地是她也是老師、顧問與倡議者，我們對她的感謝無以言喻。

當我們剛結婚或成立家庭時，很容易感到自己不可能會比現在更深愛另一半或孩子，然而這段人生教了我最重要的一課。馬克和我共度了幾十年的婚姻，我們的兒子成長為青少年和年輕人，我也體悟到自己不但更瞭解也更愛我的家人。能夠成為山姆、湯米與哈利的母親讓我充滿感激，更為我帶來無法想像的快樂，然而如果少了馬克持續不斷的鼓勵，我所擁有的這一切都不可能實現。他是我見過最正向、善良與快樂的人，能與他分享此生是一份幸福的禮物。

從最一開始的新手父母、照顧小小孩的疲憊不堪、到和孩子們肩並肩，然後看著最小的孩子領到大學畢業證書，過程中的一分一秒都讓我感受到愛與支持。梅爾，我再也想不到比你更有耐心、更寬容、更有愛的丈夫和父親了。沃克與安妮，你們激勵著我，讓我想成為更好的自己，也非常感謝你們讓我擁有生命中最珍惜的角色——你們的母親。還有我九十二歲的媽媽，對凱莉和我來說，妳是最了不起的母親，身為沃克家的一員，妳為我立下了當奶奶和母親的「高標準」。我渴望像您一樣，見證並實踐了這本書的核心，那就是：教養是一生的事。

高寶書版集團
gobooks.com.tw

FU 100
孩子長大了，我們該怎麼辦：給父母的分離焦慮指引，用聆聽與信任，陪伴青少年探索戀愛、升學、人際關係與獨立的成長課題
Grown and Flown

作　　者　麗莎·霍夫曼（Lisa Heffernan）、瑪莉·戴爾·哈靈頓（Mary Dell Harrington）
譯　　者　何佳芬
主　　編　吳珮旻
編　　輯　鄭淇丰
封面設計　林政嘉
內頁排版　賴姵均
企　　劃　何嘉雯

發 行 人　朱凱蕾
出　　版　英屬維京群島商高寶國際有限公司台灣分公司
　　　　　Global Group Holdings, Ltd.
地　　址　台北市內湖區洲子街88號3樓
網　　址　gobooks.com.tw
電　　話　(02) 27992788
電　　郵　readers@gobooks.com.tw（讀者服務部）
　　　　　pr@gobooks.com.tw（公關諮詢部）
傳　　真　出版部(02) 27990909　行銷部 (02) 27993088
郵政劃撥　19394552
戶　　名　英屬維京群島商高寶國際有限公司台灣分公司
發　　行　英屬維京群島商高寶國際有限公司台灣分公司
初　　版　2021年03月

國家圖書館出版品預行編目(CIP)資料

孩子長大了,我們該怎麼辦：給父母的分離焦慮指引,用聆聽與信任,陪伴青少年探索戀愛、升學、人際關係與獨立的成長課題 / 麗莎·霍夫曼(Lisa Heffernan), 瑪莉·戴爾·哈靈頓(Mary Dell Harrington)著；何佳芬譯. -- 初版. -- 臺北市：英屬維京群島商高寶國際有限公司臺灣分公司, 2021.03
　面；　公分. --（未來趨勢學習；FU 100）

譯自：Grown and flown : how to support your teen, stay close as a family, and raise independent adults

ISBN 978-986-506-027-5 (平裝)

1.親職教育 2.親子關係 3.青少年

544.1　　110002138